VOYAGE A PARIS,

OU

ESQUISSES
DES HOMMES ET DES CHOSES
DANS CETTE CAPITALE;

PAR LE MARQUIS
LOUIS RAINIER LANFRANCHI,
CHEVALIER DE L'ORDRE DE SAINT-ÉTIENNE.

Paris,
Mᵐᵉ Vᵉ LEPETIT, LIBRAIRE-ÉDITEUR,
RUE DE SORBONNE, N° 9.

1830.

VOYAGE
A PARIS.

VOYAGE A PARIS.

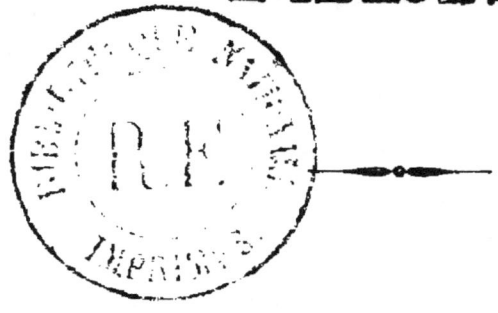

CHAPITRE PREMIER.

PLAN DE L'OUVRAGE.

Ce qui décide l'auteur à écrire son voyage. — Sa position sociale. — Comment il parlera de Paris. — Les Parisiens imitateurs — Suite du plan.

Vous êtes exigeant, Orlandi, vous ne me tenez pas quitte d'une promesse faite légèrement : il faut que je vous entretienne de Paris, de cette ville unique au monde; que je vous la montre sous ses divers aspects, physiques et moraux: n'est-ce pas trop vouloir? et peut-être la tâche que vous m'imposez est-elle au-dessus de mes forces. A mon départ, je m'engageai, il est vrai, à vous faire connaître tout ce que peut offrir d'intéressant, soit en réalité, soit en souvenirs, cette capitale, si riche du passé, si belle du présent, et peut-être si étonnante dans l'avenir ; car chaque jour agrandit son enceinte, et le tableau de demain resplendira d'une merveille de plus. Combien n'est-elle pas changée depuis que je la vis pour la première fois! Paris, au temps du consulat, n'est plus ce qu'il était sous le directoire ; sous l'empire il prend une physionomie différente ; à la restauration, il se varie encore ; il se varie sans cesse. C'est un prodige que ces métamorphoses, à la bonne heure! mais aussi elles sont si rapides qu'il me sera bien difficile de saisir les traits dont je dois composer mes esquisses. Croiriez-vous que je suis presque tenté de renoncer à l'entreprise? Eh! qui donc la tentera, allez-vous me dire? qui mieux que mon cousin et ami Lanfranchi est en état de satisfaire ma curiosité au sujet de cette vieille Lutèce, que les ans semblent rajeunir? A diverses époques il a séjourné dans ses murs ; il a étudié les usages, les habitudes, les mœurs de ses habitans ; il a assisté en observateur à tous les mouvemens de cette immense cité; il a fréquenté les théâtres, les promenades, les lieux publics. Sa position sociale l'a mis en contact avec la meilleure compagnie, et son goût lui a fait rechercher la société des gens de lettres, des savans et des artistes : noblesse, clergé, banque, haut et petit commerce, acteurs, amateurs, artistes, il a tout vu; il n'est pas jusqu'aux classes inférieures dont il n'ait approché, et il s'est initié avec elles à l'existence de ce peuple qu'il n'est plus permis d'ignorer. Si je m'en souviens bien, mon ami, c'était là le sens de la lettre par laquelle vous m'exhortiez à ne pas oublier de m'acquitter envers vous. En vérité, il y a tant d'amabilité dans vos instances, que ce serait conscience de ne pas vous céder. Au surplus, j'ai promis, et bon gré mal gré, je vais, pour vous plaire, faire preuve, sinon de talent, du moins de bonne volonté.

N'imaginez pas pourtant que, méticuleux *Cicerone*, je veuille faire passer sous vos yeux tous les recoins de la grande cité, que j'aille vous montrer en détail ses rues, ses quais, ses places, ses boulevards, ses palais, ses églises; que je vous décrive ses monumens, que je vous retrace son histoire; des volumes n'y suffiraient pas, et puis, que dirai-je à cet égard que vous ne puissiez trouver dans l'excellent ouvrage de M. Dulaure? Ce n'est pas que je renonce à faire quelques petites excursions sur le terrain que ce savant a exploré avec tant de bonheur ; mais ce ne sera qu'en passant, et pour la généralité des choses vous n'aurez rien de mieux à faire que de vous en référer à ce qu'il a écrit. Ce sont surtout les mœurs et les coutumes parisiennes que je dois m'attacher à vous peindre : je vous parlerai fort au long des hommes et des choses. Il n'est pas donné à tout le monde d'être spirituel, mais je serai véridique, je serai exact, voilà l'essentiel ; et quand j'exprimerai des opinions, elles seront les miennes, au risque de me tromper; car il est bon que vous le sachiez, c'est avec mon seul secours que j'espère remplir le cadre que je me suis tracé ; pour me distinguer de mon siècle et du pays que j'habite momentanément, je tâcherai de voler de mes propres ailes et de ne rien emprunter à personne que par forme de citation, si j'en ai besoin.

Les emprunts, mon ami, c'est là le côté faible des Parisiens : peu inventent, tous copient; ils s'abattent sur une bonne idée comme les corbeaux sur un débris de curée : qu'une création soit bonne ou mauvaise, ils s'en emparent avec une audace peu commune. Faible ou digne d'éloge, un original fait naître mille sottes copies; on prend jusqu'à des titres d'ouvrages, de pièces dramatiques, jusqu'au nom d'une voiture; n'avons-nous pas les *Omnibus du langage*, les *Petites Affiches omnibus*, les *Rubans omnibus*? que sais-je encore! M. Casimir Delavigne fait représenter une tragédie intitulée *Marino Faliero*, le lendemain il pleut des *Faliero* à la scène : il n'est pas jusqu'au théâtre forain du Luxembourg qui n'ait le sien ; c'est plat, c'est froid, c'est sans couleur, n'importe, chaque directeur a commandé sa petite conjuration vénitienne, et les manufacturiers dramatiques l'ont servi à son gré ; le public se porte en foule où il y a du nouveau, et tout marche, à l'exception de l'art, qui reste immobile.

Au reste, les conceptions qui ont un mérite réel ne sont pas les seules que l'on s'approprie de la sorte. Un simple vaudeville dans lequel une actrice a brillé obtient les mêmes honneurs; tantôt c'est du grand au petit, et tantôt du petit au grand : le *Comte Ory*, du grand Opéra, n'est que la longue paraphrase d'une petite pièce qui n'avait pas eu de succès. Que de *Mazaniello* ne nous a-t-on pas offerts! combien avons-nous vu de *Folles* sur tous les théâtres! On imite les mémoires, les romans, les tableaux, les étoffes, la coupe des chapeaux et des robes ; c'est une maladie, c'est une rage : j'en meurs ; et au milieu de ce chaos rien n'est plaisant comme la vanité du copiste, qui se vante de créer et se fâche lorsqu'on ne le proclame pas le premier génie du siècle.

Je reviendrai sur cette manie du plagiat, qui paraît être la marotte de la génération actuelle; mais, auparavant, il n'est peut-être pas superflu de vous dire quelques mots de la marche que je me propose de suivre.

D'abord ne comptez pas que cette marche soit méthodique : Dieu me préserve de m'astreindre à un ordre, ce serait à périr d'ennui. Exposer des faits et ne pas les présenter comme une distraction, ce serait me montrer indigne des grandes lettres de naturalité que je me flatte d'obtenir en France; non, cher Orlandi, il n'en sera pas ainsi : j'irai par sauts et par bonds, sans me faire aucun scrupule de rapprocher les uns des autres les objets les plus dissemblables; je passerai des académies à la peinture du peuple, de la cour aux savans, des femmes aux édifices, des acteurs à la bonne compagnie, des artistes à la Congrégation, des médecins aux gens qui se portent bien, des ministres aux idoles de la nation ; enfin, pour ne pas vous endormir et pour ne pas sommeiller moi-même, je changerai autant que possible de point de vue, m'emparant à ma fantaisie, et selon mon caprice, des diverses parties de l'immense tableau qui est sous mes yeux ; ce sera moins régulier assurément, mais ce sera plus agréable. Les faits, les portraits, les anecdotes ne me manqueront pas ; libre à vous ensuite, et au moyen d'une table des matières que je ne ferai point, de coordonner ces diverses parties de manière à en former un tout où chaque objet prenne sa place, cela vous regarde ; ni moi ni les Français ne s'en occuperont.

CHAPITRE II.

ASPECT GÉNÉRAL DE PARIS.

Division morale. — Les deux côtés de la Seine. — Le faubourg Saint-Germain, la noblesse. — Le faubourg Saint-Jacques, science et misère. — La rue Saint-Denis, frontière commune. — Les faubourgs Saint-Antoine, Poissonnière, l'industrie. — Le Marais, les rentiers. — Les faubourgs Montmartre, et du Roule, la Chaussée-d'Antin, le haut commerce, les courtisannes, les Anglais, le luxe, les fripons. — Les Tuileries et leur jardin. — Le dimanche. — La Petite Provence.

Par où commencerai-je? l'abondance au milieu de laquelle je me trouve me met dans l'embarras du choix! me voilà dans mon hôtel de la nouvelle rue de Rivoli, jetant un coup-d'œil sur le magnifique Panorama qui m'environne, et me mourant d'envie de vous parler à-la-fois du château des Tuileries, des ministres, de la chambre des députés, des jolies femmes que je vois se promener là-bas dans la grande allée des Orangers, ou bien de ces trois hommes de lettres de ma connaissance qui en se disputant longent la terrasse des Feuillans.... Eh bien, me direz-vous, je suis aux écoutes. — Et moi sur les épines. Mon dieu, que le début est difficile! Je ne suis pas de l'avis d'Arlequin, qui trouvait aisé le premier vers, et se plaignait de ne pouvoir jamais rencontrer le second; il me semble que le premier coup de pinceau est le plus pénible, les autres coulent de source. Quoi qu'on en dise, maintenant, convenez, mon ami, qu'un plan est d'un merveilleux secours lorsqu'on entreprend un ouvrage! je n'hésiterais pas si ma marche était tracée; je tâtonne, parce que je n'ai rien d'arrêté, c'est une vérité; n'en déplaise à M. Jean-Jules Janin, et à tous ces enfans du hasard que l'école romantique nourrit dans son sein. Quand on se met en route il est parfois utile d'avoir fait son itinéraire, je le sais, et pourtant je m'abandonne; seulement je tâcherai de saisir un fil pour me guider à travers chaque chapitre.

Paris est une ville immense. La Seine, fleuve sale et tranquille, la divise en deux portions à-peu-près égales; celle de la rive droite a cependant plus d'étendue et contient une population plus nombreuse; c'est là que se trouve la masse énorme des boutiquiers, négocians, gens d'affaires et filous; c'est là qu'à toutes les heures du jour une foule toujours hâtée se mêle, s'éloigne, se rapproche, encombre les rues, et les dispute à la multitude de voitures de toutes espèces, de haquets, de charrettes conduites par des chevaux ou traînées à bras d'hommes ; c'est une image de la confusion, du boulevari de l'enfer : Dieu tonnerait au milieu de ce fracas horrible, on ne l'entendrait pas; les roues crient, les marchands hurlent, les chiens aboyent, les maçons travaillent, les serruriers, les chaudronniers, mille métiers bruyans font un tourbillonnement sans fin; c'est une agitation qui retentit dans les airs; les nerfs délicats y sont dans une irritation perpétuelle, et deux heures de course dans Paris jettent les personnes qui s'y promènent dans une sorte d'ivresse indéfinissable.

Je ne sais comment avec ces chocs imprévus, ces frottemens réitérés, les enfans, les vieillards, les sourds, les aveugles échappent à un péril de mort presque certain; les anges délégués par la Providence pour veiller à la conservation des hommes n'ont pas une sinécure dans Paris. A voir le petit nombre d'événemens tragiques causés par des accidens de rue, il est aisé de se convaincre qu'ils ne s'endorment pas ; il y a ici une fatalité qui sauve les imprudens, les distraits, les faibles, les infirmes, comme il y en a ailleurs une qui les perd. Je ne sors pas une fois sans m'étonner et frémir des dangers auxquels nous échappons à chaque minute, les piétons et moi, perdus que nous sommes parmi tant de causes de destruction : voici venir derrière nous deux, trois, quatre voitures qui brûlent le pavé ; par devant ce sont des charrettes énormes attelées de six ou huit chevaux, et nous sommes flanqués d'une demi-douzaine de tombereaux de marchands de légumes, de chars de tapissiers et de blanchisseurs : des laquais à cheval, des estafettes de la petite poste traversent cet encombrement : tout-à-coup les masses roulantes, cahotantes et marchantes se mêlent, se pressent, s'agglomèrent : le simple coup-d'œil annonce que dix individus vont périr écrasés sous les roues ou foulés aux pieds des chevaux ; rien de fâcheux n'arrive, personne n'interrompt sa course, chacun s'esquive ; une demi-ligne de plus que l'épaisseur du corps, c'en est assez pour qu'on devine un passage, où chacun se lance avec une tranquillité parfaite ; on effleure les moyeux, on passe sous la tête des chevaux, on entre dans une allée, on se réfugie devant une boutique, en un clin d'œil la rue est libre, et aucun désastre n'est survenu. Alors le provincial tremblant se décide à poursuivre son chemin ; au sein de la bagarre lui seul était ému, mais il est sauvé : viennent deux ou trois expériences de même genre, il sera intrépide comme un Parisien.

Chacune des deux grandes portions de Paris a sa physionomie qui lui est propre : sur la rive gauche de la Seine se dessinent avec des caractères très-prononcés les faubourgs Saint-Germain et Saint-Jacques. Sur la rive droite, la grande rue Saint-Denis dans ses prolongemens, depuis le fleuve jusqu'à la barrière, forme une ligne de démarcation entre des populations bien différentes. Le quartier Saint-Germain est habité en général par la noblesse ancienne ou moderne; ses rues, à l'exception de celle du Bac, sont belles et silencieuses, elles manquent de population et de boutiques; c'est là que s'est réfugié, depuis le règne de Louis XVI, cette aristocratie française qui survit aux dynasties et s'accommode de toutes celles qui l'appellent au partage du pouvoir et de la richesse publique; là on a de la piété peut-être autant par calcul que par conviction; on y est calme, grave, et pourtant les passions civiles y éclatent avec non moins d'impétuosité qu'ailleurs. Je ne peux encore vous conter tout ce que je pense sur cette partie de Paris; elle mérite un chapitre à part, je le lui réserve et ne vous le ferai pas attendre.

Le faubourg Saint-Jacques renferme dans sa vaste enceinte les colléges, les écoles publiques, les amphithéâtres et la masse du petit peuple, par conséquent quelque science et beaucoup de misère; on y fait du grec et du latin; on y raisonne et l'on y déraisonne parfois. Ce n'est pas là que l'on ira chercher ni la bonne compagnie avec sa grâce et son urbanité, ni le commerce dans sa brillante activité; les magasins y sont mesquins, sans luxe et mal fournis; ils sont le dernier asile de la mode surannée et de toutes les marchandises qui ont perdu leur fraîcheur. Dans ce quartier le marchand n'oserait se permettre plus d'éclat, il craindrait d'écarter le chaland qui n'a que peu à dépenser ; aussi ne voit-on point chez lui cette armée de jeunes commis rivalisant d'élégance et de mise ; pauvres gens qui prennent la fatuité pour de belles manières, et le mauvais ton pour l'aisance de la haute société! ni ces *demoiselles* de comptoir si bien parées, si vestales l'aune à la main, et qui le soir... Non, le faubourg Saint-Jacques n'est pas encore à la hauteur de la civilisation parisienne, il est au contraire très-arriéré, le vice y est sans attrait et le mauvais goût y règne en souverain. Je regarde comme son appendice la partie Est de la Cité, qui fait face au Palais de Justice. Quant à l'île Saint-Louis, c'est un pays à part, un échantillon de ville de province, bâtie entre les deux bras de la Seine, pour faciliter aux Parisiens l'étude des habitudes et des usages des quatre-vingt-six départemens.

C'est sur la rive droite de la Seine que Paris a la plus grande vitalité : d'un côté de la rue Saint-Denis, les faubourgs Saint-Antoine, du Temple et Saint-Martin, y compris les intervalles, couvrent un espace immense, où se déploie sans cesse tout ce que l'homme a de puissance pour produire ; il faut cependant en excepter le Marais dans sa circonscription la plus étroite, c'est-à-dire les alentours de la Place-Royale, habités seulement par la triste et paisible nation des rentiers. Dans ce recoin tout est calme, tout est monotone, tout est mort, tandis que non loin de là et de toutes parts le commerce aux mille et mille bras se montre dans toute sa force féconde et industrieuse ; là est son royaume, là il triomphe, il commande, il se développe ; là il paraît respectable, tant qu'on ne l'examine pas de près. C'est principalement de cet espace que la France, l'Europe et le monde, sont tributaires pour tout ce qui tient à la mode, à la fantaisie, aux objets d'arts ; les bronzes, les marbres, les glaces, les cristaux, les porcelaines, les meubles communs ou précieux, les tapis, les étoffes, la bijouterie, le plaqué, les fleurs artificielles, le clinquant, les broderies ; tout ce qui se fait en fer, en cuivre, en plomb, en bois, en soie, en fil, en laine, sort de cette imposante fraction de la métropole. C'est le magasin en chef de l'univers, l'entrepôt de toutes les magnificences, de tous les caprices du goût, l'arche qui en serre les myriades de formes sous lesquelles se développe le génie de l'homme. Un tremblement de terre qui engloutirait ce quartier se ferait ressentir par ses effets moraux jusques au Japon, jusqu'en Islande, au Cap de Bonne-Espérance, au détroit de Magellan, enfin partout où il y a de l'argent monnoyé et une société qui en profite.

Il me reste à comprendre dans un dernier groupe le faubourg du Roule, la Chaussée d'Antin, les faubourgs Montmartre et Poissonnière, avec une partie de celui Saint-Denis, les quartiers de la Halle, du Palais-Royal et de la place Vendôme. Ici on trouve les hautes notabilités de la Banque et de tout ce qui tient à la Bourse marchande; les habitués des lieux publics, des spectacles, des ministères et de la cour ; les courtisanes du haut et du bas étage, les artistes, les gens de lettres. On y rencontre à chaque pas des boutiques resplendissantes, où les cristaux, les marbres, les dorures, les bois précieux prodigués pour leur ornement attirent et charment les regards. Les objets qu'on y vend ont beaucoup d'apparence, peu de solidité et coûtent cher; cela doit être : c'est le pays des élégans du commerce, des belles marchandes, des *bonnes mœurs* et de la vertu en magasin.

Vous voici à-peu-près fixé sur l'aspect général de Paris et sur le caractère particulier de chacune des grandes masses qui composent cet ensemble; j'arrive aux détails, et puisque je loge dans la rue de Rivoli, c'est par elle que je commencerai. Savez-vous que ce n'est pas la moins belle des rues de Paris : cette longue rangée de maisons devant laquelle se déploye le jardin des Tuileries, dont elle est séparée par une grille magnifique, ne laisse pas d'offrir un coup-d'œil agréable; ici la régularité rachète le faux goût d'une façade dont la disposition n'est pas gracieuse. C'est la commodité de l'intérieur qui a commandé d'entasser croisées sur croisées au-dessus de cette file d'arcades qui dans la saison des pluies offrent aux piétons un chemin abrité. Suivez cette galerie et vous trouverez le ministère des finances, que M. de Villèle habita le premier; à l'extrémité, et tout auprès de l'hôtel du ministère de la marine, je vous ferai remarquer l'ancien hôtel de l'Infantado, aujourd'hui occupé par le prince de Talleyrand, qui, en 1814, eut la satisfaction de le prêter à l'empereur Alexandre.

Le palais des Tuileries, consistant en un seul corps de bâtimens, fut construit d'abord en sa partie du centre, par l'architecte Philibert de Lorme, d'après les ordres de Catherine de Médicis. C'était alors un joli petit château de plaisance, situé hors Paris, et vraiment élégant par ses formes sveltes et gracieuses. Arriva Louis XIV, pour qui il fallait du grand, et tout aussitôt, à la féerie du léger palais on ajouta deux énormes corps de logis, terminés par deux pavillons gigantesques plus hauts que celui du centre et véritable triomphe du mauvais goût. Jamais édifice plus détestable ne fut la résidence d'un puissant monarque. Figurez-vous la violation manifeste de tous les principes de l'architecture : des colosses de pilastres succédant à des colonnes délicieuses d'aspect dans leur petite dimension, des fenêtres sans proportion coupant à la diable la ligne de la frise et rentrant dans l'architrave en dépit du bon sens et des règles de l'art; en un mot une furie d'ignorance, un chaos d'exécution dignes des Vandales ou des Anglais. Je ne puis regarder cette malencontreuse façade sans éprouver un mal au cœur d'indignation. On y a prodigué les statues, les bustes, les ornemens de tout genre ; on a paré le monstre sans l'embellir, et il ne devient passable qu'à une certaine distance, parce que de loin les détails disparaissent et les masses produisent de l'effet.

Ce palais ne fut jamais habité par Louis XIV, mais Louis XV y passa une partie de sa jeunesse et Louis XVI y termina son règne. C'est aux Tuileries que plus tard les membres du Comité de Salut-Public tinrent leurs séances. Le premier consul Bonaparte fit sa résidence de ce palais, qui fut aussi celle de Louis XVIII et de Charles X, aujourd'hui régnant. Ce n'est là que le gros de son histoire, peut-être un jour me prendra-t-il la fantaisie de vous décrire l'intérieur.

Le jardin, dessiné et planté par Le Nôtre, est un chef-d'œuvre de magnificence et de distribution ; l'étendue du parterre, la profondeur du bois, l'habile coupe des terrasses d'inégale dimension en longueur et égales vers leur extrémité ; la largeur des allées, la beauté des sculptures, les marbres, les bronzes de toutes espèces, la charmante disposition des bassins et des arbres d'orangerie font de ce lieu une des merveilles de l'Europe. Il tire encore un nouvel agrément de son heureuse position entre la rue de Rivoli, le cours de la Seine et les Champs-Élysées. Cent mille personnes tiendraient à l'aise dans son enceinte. Les ombrages de ce jardin sont délicieux, malheureusement il y règne une humidité presque constante, et avec le climat pluvieux de Paris, une longue promenade aux Tuileries n'est pas toujours sans danger. Cependant dans la belle saison elles sont le rendez-vous journalier de la bonne compagnie, qui circule principalement sur la terrasse des Feuillans et dans la grande allée des Orangers, qu'elle abandonne le dimanche à une autre société ; ce jour-là on y voit accourir les familles boutiquières du centre de la ville, celles des rentiers du Marais et jusques aux habitués du Jardin-du-Roi et du Luxembourg ; c'est un si singulier mélange de population, que l'on croirait que dix provinces à-la-fois sont débarquées sur un seul point de la capitale. Ce monde ne ressemble pas à celui de la veille; à la vérité ce sont les mêmes étoffes, mais avec des dessins différens ; ce sont les mêmes coupes d'habits, les mêmes formes de chapeaux ou de robes ; mais dans l'ensemble du vêtement il y a toujours quelque chose d'extraordinaire, de bizarre, d'emprunté, que l'on sent mieux qu'on ne l'explique, et auquel néanmoins avec un peu de tact il est bien difficile de se tromper.

L'endroit que l'on nomme la *Petite Provence* à cause de son exposition au midi n'est pas le moins curieux de ce vaste jardin. La Petite Provence est le département des cacochymes, des nouvellistes gobe-mouches, des valétudinaires et des bonnes d'enfans. Dans cette région les deux extrêmes se touchent, la vieillesse et l'enfance, toutes deux également amies du soleil. Les lecteurs, les amans et les chercheuses d'aventures affectionnent des lieux plus solitaires. C'est tout près du sanglier de l'Érimanthe qu'est le point de ralliement de nos modernes Antinoüs. Avec des goûts qui, du moins, n'outragent pas la nature, plus d'une veuve intéressante s'égare dans le voisinage de la Cléopâtre, et j'ai surpris mainte agnès en contemplation devant le Méléagre. Il n'est pas de théâtre où des scènes plus variées se succèdent ou se jouent simultanément. Lorsqu'on se propose de passer deux heures agréables, il faut venir aux Tuileries, suivre de l'œil certains promeneurs isolés, observer les démarches de certaines dames, épier les manières des uns et des autres ; rarement au fond de tout ceci il n'y a pas une intrigue, et c'est un plaisir de prévoir le dénouement, qui, d'ordinaire, ne se fait pas attendre. Au-dedans tout se passe très-décemment, du moins pendant le jour ; au-dehors.... que sais-je? ou plutôt que ne sais-je pas! Je vous assure, mon ami, qu'il y a profit pour l'observateur à parcourir la terrasse du bord de l'eau, à errer en oisif sous les quinconces dont elle fait la limite : c'est un passe-temps que je me donne deux ou trois fois la semaine, et j'y trouve toujours de quoi me récréer.

CHAPITRE III.

COMÉDIE FRANÇAISE.

Les billets donnés. — Mot d'un acteur à ce sujet. — Lafont. — Armand. — Michelot. — Firmin. — Joanny. — Desmousseaux. — Saint-Aulaire. — Devigny. — Cartigny. — Monrose. — Damas. — Comment on fait un succès. — Les claqueurs.

Les Parisiens n'ont pas un goût très-prononcé pour la promenade; mais ils aiment à la fureur les représentations dramatiques ; c'est un bonheur pour eux que de fréquenter les théâtres, surtout quand il ne leur en coûte rien, car ils ne veulent payer que le plus rarement possible. Règle générale, les étrangers et les provinciaux prennent leurs billets à la porte; les Parisiens se les procurent par le moyen des auteurs, des acteurs, des ministères ou de la police. C'est une sorte de mendicité devenue honorable; on quête des billets avec une humilité profonde et une persévérance sans égale : je connais telle duchesse qui ne va au spectacle que lorsqu'on lui donne une loge, tel pair qui n'entre aux Français qu'avec les billets des auteurs, ses amis. Chaque matin, des valets couverts de livrées somptueuses font la ronde au nom de leur maître; on les trouve dans l'antichambre des Casimir de Lavigne, des Jouy, des Étienne, des Scribe, des Arnault, des Mélesville; chez M. Lubert, directeur de l'Opéra; chez M. Poirson, directeur du Gymnase; là, et assis sur des banquettes, ils attendent le bienfait de la distribution journalière, sur laquelle ils prélèvent aussi leur part; maîtres et valets, femmes de chambre et bonnes, tous jusques aux palefreniers de l'hôtel, vont gratis, tantôt dans un théâtre, tantôt dans un autre, passer la soirée tout aussi joyeusement que le public qui paye.

J'étais un jour chez Lafont; il reçut une lettre, c'était du comte de L.. T...., l'un des plus souples grands seigneurs de France; il demandait deux pauvres petits billets, avec des expressions tellement mielleuses, tellement mélancoliques que Lafont en leva les épaules et me dit : « voici une sorte d'aumône que mes camarades et moi exerçons journellement envers des gens qui ont dix fois au moins notre fortune. — Pourquoi la faites-vous? repartis-je. — Eh! mon cher, la nécessité est patente : si nous refusions on nous déchirerait à belles dents dans les salons; nous serions perdus, nous aurions contre nous les gens de qualité, qui font les réputations, et les petites gens, qui les défont; on nous critiquerait, on nous sifflerait sans pitié. Voilà pourquoi il faut payer le tribut à nos tyrans, et ils sont nombreux : il y a d'abord la plébécule, messieurs des journaux et la bande des claqueurs en exercice; ceux-là sont les cosaques réguliers qu'il faut satisfaire chaque jour; puis viennent les ducs, les pairs, les maréchaux, les lieutenans-généraux, les conseillers-d'état, la bureaucratie, les hommes de police, les simples bourgeois, et enfin nos meilleurs amis auxquels pour l'agrément de leur priorité nous donnons bon an, mal an, de deux à trois cents francs de gages en billets de faveur. — Et vous recevez en échange... — Quelques sots complimens en tête-à-tête, et rien de plus.

Le même impôt pèse indifféremment sur les auteurs et sur les acteurs : convenez avec moi, mon ami, que voilà un genre de mendicité contre lequel il ne serait pas si mal-à-propos de lancer une belle et bonne ordonnance. Savez-vous qu'elle porte une furieuse atteinte au droit des pauvres? On affiche la liste des éligibles, celle des électeurs; aujourd'hui que l'on affiche tout et que tant de gens s'affichent, je voudrais que chaque semaine on placardât à la porte de chaque théâtre les noms des personnes qui y sont entrées sans payer; du moins cumuleraient-elles alors la honte et le profit. Si jamais on adopte semblable mesure, que de pitoyables notabilités nous seront révélées!

Le Théâtre-Français, autrefois si renommé, fait aujourd'hui bien peu de bruit dans le monde. J'ai assisté dans ma jeunesse à sa mourante splendeur; depuis il a marché vers la décrépitude, et sa décadence est désormais sans espoir. Là, plus de talens qui puissent se promettre un avenir. Jeunes ou vieux, tous sont arrivés à ce point où ils ne peuvent plus que déchoir. Ce ne sont plus que les ombres de leurs prédécesseurs, et des ombres tellement légères qu'à peine les aperçoit-on.

Lorsque je vins à Paris pour la première fois, mademoiselle Raucourt brillait dans la tragédie; elle était, avec tous ses défauts, une actrice distinguée. Saint-Prix faisait les pères nobles avec froideur, mais avec tant de dignité, de grandeur, et parfois de véhémence, qu'on aimait à le voir sur la scène, qu'il remplissait à lui seul. Dugazon et Dazincourt jouaient les valets d'une manière ravissante. Et qui n'a pas gardé la mémoire de l'inimitable Michot? Fleuri, acteur consommé, conservait les traditions de la bonne compagnie, c'était un vrai marquis de la vieille France. Saint-Phal, Baptiste aîné, son frère et Grandménil appartenaient à cette admirable réunion. Contat vivait encore, Contat inspirée par la nature et les grâces! Cet ensemble si parfait était renforcé de Talma et de mademoiselle Mars, on pouvait alors passer une soirée aux Français; on y jouissait et des chefs-d'œuvre de la scène et du talent des acteurs qui les représentaient. On aimait à paraître dans les loges, au balcon, à l'orchestre; l'élite de la société parisienne s'y donnait rendez-vous; et je me rappelle avoir passé là des instans bien agréables, et dont le souvenir est encore délicieux après tant d'années.

Une génération nouvelle s'est élevée, d'autres acteurs sont venus; pour réussir ils ont suivi une nouvelle route, et ils ont pris le mauvais chemin. Ils ont peu étudié et beaucoup travaillé leurs succès : ils voulaient se faire sans peine une réputation, et ils l'ont emportée d'assaut; mais vous connaissez le proverbe *bien mal acquis ne profite pas* : leur réputation s'en est allée en fumée. Pour la soutenir, il n'aurait pas fallu qu'ils restassent stationnaires lorsque tout marchait autour d'eux. Ils ont tenté de se déployer dans une sphère à leur façon, malheureusement la sphère était bornée et l'art ne pouvait qu'y perdre.

Lafont est le premier parmi les nouveaux-venus dont le nom se présente sous ma plume. Il débuta à la Comédie-Française dans les rôles chevaleresques et de l'ancien répertoire : il était jeune, beau, rempli de feu; il plut principalement aux femmes, et elles le trouvèrent bon acteur. Il parlait bien d'amour, il l'exprimait avec véhémence, et, soit aux genoux de Zaïre, soit en défendant Aménaïde, soit en se querellant avec Agamemnon, on le voyait superbe. Dès-lors des bouches indiscrètes le proclamèrent le *tragédien par excellence*. On le préféra à Talma; on le lui dit, on le lui répéta, il le crut, et à cet écueil se termina sa carrière. Voici trente ans que Lafont joue, et il n'est aujourd'hui que ce qu'il était à son début : il se dessine bien, quoiqu'avec manière; sa voix tonne souvent et pas toujours à propos. Il exprime avec impétuosité les sentimens nobles ; mais Achille, Zamore, Mahomet, Tancrède, n'ont que les mêmes gestes et la même physionomie : l'arabe, le grec, le chevalier, l'américain, sont pour les spectateurs ce monsieur Lafont qui jouait avant-hier dans une autre pièce. Il y a trente ans qu'au même endroit il donne un coup de talon et fait claquer ses mains; il n'a jamais essayé de se lancer dans une voie nouvelle, et suit pas à pas le même fanal qu'il suivait à son aurore. Est-ce là travailler pour l'art ? non sans doute : aussi qu'en est-il advenu? c'est que pouvant aspirer à quelque chose de mieux, il ne vit plus que sur sa réputation ancienne, et que le public ne rend plus même justice à ce qu'il a de bon.

Je l'ai vu hors du théâtre, chez lui, chez ses amis, car il en a, et il mérite d'en avoir : c'est un homme doux, honnête; il y a bien quelque boursoufflure dans son geste et dans sa conversation, il est trop persuadé qu'il doit vivre en une représentation perpétuelle ; mais ceci ne lui ôte aucune de ses qualités sociales : il est tout ensemble bon époux, bon père, excellent citoyen, et les rapports de son intimité sont des plus agréables.

Armand, le plus joli garçon de la Comédie-Française, il y a long-temps, il est vrai, supporte à lui seul tout le poids de l'ancien répertoire : il a succédé à Molé et à Fleury, mais comme on succède aux grands hommes, sans leur ressembler en tous points. Il a de la grâce, de la chaleur et parfois de la finesse : seul encore il porte bien l'habit habillé ; on le voit avec plaisir, bien qu'il manque de verdeur et de nerf ; il effleure les caractères et ne les marque pas ; il est même des rôles qu'il évite, le Misanthrope, le Tartufe, le Glorieux, le Dissipateur, etc. ; il n'aurait pas assez d'ampleur pour les remplir de manière à faire illusion. Lafont les prend quelquefois à sa place, et Lafont les joue avec intelligence et dignité. Je regrette qu'il ne cherche pas plus souvent dans la haute comédie des succès qu'il y rencontrerait facilement.

Après lui Michelot vient, Michelot à l'âme ardente, impétueuse, qui une fois lancé ne sait plus se retenir à propos. Il a joué les jeunes premiers dans la tragédie avec plus de chaleur que d'intelligence : il plaisait, parce que le public en masse apprécie plus la verve que l'art de la diction. Maintenant Michelot entame les premiers rôles comiques, ceux surtout qui se rattachent à des personnages du temps présent, qu'il prétend imiter. Il crée, il agit d'après ses seules inspirations ; il fait comme il croit voir, et peut-être se trompe-t-il. Il y a dans sa diction quelque chose de solennellement criard, de lourdement léger, une fatuité contorsionnaire qui n'appartient ni à la classe du commerce, ni à la noblesse moderne. On reproche aux hommes du jour d'affecter les uns des formes trop simples, les autres des formes trop compassées. Je ne retrouve dans Michelot ni le banquier aux manières tour-à-tour bonhomme et diplomatiques, ni le gentilhomme dont la morgue se cache sous des airs affables, sous un ton réservé. Les premiers, perpétuellement en respect d'eux-mêmes, ne se déhanchent ni ne crient ; les autres, afin de se dissimuler l'absence d'une vénération qu'on n'a plus pour eux, se glissent sans bruit dans un salon et causent à voix basse dans la crainte d'annoncer des prétentions de supériorité qu'il n'est pas encore temps de faire valoir. Je souhaite que Michelot réfléchisse sur ce point, et si le mauvais état de sa santé ne l'oblige pas de quitter la scène, son jeu ne pourra qu'y gagner. Du moins, alors, aurons-nous le plaisir de le voir représenter nos contemporains sous les aspects qui leur conviennent.

En raison de sa frêle organisation, Firmin s'est attaché à vouloir représenter les jeunes gens...; il y a long-temps que cela dure, et le succès a couronné ses efforts. Il a de l'âme, il sent avec énergie, trop peut-être, car son physique ne répond pas toujours à sa chaleur intérieure; il ne peut se grandir là où le rôle l'écrase; et le jeune Hamlet, par exemple, est pour lui un fardeau qu'il est hors d'état de porter. Je voudrais qu'il pût se défaire d'un tremblement convulsif dont il ne tire pas un bon effet chaque fois qu'il l'emploie. Il s'en sert, je le sens bien, pour suppléer à l'éclat et au volume de sa voix; il gesticule quand il lui semble qu'il faudrait crier; c'est un tour de passe-passe dont l'amateur n'est jamais dupe et auquel le commun des spectateurs finit par s'accoutumer, de manière à ce qu'il ne produise plus sur eux aucun effet. Que Firmin se renferme dans le cercle que la nécessité lui a tracé, il fera mieux, et nous n'aurons qu'à l'applaudir.

Il y a aux Français un acteur bien maltraité par sa destinée. Joanny, homme aussi recommandable par ses vertus privées que par ses talens dramatiques, voit une prévention aveugle lui contester des qualités qu'il possède à un éminent degré. Cet acteur unit à beaucoup de naturel une fougue impétueuse qui attache et entraîne ; il sait être simple sans tomber dans le trivial, et il n'y a rien de gourmé dans sa noblesse ; on devine à peine l'étude profonde qu'il fait de ses rôles, tant il les joue avec aisance : sa mémoire est imperturbable, on ne la trouve jamais en défaut. Spirituel et instruit, profond observateur, poli, modeste, il a au théâtre la physionomie des personnages qu'il représente, et chez lui il conserve les manières de la meilleure compagnie. Digne émule de Talma, il tient seul sa place, et s'il ne le fait pas oublier, du moins il peut être nommé après lui.

Les pères nobles ont aux Français pour interprètes **Desmousseaux** et **Saint-Aulaire**. Le premier, beau garçon, manque d'âme et d'intelligence, deux qualités dont la bonne volonté ne tient pas toujours lieu : il dort en scène lorsqu'il ne crie pas, et son feu tout en dehors ne provient ni de son cœur, ni même de sa tête.

Saint-Aulaire, froid et pesant, a de l'intelligence, un beau physique, une voix sourde. Il ferait bien s'il travaillait plus ; je lui soupçonne de la paresse et de l'indifférence pour son état. C'est, au reste, le diplomate par excellence de la Comédie-Française, l'ambassadeur de ses confrères ; il a de la grâce, des formes aimables, à la scène comme à la ville, et nul mieux que lui ne sait éluder la réponse précise qu'on lui demande.

Devigny, chargé de l'emploi des financiers, se retire. Il s'entendait à occuper la scène, mais il était lourd dans ses gestes comme dans son débit. Cartigny est un bon valet de haute comédie : il joue bien, avec sagesse, mais sans élan. Monrose, son émule, est un feu d'artifice perpétuel ; il brille, il étincelle, il est tout chaleur, malice et même sentiment quand son rôle l'exige. Seulement on peut lui reprocher de trop chercher la charge et de faire rire par des moyens peu dignes de l'art. Monrose n'en est pas moins un acteur consommé, et le public le voit toujours avec plaisir.

Tels sont à-peu-près, mon cher Orlandi, les seules notabilités qu'il soit permis de citer lorsqu'il est question de théâtre national en France. Deux grands acteurs manquent à cette réunion : la mort en a ravi un, Talma, dont j'espère vous parler plus tard; l'autre, Damas, retiré trop tôt pour l'avantage de l'art et le plaisir des spectateurs, a cédé inconsidérément à d'injustes cabales et aux passe-droits qui lui furent faits. Mademoiselle Mars, sa principale ennemie, n'a eu ni paix ni trève que par ses procédés malveillans elle ne soit parvenue à l'éloigner. Damas n'a pas su lutter ou a dédaigné de le faire; c'est un malheur qui ne sera pas de sitôt réparé. Il avait des défauts, sans doute, qui n'en a point? mais en revanche, quelle verve! quel mordant! comme il brûlait les planches! Tout était glace auprès de lui, son âme ardente colorait chaque rôle; il entraînait les suffrages et enlevait les applaudissemens, que la plupart de ses confrères achètent à l'avance.

Figurez-vous qu'ici il n'y a plus rien de franc dans les succès dramatiques; presque toujours ils sont l'ouvrage d'entrepreneurs qui se sont chargés de faire réussir : le marché se conclut publiquement; c'est un commerce qui se fait à découvert, un commerce qui a ses périls, ses risques, ses bénéfices et ses banqueroutes. Il faut qu'un acteur ait à ses gages un ou deux journaux qui le fassent *mousser* au détriment de ses camarades; sa gloire doit être le prix d'un certain nombre d'abonnemens ; malheur à lui s'il ne les renouvelle pas avec exactitude, rayon par rayon sa gloire s'éclipsera au gré du terrible folliculaire. S'il est libéral, il sera un phénix, n'eût-il pas l'ombre du talent : au jour de l'an, c'est un cadeau qu'il doit faire, et on le proportionne aux éloges qu'il désire et aux critiques qu'il mérite. Puis il y a encore une quantité voulue de billets qu'il doit envoyer ; ce sont de petites attentions qui diminuent ses appointemens et augmentent le revenu du Zoïle : tout ceci est soumis à des règles fixes. S'en affranchit-on, Zoïle est fâché, et il a raison, c'est une atteinte portée à son pot-au-feu. Si une actrice a le bonheur d'inspirer un tendre sentiment à un rédacteur principal, c'est pour elle une mine d'or, un vrai Pérou : soudain la voilà redoutable à ses camarades et importante aux yeux des auteurs ! elle écrème les rôles, elle demande les meilleurs, et l'on ne peut les lui refuser sans en être puni par son protecteur, qui les trois quarts du temps ne sait pas le français.

Après les journaux, qui pourtant ne se vendent pas tous, viennent les *chevaliers du lustre*, hommes privilégiés, je dirais presque patentés, qui ont à leur disposition mille sifflets et un battoir. Ceux-là sont les manœuvres obligés ou de la chute ou du succès ; ce sont eux qui l'entreprennent à tant par représentation : acteurs ou actrices, tous sont dans la dépendance de ces lazaronis dramatiques. Cette ignoble milice a ses chefs, qui sont aussi ses instructeurs : ceux-ci, admis chaque matin à la toilette des actrices ou au grand lever des acteurs, sont également reçus dans le cabinet de l'homme de lettres, qui ne peut se débarrasser de cette vermine. Là, ils dictent des lois, se font donner de l'argent, et demandent des billets dont ils font trafic. Une particularité assez remarquable, c'est que ces billets vendus en fraude échoient presque toujours aux plus turbulens des spectateurs : ceci est fort naturel ; entrés avec un billet donné, ils ont à cœur de prouver qu'ils l'ont acheté à beaux deniers comptans.

Un claqueur habile doit savoir à point nommé rire, pleurer, bâiller, tousser, se moucher ; au besoin, il doit être en état de faire le coup de poing, et de réprimer les impatiences d'un goût trop difficile. Dans ce cas rien ne doit être épargné, les clameurs, les injures, les voies de fait ; tout doit être mis en œuvre pour étouffer une manifestation importune. Leur tâche remplie, c'est-à-dire après la première pièce, *messieurs du lustre* disparaissent, et vont à la porte ou dans un café vendre leurs contre-marques.

C'est au parterre qu'est posté le gros de la phalange des cabaleurs. Éparpillés à l'orchestre, aux premières et aux dernières galeries, tous sont attentifs aux signaux donnés par les aides-de-camp du général ; alors commence leur pénible service. *Messieurs du Lustre* ne peuvent être là incognito ; leurs manières communes, leur ton canaille, leurs expressions d'argot, leur fumet dégoûtant, tout les décèle, fussent-ils recouverts du manteau d'emprunt ou de la redingotte de l'homme comme il faut. Ce sont toujours des visages qu'on a vus quelque part ! On se souvient de les avoir rencontrés sur les quais, sur les boulevards, faisant les métiers les plus infâmes : d'ordinaire ils sont recrutés parmi les filous, les gens sans aveu, les ouvriers fainéans, les fils de famille libertins : c'est la sentine, le *caput mortuum* de la ville de Paris, le rebut de la civilisation.

J'assistai avec deux ou trois de mes amis à la première représentation des *Guelphes et des Gibelins*, tragédie de M. Arnault père. Nous étions à l'orchestre, et tout près de nous se trouvait un

jeune débutant dans la carrière du claqueur :
le pauvre enfant ne s'était jamais vu en si
bonne compagnie; n'importe, il n'en faisait pas
moins son service avec tant de zèle, que nous
fûmes obligés de le prier impérativement de
vouloir bien le discontinuer : force lui fut de
se soumettre, il se tint coi. Le chef, placé dans
le parterre à quelque distance, s'aperçoit que
cette partie de son feu s'est éteinte; il glisse
pardessus les épaules de ses voisins une longue
canne avec laquelle il vient frapper l'épaule de
son soldat : celui-ci tressaille, se retourne, et se
voit gourmandé sur son silence par des gestes expressifs; il veut conjurer l'orage, et sans plus de
façon : « Monsieur Levacher, dit-il à haute voix,
pardonnez-moi si je ne claque pas; mais ces
messieurs (en nous désignant) m'ont interdit de
le faire. » Jugez si ce propos égaya l'auditoire !

Je voudrais, après cette digression, revenir à
vous parler du reste de la troupe du Théâtre-Français, mais ma lettre est déjà si longue, que
je remets la partie à une autre fois, promettant
dès à présent que vous ne perdrez pas pour
attendre.

CHAPITRE IV.

DU ROMANTISME.

Les Parisiens aiment la nouveauté. — Manie de l'émigration. — La république, l'empire, la royauté. — Les romantiques. — MM. Lamartine, Victor Hugo, Joseph Delorme. — Opinions littéraires du voyageur.

Les Français aiment le changement; faire ou penser toujours la même chose, leur déplaît; la stabilité leur est insupportable, et du bonheur de la vie future, la perpétuité d'un plaisir sans fin est ce qui les charme le moins. Vous ne pourriez vous imaginer à quel degré de folie ils portent le besoin de la nouveauté, cet amour de tout ce qui peut varier leurs sensations en tous genres! en politique, en morale, en littérature, dans les arts, dans les modes, il ne faut rien qui ne soit mobile, rien qui persévère dans le même aspect; ils haïssent le *statu quo*, et ne reculent pas même devant l'idée d'une catastrophe, pourvu que le lendemain elle leur offre l'occasion de s'occuper de tout autre chose que ce qui les intéressait la veille. Voilà pourquoi l'immense majorité de la nation donna tête baissée dans les chances de la révolution en 1789. Tout le monde la voulait, parce qu'on était excédé, ennuyé, fatigué, outré même du repos forcé qui depuis les guerres de la Fronde pesait si lourdement sur la France. Cent quarante ans de calme civique étaient une calamité véritable. Des dissensions intestines, des combats à la tribune, et même dans les villes du royaume, offraient une série d'émotions piquantes, dont on devait être avide. Nul n'avait eu la joie de porter les armes pour ou contre la monarchie; aussi, avec quelle vivacité hommes et femmes, enfans et vieillards se firent-ils aristocrates ou démocrates, fédérés ou jacobins!

L'émigration devait faire fureur; chacun voulut en tâter. Elle n'avait plus rien de l'insipidité d'un voyage ordinaire; on devenait soi-même un personnage; on intéresserait, soit par le récit de malheurs éprouvés, soit par la grandeur des sacrifices; on se montrerait à l'Europe en modèle de générosité, de dévouement, de magnanimité. Être ici bien accueilli; là, chassé par crainte ou par haine, c'était vivre, véritablement vivre, et non plus traîner une existence monotone au sein de plaisirs sans attraits. Au demeurant, l'émigration ne devait avoir qu'une courte durée, un an ou deux au plus; on s'était arrangé pour cela; on rentrerait vivement animé; on aurait fort à faire pour remettre tout en ordre, ce qui serait encore une jouissance. Les émigrans étaient si sûrs de leur fait que les plus précautionneux emportaient à peine deux années de leur revenu. Vous savez combien ils furent déçus dans le rêve d'un prompt retour. Elle fut longue et douloureuse, cette émigration! Les émigrés la supportèrent, en général, avec une résignation courageuse; ils travaillèrent quand le temps des cabales fut passé, et ils se montrèrent sous un jour favorable du moment où leur illusion de fantaisie se fut dissipée.

Les combats de la royauté mourante contre la révolution victorieuse, les mille aspects de cette lutte fatale, le triomphe de l'échafaud, la hache sanglante promenée sur toutes les têtes, ne permirent plus aux Français de goûter le repos qu'ils détestent, et leur apportèrent chaque jour de nouvelles alarmes, des espérances qui les jetaient dans cette instabilité à laquelle ils attachent tant de prix. Napoléon parut enfin : tout plia sous son bras terrible ; il ramena le calme politique, sans pouvoir éteindre la fièvre morale d'agitation ; il tomba lui-même ; les Bourbons revinrent, il se releva pour se précipiter de nouveau sur eux ; il tomba une fois encore, et au milieu de ces convulsions funestes, le Français, en présence de toutes les nations de l'Europe, se retrouva dans son élément naturel ; il voulait une vie active et occupée, il l'eut ; ce fut son bonheur ; depuis il se plaignit, parce que tout rentra dans l'ordre, parce que la faiblesse des ministères produisit une inertie odieuse, et fit descendre l'Etat au dernier rang des puissances.

La politique passa de mode ; il fallut chercher une autre distraction : où la trouver ? On se jeta à corps perdu dans la littérature ; on demanda des doctrines neuves, et ceux-là qui n'en avaient étudié aucune s'empressèrent de répondre à l'appel ; toutefois, on tâtonnait ; le génie manquait pour faire une hérésie littéraire ; car une hérésie n'acquiert de l'importance qu'autant qu'elle fait des prosélytes ; il faut qu'elle soit contagieuse, et il n'appartient qu'à un esprit supérieur de faire adopter ses erreurs par la multitude. Faites, par exemple, haranguer le peuple par le prince de Polignac ou par le vicomte de Châteaubriand, vous verrez lequel entrainera la foule. On ne trouvait donc rien en littérature qui pût produire l'effet désiré, quand nous dûmes à M. Amédée Pichot la traduction des œuvres de lord Byron. Voilà qui est admirable, s'écriait le lecteur! quel style, quelle force, quelles pensées! c'est neuf; tout neuf; absolument neuf.

Le grand mot est prononcé, *c'est neuf!* la France entière est transportée d'enthousiasme ; on court à lord Byron, on le lit, on le dévore. « C'est ainsi qu'il faut écrire, répète-t-on de toutes parts, il n'est rien de semblable ; c'est charmant, divin (expressions consacrées en France), donnez-nous du lord Byron, messieurs les auteurs, sous peine de ne plus être lus ; et soudain messieurs les auteurs, quelques-uns du moins, se mirent en devoir d'aquiescer à ce désir; ce n'était pas facile, vous en conviendrez, mais en France on ne doute de rien.

Il fallait un nom au genre qu'on allait introduire, on le caractérisa par l'épithète de *romantique*. Que signifiait ce mot, d'où venait-il? on l'ignorait, et on ne se souciait guère de le savoir. L'important de l'affaire, c'est que le *romantique* était l'opposé du *classique*, et sous cette dernière dénomination on comprenait toutes les productions qui avaient joui jusqu'alors de quelque estime tant dans la littérature ancienne que dans la littérature moderne. On en exceptait toutefois quelques œuvres germaniques, et Shakespeare, dont on fit le chef du nouveau parti. Les noms trouvés, chacun se rangea sous l'une des deux bannières. Les romantiques traitèrent de *perruques* Homère, Sophocle, Horace, Corneille, Racine, Molière, Boileau et Voltaire. Ces auteurs ne furent plus que des sots, des ânes, des aveugles, des esclaves ; leurs antagonistes furent de grands hommes, des génies surprenans, et la pauvre France se vit tout-à-coup déshéritée de sa gloire littéraire.

Sur ces entrefaites, un jeune inspiré, plein de cette sensibilité profonde qui exalte les têtes et embrase les cœurs, jeta au milieu de la dispute un recueil de poésies délicieuses, où se rencontrent toutes les qualités qui ne sont pas du domaine de l'imagination. Les *Méditations* de M. de Lamartine charmèrent les amateurs de beaux vers, et surtout les femmes, plus émues encore des peintures d'un amour mystérieux. Le succès de cette production fut immense, et la

France put s'enorgueillir de compter un poète de plus. On remarqua dans les Méditations quelques taches; mais il était aisé de les faire disparaître, elles étaient d'ailleurs rachetées par des beautés du premier ordre ; par un talent admirable, une douce flexibilité de style, des traits de force, des pensées vigoureuses, et par je ne sais quoi de sentimental, de tendre, de vaporeux, qui portait les âmes à de flatteuses rêveries et à se réfléchir en elles-mêmes. Un cri d'admiration s'éleva dans le monde des romantiques; ils adoptèrent M. de Lamartine, et le proclamèrent leur chef. Mais M. de Lamartine était harmonieux et toujours élégant; il souhaitait être pur, et non bizarre. Aussi qu'avait-il de commun avec eux? rien : ils le comprirent. Le premier moment de l'intronisation passé, ces novateurs, qui par impuissance voulaient réduire la poésie à n'être plus qu'une prose maniérée et bizarrement contournée, se retirèrent tout doucement du poète, et le laissèrent seul entre eux et les classiques dont ils l'avaient violemment séparé dès son début.

Un autre auteur, qui depuis douze à quatorze ans prolonge ce qu'il appelle son *adolescence*, se présenta pour occuper la première place, dont on dépossédait M. de Lamartine. Le baron Victor Hugo unit aux plus nobles sentimens les qualités qui constituent le grand poète; doué d'une âme ardente, il la fait passer dans son style, toujours coloré, toujours pittoresque, toujours riche d'expressions. Personne ne s'approprie avec tant de bonheur les pensées d'autrui ; il chante d'après son opinion et sans mentir à sa conscience ; mais il chante en prophète ; c'est un envoyé d'en haut ; c'est un mystique qui demande à ses partisans la foi, et voudrait faire de leur admiration un culte religieux. La couronne romantique qu'on lui a offerte, il s'est proposé de la mériter à sa guise, et s'est frayé une route, où seul il voit clair. Son style est devenu dur, rocailleux et tout farci de néologismes; c'est une profusion d'épithètes ridicules ou impropres; M. Hugo prend la baroquerie pour l'originalité, le trivial pour le naïf. Tout ce qu'il écrit est parole d'évangile ; c'est la manne céleste; ce sont des oracles qu'il faut entendre bouche béante ; sont-ils incompréhensibles, c'est sublime! ce sont des mystères; il n'y a plus qu'à se prosterner. Avec ces hautes prétentions, M. Hugo est tout-à-fait dépourvu du génie qui crée ; il en a donné une preuve éclatante dans son énorme *Cromwel*, où toutes les situations sont prises à des ouvrages connus, où les mœurs ne sont pas observées, où la vérité historique, tant recommandée par son école, est violée dans chaque personnage, où quelques beaux vers ne rachètent pas l'ennui d'une composition sans verve et écrite dans le goût de Ronsard.

M. Hugo n'en est pas moins un poète du plus rare mérite; il réunira les suffrages, lorsqu'il lui plaira de mettre à bien faire le soin qu'il met à faire mal. Déjà son peuple commence à trouver qu'il y a en lui trop de poésie, trop de pensées; on veut aussi attenter à sa couronne; il la porte à une hauteur que ne peut atteindre la tourbe romantique, cette soi-disant élite composée de jeunes gens sans études, sans goût, sans jugement, aussi niais en vers qu'en prose, et qui, n'ayant ni talent, ni imagination, écrivent comme feu Joseph Delorme, et plus sottement encore.

« Mais, me direz-vous, quel est ce Joseph Delorme, décédé, à vous entendre, et dont la vie s'est écoulée à notre insu?—Feu Joseph Delorme, mon ami, est un pseudonyme, un écrivain qui, pour être romantique tout à son aise, et faire impunément l'éloge de ses œuvres, a jugé convenable de les publier posthumes. L'expédient est d'un homme d'esprit ; mais son fatras qu'il attribue à un jeune fils d'Apollon, qu'une maladie de poitrine a moissonné dans sa fleur, est bien la plus plate rapsodie rimée qui ait encore paru : comme tant d'autres productions ridicules, c'est une extravagance froidement conçue et exécutée de même ; c'est une monstruosité née d'une longue réflexion. Je ne connais dans la littérature rien de comparable à cette déjection cérébrale, si ce n'est les petits vers d'un certain E.... D......, dont je vous parlerai peut-être, si jamais je descends aux infiniment petits de la littérature.

Le romantisme a aussi envahi la scène au théâtre ; il prospère presque. Je vous communiquerai une autre fois mes pensées au sujet de sa singulière fortune. Pour le moment, je me bornerai à constater l'état général de cette littérature de passage. Il est satisfaisant pour ceux qui s'en mêlent ; les journaux sont à leur disposition ; on ne vante qu'eux, sans les rendre plus populaires. La France s'obstine à ignorer leurs noms, qu'on lui jette chaque jour à la tête, et ne lit pas leurs ouvrages, quoiqu'il soit facile de se les procurer au rabais.

Maintenant, n'allez pas croire que je sois un enragé classique, je fuis également et le classique qui m'ennuie, et le romantique qui m'assomme ; au surplus, la différence entre les deux genres n'est qu'imaginaire. N'attribuons aux mots d'autre signification que celle qui leur appartient, et tout ce qui est bien viendra comme par le passé se placer sous une même expression. Le classique, suivant moi, est tout ce qui accuse le faire d'un grand maître, tout ce qui révèle le génie sans écarts, tout ce qui mérite d'être étudié comme modèle, tout ce qui est conforme aux règles du goût ; la sphère dans laquelle le classique peut se déployer est immense : elle embrasse toutes les ressources de l'art, passées, présentes et futures ; tous les types du beau, connus ou inconnus encore. Pour être entré dans une voie nouvelle on ne cesse pas d'être classique, et l'on n'est pas classique parce qu'on se traîne servilement dans des sentiers battus, parce qu'on croupit dans la vieille ornière. Il est évident qu'après une période d'activité, qu'après une succession rapide de grands événemens, lorsque par l'effet d'une civilisation qui nécessite des mouvemens perpétuels, la vie est devenue à-la-fois plus agitée et plus réfléchie, la littérature, pour ne pas être oiseuse, doit se modifier d'après ces changemens : elle ne peut plus être ni calme ni futile ; il faut qu'elle remue profondément, qu'elle intéresse, qu'elle touche, saisisse, frappe fort, juste et vite. Voilà le besoin de l'époque ; mais tout cela ne veut pas dire qu'il faille transplanter le Parnasse à Charenton, ou ressusciter pour des maniaques les grossières formules du moyen âge et les légendes grotesques du *gai savoir*, qui, entre nous, pourrait bien n'être que le *niais savoir*. Oh! mon ami, si quelque jour le public échappe à la coterie qui le manipule, il n'y aura pas assez de bonnets d'ânes pour coiffer ces grands enfans qui se flattent que la postérité va se remettre à balbutier avec eux. Voltaire voyait des welches partout ; que verrait-il aujourd'hui que par un travers inconcevable un troupeau d'ignorantins littéraires travaille avec tant d'ardeur à replonger la littérature française dans ses langes et à prouver qu'elle ne doit être ni de son temps, ni de son pays? Le romantisme tel que l'entendent certaines gens est une affaire de mode et d'engouement, et le *classicisme*, à la manière des rhéteurs de l'ancien régime, une affaire d'entêtement et parfois de vénération ; l'engouement et la mode sont éphémères; l'entêtement ne dure pas toujours, et la vénération peut se partager. Les prétentions des deux côtés s'évanouiront sans qu'il y ait de victoire remportée par aucun des partis : alors, avec des caractères particuliers et tout contemporains, surgira la littérature moderne, qui balayera le champ de bataille et se chargera d'enterrer les morts : ils seront nombreux. En attendant, mon ami, je crois qu'il est sage de fuir les deux extrêmes et de s'attacher à ceux qui vivront. Quant à moi, je ferai relier ensemble Homère, Horace, Racine, Le Dante, lord Biron, Schiller et Goëthe; mais je ne veux ni de Lucain, ni de Pradon, ni d'Émile Deschamps.

CHAPITRE V.

UNE SOIRÉE CHEZ UN HOMME DE LETTRES.

M. de Jouy. — Madame de B..., sa fille, Rossini. — MM. Charles, de Beranger, Zimermann, Lebrun, Bis, Moreau, Châtelain, Évariste Dumoulin, Jay, Pagès. — Mesdames de P..., d'A..., de R..., de P... — MM. Arnault père et fils, M. de Neuvlas.

Un de mes amis proposa de me conduire chez un homme de lettres non moins connu par ses ouvrages que par la singularité de ses prétentions. Vous devinez déjà qu'il s'agit de M. de Jouy ; oui, mon ami, c'est de l'*Hermite* et de sa société, souvent très-nombreuse et très-variée, que je vais vous entretenir.

M. de Jouy est grand et bien pris dans sa taille. Dans son bon temps c'était un fort beau cavalier, qui dut avoir maintes bonnes fortunes ; on assure pourtant qu'il ne fut jamais ni avantageux, ni fat. M. de Jouy est vif, emporté, criard; il remplit à lui seul un salon, non pour produire de l'effet, mais par suite de la pétulance de son caractère et de la mobilité de ses impressions; il défend avec la même chaleur et ce qui lui est personnel et la chose la plus indifférente: on croirait qu'il va dévorer son adversaire : c'est sa manière de discuter; mais quelqu'animée que la querelle soit en apparence, on peut être certain qu'il n'en conservera aucun fâcheux souvenir. Il est plus galant que poli, moins complimenteur que serviable. Ses premières impressions sont parfaites, elles viennent de lui : je n'en dirai pas autant des autres; celles-là lui sont inspirées par ses alentours, qui le gardent à vue comme une forteresse dont ils craignent d'être débusqués. Il a de l'esprit, beaucoup d'esprit; assez pour qu'il lui tienne lieu de génie : il n'invente pas, mais il enjolive merveilleusement. Il a eu long-temps du bonheur en littérature, tout lui réussissait; dix journaux, qui tous le comptaient ou parmi leurs actionnaires ou parmi leurs rédacteurs, travaillaient à l'envi à grossir sa réputation; tant et tant fut enflée l'outre, qu'enfin.... *La Morale appliquée à la politique* fut un premier échec; le succès trop restreint de *Sylla* en fut un second; puis vint le roman de *Cécile ou les Passions*, dont la préface indisposa le public, que la lecture de l'ouvrage ne ramena pas. A chaque nouveau fleuron que M. de Jouy croyait ajouter à sa couronne littéraire, c'était au contraire un fleuron qui s'en détachait. Certes, ce n'était pas là la route qui pouvait le conduire à mériter le surnom de *Voltaire II*, qui lui avait été décerné en famille dans l'effusion sentimentale d'une fête de naissance ; ce surnom, des échos indiscrets le répétèrent, et la malveillance s'en fit une arme contre M. de Jouy. Vous connaissez tout aussi bien que moi les ouvrages de M. de Jouy : je me dispenserai donc de vous en faire l'énumération ; mais ce que je ne dois pas oublier de vous dire, ce qui paraît incroyable, c'est que cet auteur s'est toujours senti une profonde aversion pour les romans de Walter-Scott. Pour ne pas les apprécier, aurait-il un sens de moins que nous ? Si telle est son organisation, il est bien à plaindre, car alors la nature lui aurait refusé une source de jouissances toujours nouvelles.

Ce n'était pas la première fois que je voyais M. de Jouy, aussi m'accueillit-il avec une grâce toute particulière ; il vint à moi, me prit affectueusement la main, et me présenta à madame de B....., sa fille, que je ne connaissais pas encore.

Cette dame, jeune et jolie, a fait de son père l'objet d'un culte religieux; elle le vénère à l'égal de la divinité, et pousse cette piété filiale jusqu'à l'exiger des autres; on est toujours sûr de lui plaire lorsqu'on partage avec elle cette idolâtrie. Madame de B.... a de l'esprit, de la grâce et un extérieur modeste qui prévient en sa faveur : elle aime les arts et les cultive avec goût. Sa conversation est grave, polie et profonde.... elle me traita avec bienveillance.... j'en fus touché. On me dit que son mari était dans le salon; je ne le vis pas; mais j'ai eu plus tard l'occasion de le rencontrer dans le monde.

La maison de M. de Jouy est petite, c'est une bonbonière. Dans un des coins du jardin, qui n'est guère plus grand, est une sorte d'armoire en marbre, qu'on qualifie de *Temple de Voltaire!* c'est un hommage en miniature. Non loin de là un très-beau katakoës se balançait sur son perchoir. M. de Jouy soutenait qu'il parlait à merveille.... pour le prouver la maligne bête se mit à pousser des cris effroyables..... la démonstration ne me convainquit pas.

La foule arrivait; je vis là plusieurs personnages, peu de célèbres, et beaucoup d'ignorés, quoiqu'ils fissent grand bruit pour qu'on les aperçût. Rossini fut le premier que j'abordai : je le reconnus à sa figure spirituelle, à ses traits prononcés, à cette *desinvolture* nationale qui caractérise nos compatriotes. C'était le dieu de la maison Jouy : car on comptait sur son génie pour donner vie à une dernière production que l'amphytrion venait d'achever en société avec M. Bis. C'était le *libretto* de *Guillaume Tell*, auquel M. de Jouy allait devoir le maximum de la pension que l'Académie Royale de Musique fait à ses pourvoyeurs de paroles : Rossini était dans une expectative d'un autre genre, celle du *maximum* de la gloire ; déjà riche de celle-ci, il ne se pressait pas.

Rossini est aujourd'hui le prince de l'harmonie ; c'est le compositeur par excellence, et la mode est d'accord avec cette supériorité. Malheureusement les Parisiens, qui sont extrêmes en tout, ne voyent plus que lui ; Spontini, Boyeldieu et quelques autres musiciens d'un vrai talent sont oubliés ; on repousse leurs œuvres, on ne veut plus les entendre, on les abreuve de dégoûts. Telle est la manie parisienne, elle ne veut qu'une idole dans chaque genre ; deux ou trois adorations à-la-fois lui déplaisent et la fatiguent. Un auteur en crédit a composé ou plutôt enjolivé des vaudevilles, de petites pièces?... dès-lors il faut que seul il règne en souverain sur tous les théâtres : on lui demande des productions de son crû à la Porte-Saint-Martin comme aux Français, au Gymnase comme à l'Odéon ; défense est faite d'en laisser tomber aucune. En donnât-on de détestables sous son nom, n'importe, il faut les applaudir et qu'elles occupent long-temps la scène. Si des gens de goût, si des amateurs de province, ce qui est souvent la même chose, se plaignent, on les fait taire et c'est eux que l'on siffle. M. Scribe est un prodige d'esprit, voilà qui est incontestable ; mais on veut de son esprit à toutes sauces ; on veut du *Scribe* en tragédie, en vaudeville, en haute et petite comédie, en mélodrame, en pantomime, en grand opéra, en ballet, en opéra-comique : on en exigera bientôt chez M. Comte et aux Ombres chinoises !

Vient la poésie. Hier le Casimir Delavigne faisait fureur ; aujourd'hui c'est le de Lamartine ; demain, peut-être, le Victor Hugo sera en grande vogue. Chacun a son tour ; mais on ne peut les fêter tous ensemble, ce serait trop d'embarras à-la-fois ; et puis quand il y aura satiété, ne faut-il pas se ménager le plaisir d'aller de l'un à l'autre? Dans ce pays on ne peut pas plus diviser l'amour que le mépris ou la haine. On ne veut lire de romans que ceux de Walter-Scott ; et à entendre les journaux, on dirait qu'il n'y a qu'un seul traître en France ; de toutes parts on réclame pour M. Sirieys de Marinhac le privilége des expressions saugrenues, tout bon mot doit être donné de droit au Prince de Talleyrand, et toute chanson spirituelle ou poétique n'a pu être composée que par Béranger.

Ce travers est celui de toutes les classes, on est exclusif sur les moindres matières : chaque cercle a son poète, son musicien, son mystificateur, son homme d'état, mais un seul, rien qu'un seul, entendez-vous? s'il y en avait deux on en garderait un, et l'on verrait à accommoder de l'autre quelque honnête maison qui en manquât.

Mais je m'aperçois que, suivant ma coutume, je me suis abandonné à une bien longue digression, et que pendant ce temps le salon s'est rempli. Je vais prendre place auprès du jeune et spirituel Chasles, et je lui demande les noms des personnes qui ne sont pas de ma connaissance.... — « Quel est, lui dis-je, cet homme d'une taille moyenne et presque chargée d'embonpoint ? sa figure a une expression de bonté et de froideur ; son teint est décoloré, ses joues bouffies, son nez épaté et son front chauve, d'énormes bésicles couvrent ses yeux...... »

M. Chasles me regarde avec surprise : « Eh quoi, me dit-il, vous ignorez que c'est l'Horace, le Tyrtée de la France, de Béranger, enfin ?

« De Béranger, repartis-je vivement, l'immortel chansonnier, le lyrique de l'époque?

« Lui-même. »

« En vérité, je ne l'aurais pas deviné. » Quelques instans après je m'approchai du grand poète, nous causâmes, et je pus l'apprécier. Il y a dans M. de Béranger tant de simplicité, tant de modestie, que l'orgueil le plus exagéré ne pourrait faire mieux : il tient tellement à être lui, qu'à tout propos il jette à la tête des autres l'obscurité de sa naissance ; il s'en vante avec tant de ténacité, qu'un Montmorency se croirait presque obligé de lui demander pardon d'être issu d'un premier baron chrétien ; il cause peu dans le monde, aussi n'y brille-t-il pas ; il est soigneux de ne déplaire à personne, il ne blesse que dans ses chansons.... mais son trait est si acéré qu'il fait d'incurables blessures. Les épigrammes de Lebrun ne sont que du miel auprès du sel âcre des odes de Béranger. Jamais poète ne fut plus fier de son indépendance : il s'est arrangé pour marcher de pair avec ses amis, qui sont pour la plupart au nombre des plus riches du royaume; il a une médiocrité opulente, en ce qu'il ne s'aperçoit point de ce qui lui manque et qu'il ne laisse jamais aux autres la pensée d'oser le lui offrir. Il refuse d'eux un billet de bal comme une pension, et il les force à venir dans son humble réduit, sous peine de ne plus consentir à paraître dans leurs magnifiques hôtels.

Poète national et vraiment populaire, ses chants patriotiques et son nom sont dans toutes les bouches; ceux dont l'opinion politique lui est le plus opposée savent par cœur plusieurs de ses couplets. Sa philosophie est douce, aimable, facile; mais parfois elle est un peu libertine. Plût à Dieu que dans les écarts de sa gaîté il eût toujours respecté la décence! On peut encore lui reprocher une malheureuse tendance à rabaisser la France actuelle et à l'écraser de tout le poids des souvenirs. Il tourne et retourne la livrée impériale pour la faire briller : elle seule a jeté de l'éclat, et pourtant il préconise la liberté, qui ne fut jamais plus grande ici que depuis la première restauration. Pour être ainsi pessimiste, ne se souviendrait-il plus du temps où la chanson du *Petit Homme gris* était proscrite, où l'on n'osait avoir une copie de celle du *Sénateur*, ni même se conter à l'oreille celle du *Roi d'Yvetot* ?

Je vis encore à cette soirée le pianiste Zimermann, qui n'attend qu'un acte de justice du directeur de l'Opéra pour révéler à la France un musicien du plus rare mérite; M. Lebrun, poète dramatique, qui a fait applaudir à la scène française la *Marie Stuart* de Schiller; M. Bis, autre auteur tragique, sa *Blanche d'Aquitaine* est demeurée au répertoire; M. Moreau, vaudevilliste spirituel, dont plusieurs jolies pièces ont été représentées sur les théâtres de Paris; M. Châtelain, qui fait à lui seul toute la polémique du Courrier français; M. Evariste Dumoulin, dont vous lisez les articles *Théâtres* dans le Constitutionnel; M. Jay, littérateur érudit, connu par une excellente histoire du Cardinal de Richelieu, ainsi que par son importante collaboration dans *La Minerve* et dans *Le Constitutionnel*; il a eu sa part des persécutions que les ministères ont exercées contre les gens de lettres.

Je rencontrai M. Pagès, gascon pâle et valétudinaire. C'est un homme de beaucoup d'esprit. A la profondeur de la pensée il unit cette force d'expression et cette ironie amère qui sont surtout l'apanage des peuples du midi. M. Pagès, qui fut habile magistrat et savant jurisconsulte, est aussi une des plus hautes capacités politiques de notre temps; c'est, de plus, un homme incorruptible, inaccessible à la crainte comme à toutes les séductions. Il saurait souffrir la pauvreté, la douleur, plutôt que de s'exposer à la honte et au mépris public; les affronter est un genre de courage qui appartient plus particulièrement à certains ministres secrétaires-d'Etat.

J'eus l'honneur de faire ma cour à trois dames, que je revis avec plaisir. La première était la comtesse de P..., qui joint au charme d'une conversation simple et spirituelle une instruction peu commune, fruit de ses études particulières et des rapports d'amitié qu'elle a eus toute sa vie avec les personnages les plus célèbres. Elle conte bien et à propos. Madame d'A... fut la seconde: pendant les Cent-Jours, son mari, l'un des banquiers les plus recommandables de Paris, et dont la probité passe avant le désir d'ajouter à sa belle fortune, avait été promu à la Pairie impériale. Ce choix ne fut pas confirmé par

Louis XVIII à son retour, M. d'A... resta à la tête d'un commerce honorable. Sa femme cause agréablement, et fait à merveille les honneurs de sa société nombreuse.

La comtesse R... fut la troisième avec qui j'eus le bonheur de m'entretenir. Le nom de celle-ci est devenu historique, tant à cause de son époux, si fidèle et si dévoué à Napoléon, qu'en raison du rôle qu'elle-même a joué aux époques qui suivirent la chute du grand homme. La plus jolie, la plus aimable femme de Paris, fut celle qui montra le plus ferme et le plus noble caractère; sa faiblesse lutta sans crainte contre la puissance aigrie de ceux qui se croyaient intéressés à punir.... elle fut arrêtée, partagea les malheurs et l'exil de son mari, et déploya au sein de cette adversité une énergie qu'on ne devait pas attendre de tant de grâce, d'élégance et de beauté. La comtesse charme quand elle parle, non moins que lorsqu'on la regarde; il y a dans ses propos quelque chose de fin, de naïf, de spirituel qui entraîne; alors ses yeux s'animent, ils étincellent, et celle qui ravit par l'attrait de ses formes enlève et transporte par la manifestation de qualités admirables.

Elle me captivait par sa conversation, et je

ne songeais pas à m'éloigner d'elle, lorsque j'entendis près de moi une voix pleine et forte; je me retournai : à sa haute stature, à sa tête énorme, à ses blancs cheveux, je reconnus M. Arnault père, littérateur estimable, qui pour avoir trop annoncé la volonté de trouver dans la faveur publique des compensations aux rigueurs de son exil, n'avait obtenu que de l'indifférence. M. Arnault a composé de jolies fables et quelques tragédies; il trace mieux un plan qu'il n'écrit une pièce, et s'il dessine bien un caractère, il ignore l'art de faire agir ses personnages de manière à intéresser. Les comédiens français se plaignent de la dureté de ses rapports avec eux. M. Arnault, sans avoir rien produit qui puisse précisément contribuer à la gloire de la scène française, a fait tout récemment une équipée qui prouve que les succès de la génération nouvelle lui sont insupportables. Vous avez sans doute entendu parler de la folle requête par laquelle lui et quelques-uns de ses confrères en Institut supplièrent le roi de France d'intervenir dans une question de littérature. La tendre sollicitude de ces messieurs pour l'art dramatique, dont ils semblaient redouter la décadence, leur a attiré force camouflets; ils étaient mérités.

M. Arnault était accompagné de son fils, qui suit la même carrière que lui. Ce jeune homme conserve envers ceux qui le louent une gravité majestueuse, qui prouve combien il est d'accord avec eux. Je trouve qu'on n'a pas rendu justice à son *Tibère*, qui est, selon moi, une des tragédies les mieux conduites de notre époque.

Pendant que j'observais autour de moi, on plaça deux tables de jeux, une d'*impériale*, où alla prendre séance la comtesse R..., et une d'*écarté*, dont se rapprocha le reste de la compagnie. M. de Jouy allait et venait, serrant la main à l'un, discutant ou causant avec l'autre, presque fâché souvent de ne trouver que des approbateurs, mais toujours gracieux et faisant à merveille la part de chacun. Sa fille le secondait, mais en personne qui se déplait dans le monde et craint de le laisser trop apercevoir : assise auprès de la jeune et jolie baronne de P..., dont chaque geste est une gentillesse et chaque sourire une faveur recherchée avec empressement, elle causait alors avec M. de Norvins, administrateur habile, poète distingué, et sans contredit le premier des historiens de Napoléon. M. de Norvins sait beaucoup et apprécie bien les choses; ses productions historiques méritent toute confiance : il a puisé aux bonnes sources et a choisi les matériaux avec sagacité. Ce brillant écrivain est moins heureux qu'il ne le mérite : ses ouvrages, qui ont eu beaucoup de succès, n'ont pas contribué à sa fortune : il aurait pu en tirer un meilleur parti ; mais ici bas tout n'est qu'heur et malheur, ce qui fait que la gloire et l'argent ne se trouvent pas souvent ensemble.

CHAPITRE VI.

LE MINISTÈRE VILLÈLE.

État politique de la France. — La cour. — La congrégation. — Les jésuites. — MM. De Villèle, Peyronnet, Corbière, Chabrol, Clermont-Tonnerre. — Un cardinal ministre de la guerre. — M. de Damas. — Comment on fait à Paris un homme d'état.

Vous approuvez mon plan, cher Orlandi, vous êtes moins curieux que je vous entretienne des monumens que des hommes ; vous préférez un rapport sur l'état des arts, sur la politique ou sur les mœurs du pays que j'habite, à un supplément aux *Guides des voyageurs*. Je suis charmé de vous savoir dans ces dispositions ; j'avoue que je m'entends fort peu à décrire un édifice : les objets inanimés font sur mon esprit des impressions trop incomplètes ; ce sont les mouvemens de la vie qui ont le privilége presqu'exclusif d'attirer mon attention. Sous ce rapport ce qui se passe en ce moment m'intéresse au plus haut degré.

Les cartes se brouillent en France, le ministère qui pèse sur elle depuis six ans touche à sa chute prochaine; il lui est impossible de se soutenir plus long-temps, les élections qui viennent d'avoir lieu le tuent; il périra de mort violente, car il ne saura pas se retirer à propos. Les hommes monarchiques sont cramponnés au pouvoir; leur grandeur d'âme consiste à supporter toutes les humiliations possibles, afin de conserver le plus que faire se pourra les traitemens énormes qu'ils s'adjugent. On rencontre rarement la réunion de tant d'avidité unie à si peu d'estime personnelle; c'est à faire horreur ou à inspirer du dégoût, et souvent à produire les deux effets ensemble. Le ministère expirant est le choix par excellence du parti jésuite et l'enfant gâté de la congrégation, le va-tout de l'absolutisme; aussi les ministres en pied ont de nombreux partisans qui les soutiennent avec chaleur, si ce n'est avec force. Mais pour vous faire mieux comprendre l'origine et le but de tout ceci, permettez-moi, mon ami, de remonter au point de départ.

Il y a dans la France morale une démarcation

bien tranchée. D'une part est la nation toute entière, et de l'autre la cour. Par la cour, j'entends les familles privilégiées de l'ancien régime, celles accoutumées à jouir de la faveur du monarque et des princes, celles qui puisaient à volonté dans les trésors de l'Etat ; ce sont, par le fait, les seules qui depuis la restauration conspirent contre l'ordre établi. La noblesse de province dont ces familles ont l'air de se renforcer ne peut ou ne veut les soutenir. Elle est, en général, assez éclairée pour ne point espérer le retour des abus antiques : elle se contente du rôle de grands propriétaires ; la mairie des communes par son exercice lui rend les honneurs féodaux, en voilà suffisamment pour sa vanité. En 1814, elle accourut en foule à Paris pour avoir part au gâteau ; mais elle reconnut bientôt qu'on se moquait d'elle et que les courtisans titrés auraient tout et elle rien : en conséquence, elle s'en retourna mieux instruite de ses intérêts, qui ne sont nullement ceux de la haute aristocratie. Otez quelques femmes écervelées, quelques hommes imbécilles, et vous ne trouverez dans le reste de la noblesse que des gens sages, prudens, qui voient bien les choses et ne demandent pas le renversement de la Charte.

La cour ne peut penser de même : accoutumée à faire des dettes, à dépenser au-delà de ses revenus, à vivre tranquille en présence d'une masse énorme de créanciers qu'au besoin elle faisait embastiller, elle trouve pénible la soumission absolue à l'ordre légal. Ne plus rencontrer une protection odieuse dans la loi mal appliquée; être réduite à vivre de ses revenus, et non aux dépens des marchands ou du Trésor royal; ne pouvoir plus dévorer qu'une portion déterminée de la liste civile, et rien de plus, car la Cour des comptes est là; perdre l'espérance d'acquérir des fortunes monstrueuses au moyen du favoritisme ou des maîtresses données au Roi; supporter la liberté d'une presse qui reproche les exactions, les folies; ne plus pouvoir tyranniser les comédiens et les auteurs, voilà les serpens qui rongent la gent courtisanne, les tortures renaissantes auxquelles elle ne s'accoutume pas. Ces sangsues du trône et de la nation veulent le tout, et ne peuvent avoir que leur part du tout; dès-lors elles travaillent à changer un ordre de choses qui fait le bonheur de la France; elles aspirent à briser la Charte, parce que la Charte les lie, et à chaque instant une secousse donnée au pacte social avertit le peuple français d l'activité permanente de ses seuls ennemis, des seuls ennemis de la royauté.

La preuve de ce que j'avance est dans ces alliances mystérieuses des gens de cour avec les deux puissances ennemies naturelles de la France, l'Angleterre et l'Autriche; dans cet appel constant fait aux étrangers pour s'immiscer, baïonnettes en main, aux affaires intérieures de ce royaume; dans cette perpétuelle démence qui les porte à représenter dans leurs paroles, dans leurs écrits, dans leurs gazettes, le trône comme entièrement isolé de la nation. Il ne sort pas un mot de leur bouche, il ne tombe pas une phrase de leur plume, qui ne soient un crime de lèze-majesté. A les entendre, le Roi et son auguste famille n'ont qu'eux pour soutien, tout le reste les repousse. Mensonge infâme! calomnie odieuse! tandis que les Français ne cessent, au contraire, de crier et de prouver au Roi qu'ils mettent en lui tout leur amour, toute leur espérance, et qu'ils lui demandent seulement de les délivrer de ces imposteurs.

Dans cette position bien définie, bien franche, la nation parle au Roi comme à son père, et la cour adresse des notes secrètes aux souverains étrangers. L'influence de ceux-ci est malheureusement immense dans le cabinet des Tuileries : le souvenir des malheurs passés, la crainte qu'on inspire sans cesse de leur retour, porte à des ménagemens, à des déférences qui ont presque la physionomie de la soumission et de l'esclavage. On veut savoir l'opinion de M. de Metternich, de lord Wellington sur telle ou telle mesure ; on les consulte : et eux, sous prétexte de travailler à consolider la couronne de Saint-Louis sur la tête de ses enfans, donnent des conseils funestes à la France.

L'étranger a donc ici une prépondérance marquée et soutenue par deux affiliations ténébreuses, jamais avouées qu'à demi, et dont la faiblesse des conspirateurs féodaux de l'intérieur espère merveille : ce sont la *Congrégation* et les *Jésuites*, corps distincts et néanmoins intimes, marchant au même but par deux chemins : le premier frappe, le second dirige les coups et en profite ; le premier est composé de sots et d'ambitieux hypocrites ; le second, de gens qui voudraient avoir l'habileté des jésuites d'autrefois et qui n'en ont recueilli que l'amour immodéré du pouvoir. La Congrégation étend ses rameaux dans toutes les provinces : mais c'est un arbre faible, sans sève, et déjà tout rabougri ; sous son ombrage qui ne dépasse guère l'enceinte des églises, il ne reçoit que de vieilles femmes, de vieux libertins, qui donnent à Dieu les restes d'un corps usé dans la débauche, ou de jeunes tartufes qui voient dans le cagotisme un moyen d'avancement. Ces derniers parviennent en effet, mais en déconsidérant les places qu'ils occupent, et par conséquent sans aucun avantage pour leur parti. La Congrégation a plus de force à la cour ; là est son temple, elle y règne, mais au moyen de coups d'état ; elle avance avec circonspection, et chaque victoire qu'elle extorque, plus qu'elle ne la gagne, lui cause une épouvante dont elle n'est pas encore guérie quand elle tente une autre attaque contre la liberté.

Les Jésuites sont prêtres avant tout, c'est-à-dire qu'ils veulent eux d'abord, la féodalité ensuite, et le Roi à la queue. Le clergé a tout perdu à l'agrandissement des monarchies : où règne maintenant un seul souverain, il souhaiterait deux cents ducs, comtes, barons et marquis indépendans. L'église était dominatrice quand elle pouvait attaquer le faible au moyen d'un faisceau de voisins, elle n'a plus rien été du moment que quinze ou seize rois se sont partagé l'Europe. Le but du clergé, que ce but soit patent, avoué ou caché, est de ramener les temps et les institutions du douzième siècle; il se ligue aujourd'hui avec les rois pour réduire les peuples au profit prétendu de la royauté et de la noblesse ! demain, de concert avec la noblesse et les serfs, il renversera la royauté : voilà le secret du jésuitisme, qui se flatte d'obtenir la meilleure part. S'il parvenait jamais à soumettre la France, qui sait si le reste de l'Europe ne se courberait pas bientôt sous le même joug ?

Ainsi donc, la Congrégation par ignorance, et le parti prêtre par calcul, tâchent par tous les moyens possibles de détruire la Charte française, pour anéantir avec elle la liberté individuelle, celle de la presse, et le vote libre de l'impôt. Dans ce but unique poursuivi depuis 1814, on a cherché à écarter du conseil du Roi tous les hommes qui pouvaient porter obstacle à l'accomplissement d'un tel projet : en conséquence, en 1821, dès que, par l'affaiblissement presque entier de ses facultés morales, Louis XVIII eut cessé d'avoir une volonté vigilante, le génie du mal porta à la direction des affaires des hommes disposés à servir toute faction qui leur permettrait de faire fortune. M. de Villèle est le chef de cette *bande noire*, qui veut s'enrichir à démolir les nouvelles institutions. C'est un singulier homme que M. de Villèle! on le surnomme l'*Atlas* du ministère, et pourtant il ne passerait pas pour géant, même dans le royaume de Lilliput. Figurez-vous le plus petit, le plus maigre, le plus chétif des hommes : laid à faire peur, non de cette laideur spirituelle qui se fait supporter, mais de cette laideur déplaisante et qui produit toujours une impression fâcheuse. Certes, je ne reproche pas à M. de Villèle un tort de la nature à son égard, je constate un fait, car je sais que vous aimez comme moi à connaître l'extérieur de tous ceux qui occupent ou ont occupé une grande place sur la scène du monde. Ce ministre est tout-à-la-fois noir et pâle : ses cheveux, durs et droits, sont peu soignés, il tient peu à la magnificence des habits et presque pas à la propreté; enfin il nazille désagréablement, et le son de sa voix est aussi lent que monotone. Jamais homme ne fut plus obscur avant son élévation. Parti de bas lieu, car il n'appartient pas à la famille dont il a le nom et les armes, il n'était d'abord qu'un très-ignoré propriétaire du haut Languedoc; on le trouvait alors poli, doux, simple, mais peu instruit. En 1811 ou à-peu-près, il se mit à étudier les mathématiques sous la direction amicale de M. Vergnettes, officier distingué, que le hasard avait conduit aux environs de la terre de Mourvilles-Basses que M. de Villèle habitait. En 1814, ce dernier, qui n'avait pas même réussi à se faire remarquer dans la Société d'Agriculture de Toulouse, dont il était membre, écrivit contre la Charte, dont le Roi avait donné les élémens par sa déclaration de Saint-Ouen. Cet acte d'ultracisme charma les féodaux; ils se réunirent près de M. de Villèle avec un enthousiasme bête, et ils en firent un homme d'état; d'abord il fut nommé maire de Toulouse, qu'il administra en dépit du bon sens, puis en 1815 membre de la *chambre introuvable*. Dès son début il parut au premier rang parmi les exagérés; plus tard il affecta de la modération, et parla si souvent de sa bonne foi et de sa franchise, que les gens sages supposèrent qu'il était un fourbe : et en effet, dès que le pouvoir fut passé dans ses mains, il se hâta de leur prouver qu'ils ne s'étaient pas trompés.

Installé au timon des affaires avec la confiance du prince, il se mit à finasser, au lieu de jouer cartes sur table, comme il l'avait promis. Il se montra l'ennemi juré de tout mérité, de toute haute réputation, ne voulant autour de lui que des aveugles, parce qu'il connaissait le proverbe : ne sachant comment s'y prendre pour porter à la Charte une atteinte mortelle, il louvoya, et, ne pouvant l'abattre d'un seul coup, il chercha à l'empoisonner lentement. Ses ménagemens, sa temporisation déplurent aux fanatiques, qui récriminèrent ; les plus ambitieux saisirent le moment de se séparer de lui; il se forma un parti dans ce parti, et le furibond comte de La Bourdonnaye se mit à la tête de cette faction; il la commande encore, il la pousse aux exagérations les plus déraisonnables; il rêve un ministère qu'il n'obtiendra pas, qu'il ne peut obtenir qu'au moment où la sagesse abandonnera la France.

Bientôt M. de Villèle eut à lutter contre les constitutionnels et contre les absolutistes ; ceux-ci le poussèrent à la guerre d'Espagne, dont il ne se souciait pas, et dont, plus tard, il profita tant, dans son intérêt personnel. Il remporta sur les premiers plusieurs victoires ; les plus funestes furent celles de la septennalité et des élections. Contraint par le jésuitisme d'aller plus vite qu'il ne voulait, il en vint au coup d'État du licenciement de la garde nationale de Paris, à celui du rétablissement de la censure, et, en dernier lieu, à l'acte forcé de la dissolution de la Chambre des députés. Je ne sais par quel aveuglement il crut manier à sa fantaisie les colléges électoraux. Un coup de tonnerre terrible l'a réveillé, sa chute devient inévitable, et il se retirera chargé de la haine publique.

M. de Villèle a de la jactance, mais elle est toute en-dessous ; c'est l'orgueil le plus modeste, le mieux dissimulé, l'ambition la plus humble de toutes ; il se met à genoux pour dissimuler sa grandeur, et s'éclipse derrière le pouvoir, comme pour dire que le pouvoir ne lui appartient pas ; il fait des gasconades, non en forfanterie, mais en humilité : c'est M. de Crac devenu hypocrite.

M. de Peyronnet, ancien prévôt de salle d'armes, beau-fils aux rives de la Garonne, et comte roturier, apporta au ministère de la justice non les habitudes des d'Aguesseau, mais les manières d'un faraud de province. Faufilé, grâce à sa figure et à sa taille, dans une portion de la bonne compagnie, tout surpris de s'y trouver, il en prit en charge les manières ; il se roidit pour paraître digne, il se gonfla pour se faire grand ; devint insolent pour imposer silence au mérite, et parfois se grima en ogre, pour faire peur aux petits garçons. Il ne faut attendre de lui ni aplomb, ni tenue, ni science ; le poing sur la hanche, le nez au vent il se meurt d'envie de conduire sur le pré l'orateur qui pulvérise ses sophismes, et de détruire, par tierce et par quarte, des argumens qui le confondent. Sa mauvaise humeur est complète lorsqu'il acquiert la certitude que le *beau grenadier* de Zelmire n'est ni plus ni moins estimé que s'il n'eût pas porté les armes dans la garde nationale bordelaise. Cette persuasion le désespère ; il prétend à la considération de L'Hôpital, sans avoir ses mœurs, et croit que tout lui est dû, parce que sa belle-sœur a une haute opinion de son mérite. Despote mesquin, Croquemitaine en simarre, faisant beaucoup de bruit afin qu'on ne s'aperçoive pas qu'il sonne creux ; il entend la loi comme la poésie ; il est dans l'hôtel de la chancellerie toujours l'émule de Chaudruc Duclos, et rien de plus.

Le comte Corbière, troisième membre du triumvirat ministériel, est détesté plus particulièrement que les deux autres, je ne sais trop pourquoi, est-il plus impoli ? Non. Plus jésuite ? Non. Plus anti-national ? Non encore ; mais il est tout cela sans aucun ménagement, sans aucune précaution quelconque ; ses formes acerbes sont constamment déplaisantes ; il ne cherche jamais à refaire l'un de la malhonnêteté qu'il a dite à l'autre ; il passe le même niveau sur tous ; il méprise les lettres et ne comprend pas les arts. Sa science est nulle, sa littérature est renfermée dans la connaissance de deux ou trois auteurs latins, dont il ne sort pas. Ne lui demandez point de se mêler de sa besogne, de faire tant bien que mal le ministre de l'intérieur, il vous répondra que cela ne le regarde aucunement, qu'il n'est là que pour empêcher qu'un autre s'y mette, et que son rôle est rempli rien qu'à tenir à deux mains son portefeuille, de peur qu'un plus adroit ne le ravisse à M. de Villèle ; que quant à l'ouvrir, ce serait trop de peine, et qu'il peut fort bien dormir sans prendre un tel soin. En fait de paresse, M. Corbière était pire que M. l'abbé de Montesquiou ; mais c'est un autre homme en tout ce qui touche à la rusticité ; il ne voit dans les fonctionnaires que des esclaves ; il ne demande pas de la conscience, de la soumission lui suffit. Quiconque marche devant lui doit tomber ; ceux qui s'agenouillent lui paraissent encore trop superbes ; il faut qu'ils rampent, alors il les accueille et les fait monter. Non plus que le garde-des-sceaux, M. Corbière ne se doute pas des intérêts généraux de la France : il voit dans l'avenir à la manière des taupes.

M. le comte de Chabrol tient le portefeuille de la marine. Celui-ci, qui n'a jamais cessé d'être en scène, est du nombre de ceux qui veulent être à tous, afin que tous soient à eux. Il lui faut du pouvoir, des honneurs et de la fortune, de quelque part qu'ils viennent. M. de Chabrol fut dévoué à Napoléon, comme un Chabrol : c'est tout dire. Il le fut également à Louis XVIII et à Charles X, cela devait être. Il le fut à M. Decazes tant que M. Decazes fut le favori. Il l'est à M. de Villèle, il le sera au successeur de ce dernier; enfin, il le serait au diable, à l'usurpation, à la légitimité, au gouvernement de fait.... Les Chabrol n'ont jamais trahi personne, et ils ont servi tout le monde. Ils peuvent se vanter de leur fidélité, mais c'est une fidélité de toutes les couleurs. M. de Chabrol le marin est d'une taille moyenne; quoique fort sobre, il a cet embonpoint d'administrateur que les chiffres engraissent. Ses cheveux sont blancs, ce qui lui donne l'air d'un vieillard vert encore, et un aspect vénérable auquel les dupes se laissent prendre. Il a dans la bouche un tic convulsif très-désagréable, mais dont ses flatteurs ne s'aperçoivent point. Sa tournure est gracieuse; il a le bel air d'un bourgeois anobli et cette aisance familière d'un homme qui n'a vécu que dans la bonne compagnie. Il manque d'éloquence et de finesse; il parle sans conclure, parce qu'il perd facilement le fil de ses idées; il cherche à plaire, sans pourtant se soucier de la popularité. Il est travailleur, instruit, très-instruit, mais il voudrait *que les fautes de l'administration fussent ensevelies dans les entrailles de la terre*, c'est-à-dire, que l'arbitraire, que la force, que le despotisme fussent employés à cacher les torts des fonctionnaires ; c'est la doctrine qu'il professe.

Le marquis de Clermont-Tonnerre, ex-militaire d'antichambre dans la maison de Joseph Bonaparte, est un pauvre garçon dans toute la force du terme. Les amis des étrangers l'avaient porté au ministère de la guerre, afin d'être bien certains que l'armée française ne serait jamais mise sur un pied convenable : ce ministre n'a aucun talent; il ne s'est pas

montré méchant homme, mais il est trop sous la férule des Jésuites et sous la crosse pastorale de son oncle, l'archevêque de Toulouse, qui a véritablement la direction des affaires de la guerre. Il est plaisant de voir ce Prélat, taillé sur le patron d'un autre Clermont-Tonnerre, l'évêque de Noyon, dont la vanité faisait les menus-plaisirs de la cour de Louis XIV, faire les promotions aux emplois militaires et les dicter à son neveu. Je l'ai entendu dire : « Je
» fis hier cinq lieutenans-généraux ; demain je
» m'occuperai des colonels ; ainsi, messieurs les
» capitaines, patientez jusqu'à la semaine pro-
» chaine. »

Il a dans son archevêché un bureau militaire tenu par un abbé, ex-officier, et décoré de la croix de Saint-Louis. C'est là que la Congrégation envoie les renseignemens sur les sujets à placer ou à réformer; de là partent les notes qui changent le cadre d'un régiment : le marquis de Clermont-Tonnerre le sait, le voit, obéit, et n'a garde de se plaindre. Un jour son père ou son oncle, je ne me souviens pas trop lequel, disait devant moi : « Je ne vis heureux que dans mes terres; là, du moins, tout est resté comme dans l'ancien régime, et l'on y tue aujourd'hui les lièvres de la même manière qu'autrefois. »

Le baron de Damas, ministre des affaires étrangères, est un honnête homme; on l'a répété si souvent, que je serais tenté de croire qu'il n'est pas autre chose. Je soupçonne, en effet, qu'il ne s'entend guère au tracas politique, et qu'il devait être bien embarrassé, soit en présence de feu Canning, soit en face du très-vivant Metternich. On fait ici un diplomate par imposition de mains. Faut-il un ambassadeur dans une circonstance difficile, est-il nécessaire que les intérêts de la France soient représentés dans un congrès, convient-il d'appeler un nouveau ministre au portefeuille des affaires étrangères? on se met à feuilleter le nobiliaire, on calcule le plus ou moins de quartiers des candidats, et lorsque le plus noble a été reconnu, on a trouvé la pie au nid : on le lance sans plus s'enquérir du personnage. Est-ce un homme d'esprit? tant mieux; est-ce un sot? il est du bois dont on fait les négociateurs en titre, et cette sorte d'*excellences*: jamais on n'a agi autrement. Aussi, tandis que dans les autres pays les hautes capacités sont appelées à remplir les ambassades ou à diriger le conseil du monarque, le personnel de la diplomatie française ne se recrute que de nullités. Voyez comment le roi de France est représenté en Europe, et puis avisez-vous de me contredire! Hélas! il n'est pas mieux appuyé par ses ministres. Mon dieu! que cette Maison royale a de force, puisqu'elle peut se soutenir par elle seule et en dépit des mauvais conseillers qu'elle s'impose!...

Elle se les impose parce qu'elle ne les connaît pas, parce qu'elle n'est pas en position de les connaître. Tous ceux qui parlent au roi tiennent le même langage ; il prend leurs cabales pour la manifestation du vœu de la nation. Depuis Louis XIII, le monarque a trop vécu dans le silence de ses palais : il n'a été accessible que pour les privilégiés. Rarement l'opinion publique parvient jusqu'à lui : elle ne se manifeste devant sa personne que par l'organe de ceux qu'elle accuse et dont elle veut la chute. Oui, mon ami, ce sont eux-mêmes qui viennent dire, amenés par la nécessité : « Sire, on ne veut plus de nous; il est impossible que nous nous maintenions contre la volonté commune... » Alors, la lumière luit pour un instant ; mais bientôt de nouveaux arrangemens ont lieu, le voile retombe, les portes se ferment, et les déceptions recommencent jusqu'à ce qu'un autre coup de tonnerre réduise les ambitieux à dire la vérité.

CHAPITRE VII.

LE MUSÉE DU LUXEMBOURG.

De la Peinture à Paris. — Guérin, Didon, Clitemnestre, Phèdre et Hippolyte — Ingres, Œdipe et le Sphinx, Vœu de Louis XIII, Triomphe d'Homère. — Gros, Bataille d'Aboukir, Peste de Jaffa, Coupole de Sainte-Geneviève. — Gérard, L'Amour et Psyché, Bélisaire, Les Ages, l'Entrée d'Henri IV à Paris, Philippe V, Le Sacre de Charles X.

J'allai hier au Luxembourg visiter la galerie consacrée aux productions des peintres vivans de l'école française. C'est une heureuse idée que cette exposition permanente; l'art ne peut qu'y gagner, surtout en France, où il y a maintenant une école de peinture des plus nombreuses. Ailleurs, il y a quelques peintres; Paris en est une fourmilière. Notre Italie, maintenant si abaissée, ne tient plus le sceptre des arts : il est passé aux mains de la France, si riche en grands talens, et qui voit s'élever dans son sein de beaux génies qui seront dignes de leurs devanciers.

C'est de nous que les Français apprirent à peindre. Léonard de Vinci, Maître Rosso, le Primatrice, leur donnèrent les premières leçons de cet art. Jean Cousin et Vouet furent les pères d'une nouvelle École, que Poussin et Le Sueur élevèrent au plus haut degré d'une splendeur soutenue avec gloire par Lebrun, Mignard, Santerre, Stella, Le Guaspre, Le Lorrain, Les Patel, Millet et quelques autres. Pendant le règne de Louis xv, l'art dégénéra, avec la littérature et les mœurs; il se releva aux approches de la révolution. Vien, peintre faible, mais qui cherchait à bien faire, fut le précurseur d'une régénération que David, Renaud, Drouais, Vincent déterminèrent. Des élèves dignes de ces grands maîtres marchèrent sur leurs traces : Girodet, Prudhon, Gautherot, Peyron, qui sont morts, créèrent des chefs-d'œuvre ; ils eurent pour compagnons Guérin, Gros, Gérard, Hersent, Ingres et beaucoup d'autres.

Pour aujourd'hui je ne vous entretiendrai que des talens qui produisent encore ; ils sont les plus intéressans pour nous : je vous les présente dans l'ordre où me les rappellent mes souvenirs.

Guérin a des qualités qui sont d'un grand prix aux yeux de l'amateur des arts : simple et sage, sa composition est nette et libre de tout embarras; il évite la multitude des personnages, que jetaient par milliers sur une vaste toile les maîtres de l'ancienne école. Trois ou quatre figures lui suffisent pour faire un tableau délicieux ! un tableau que l'on regarde d'abord avec plaisir, avec intérêt ensuite, et qui presque toujours finit par attaquer une fibre sensible de notre cœur.

Voyez Didon écoutant Énée, comme c'est bien une amante sous le charme de l'amour ! quelle magie dans ce pinceau harmonieux qui a fait un poëme d'une action si simple! que cet Ascagne a de grâce et de malice, que son espièglerie est fine, et que le vol de la bague laisse à penser... Cette Élise est toute ravissante ; Énée est plus froid, cela doit être, il se laisse aimer. Guérin l'a rendu dans l'esprit de son rôle. Que ce ciel est chaud et vaporeux ! quelle suavité de touche! la délicieuse peinture !...

Mais d'où vient qu'un sentiment d'effroi s'élève dans mon âme et la trouble à l'aspect de ce grand voile rouge éclairé et rendu transparent par la lampe qu'il nous cache? Il coupe la scène en deux parties avec un art que je ne me lasse pas d'admirer. Dans la partie lumineuse, voyez ce majestueux Agamemnon, espèce de Jupiter tonnant, même dans son repos ; comme il dort avec noblesse ! La nature, fatiguée en lui, a encore de la grandeur : c'est bien le roi des rois d'Homère, tel qu'il était à son retour de Troie, lorsque, comblé d'honneurs et de gloire, il se flattait de couler ses jours en paix ! Il n'en sera rien. Il y a dans cette demi-teinte mystérieuse et sanglante une femme belle et coupable ; elle va par un crime acquérir l'impunité d'un crime antérieur. Ce n'est pas que les remords ne l'accablent ; déjà elle est tout affaissée, tout engourdie ; l'abattement de l'âme succède à la fièvre de la passion, peut-être ne pourra-t-elle ni avancer, ni se servir du poignard qu'elle tient dans sa main.... vain espoir ! elle est sous l'obsession de son mauvais génie, de cet Égiste que l'on s'indigne de trouver beau, tant on hait sa scélératesse. Il pousse la victime de l'amour contre la victime de son ambition ; il voit le trône d'Argos où Clytemnestre n'aperçoit qu'un nouvel hymen.... Qu'il y a de génie dans cette composition qui serait déjà un prodige, en l'absence même d'une couleur moins vraie et d'un dessin moins correct!

Mon enthousiasme vous rappellera encore cet Hippolyte, si farouchement candide, si pur, si divin! la chasteté et toutes les vertus respirent sur ses traits adolescens; il suffit de le voir pour reconnaître son innocence : la jalousie seule d'un époux ardemment épris peut s'y tromper. Et cette Phèdre, qu'elle est furieuse! qu'elle est à plaindre!

> C'est Vénus toute entière à sa proie attachée.

Je ne puis contempler cette femme, si passionnément malheureuse, sans songer à Racine, et sans apprécier le rare bonheur avec lequel le pinceau de Guérin a lutté contre la poésie de ce grand homme.

J'ai cherché au Luxembourg le talent consommé d'Ingres, je n'ai pu le trouver dans un combat de Roger contre l'hippogriffe; mais je puis l'apprécier, lorsque j'examine son *OEdipe* en présence du *Sphinx*, son *Vœu de Louis* XIII, et le plafond de l'une des salles du Musée égyptien. Chaque fois que je regarde le premier de ces tableaux, je crois voir un des chefs-d'œuvre de notre Ecole romaine, au temps de Raphaël. L'illusion est parfaite, la couleur, le dessin, la composition, tout rappelle les cadres de ces maîtres anciens, dont M. Ingres s'est approprié la manière.

Le Vœu de Louis XIII, représentant le roi aux pieds de la Vierge, est une production Raphaélesque, dans la madone, dans son fils et dans les anges. Le roi n'est pas heureusement posé. Le plafond a pour sujet *l'Apothéose d'Homère*. Dans ce tableau, où figurent les poètes des âges postérieurs, il y a autant d'habileté dans les masses que de science dans les contours : c'est pur et beau comme l'antique, et le ton gris de la couleur est racheté par une foule de beautés du premier ordre.

M. Gros est, en France, selon moi, le chef des coloristes ; il y a dans son pinceau du sang, de la chair, de la vraie lumière, et des ombres non moins brillantes ; tout est animé, vit et respire dans ses compositions gigantesques ; il se joue des difficultés, balance les groupes avec un talent supérieur, les rapproche, les éloigne, les éteint ou les éclaire, sans que rien annonce la présence du travail. Sa *Bataille d'Aboukir* est une véritable mêlée. C'est ainsi que les grands peintres peignaient les combats. Le champ que M. Gros a reproduit est immense; on voit agir les cavaliers, on croit entendre les clameurs de la victoire : c'est une action réelle, et non une toile couverte de couleurs.

Comment pourrai-je vous faire partager l'impression qu'a produite sur moi cette *Peste de Jaffa*, ce *nec plus ultrà* de la couleur moderne, cette magie d'un pinceau enchanteur? avec quelle vérité l'air circule autour de ce cloître garni de vitraux coloriés! il s'étend sur les hauteurs de la ville, et se fond avec les régions du ciel; ce n'est pas un air doux et rafraîchi, c'est une atmosphère lourde, épaisse, brûlante, qui dévore les malades loin de les ranimer. Elle ajoute, par sa pesanteur, aux angoisses de la souffrance, aux fatigues de la mort. Comme ces cadavres, vivans encore, sont marqués des stygmates du trépas! Leur décomposition est déjà avancée, la peste les tue; dans une seconde ils ne vivront plus! Quel contraste touchant entre la sollicitude de ces médecins français et l'indifférence de ces naturels du pays, qui trouvent le sceau d'une fatalité irrésistible dans le développement des misères humaines! Là, une vieille femme porte des citrons dans un cabas de feuilles de palmier : elle remplit un devoir sans y prendre aucun intérêt ; et ces infortunés, comme leur douleur est exprimée ! Il y en a qui la sentent plus vivement, parce qu'ils songent à la France absente, à leur famille qu'ils ne reverront plus ! d'autres ont perdu le sentiment de l'existence ; ils touchent à leur dernier moment, et ne sont pas émus du spectacle sublime que leur offre le jeune héros. Le voici devant nous, calme, recueilli. Il connaît le danger, il le brave, et sait que s'il montre quelque crainte, le moral de son armée est perdu. Devant ce pestiféré dont il touche le bubon ardent et fétide il est comme en présence d'une batterie meurtrière, c'est pour lui un autre Pont-d'Arcole, bien autrement périlleux. Ce tableau, l'un des chefs-d'œuvre de l'École française, doit être l'objet d'une constante méditation pour quiconque veut surprendre le secret de la couleur dans son plus magnifique résultat.

La coupole de Sainte-Geneviève est encore une victoire éclatante du pinceau de cet artiste. Ici, la nécessité a jeté de la monotonie dans la disposition des quatre groupes qui représentent quatre monarques français législateurs avec leurs femmes : Clovis et Clotilde, Charlemagne et Hilmentrude, Saint-Louis et Marguerite de Provence, Napoléon et Marie-Louise ; je me trompe, Louis XVIII et sa nièce, l'auguste duchesse d'Angoulême. Ils sont tous en vénération devant Sainte-Geneviève, tandis que les cieux ouverts laissent apercevoir le martyr Louis XVI, son fils, sa femme et sa sœur infortunée. Clovis a bien l'aspect d'un roi chevelu : c'est un barbare qui s'humilie sans conviction ; Clotilde est belle de grâce et de sainteté ; il y a dans Charlemagne la majesté d'un grand homme, et dans Louis IX la ferme croyance qui soutient la piété. Sa femme est admirable de douceur et de charmes. Madame la Dauphine inspire un intérêt mélancolique, et l'on aime à contempler dans son oncle le monarque assez grand pour ne vouloir régner que par la loi. On ne sait ce qui est le plus à admirer dans tous ces groupes, de la pureté du dessin ou de l'éclat du coloris ; mais ce qui ravit, ce qui enlève tous les suffrages, ce sont ces anges divins, ces formes aériennes dignes du crayon de Raphaël et de la palette de Van-Dick ; placés en intermédiaires dans cette scène immense, les uns appartiennent à l'enfance, les autres passent par degrés jusqu'à cette adolescence complète qui se rapproche de la virilité. Deux de ces anges ont surtout un caractère céleste, celui qui présente le signe de la rédemption aux Saxons convertis par les supplices, et l'autre, qui s'élève majestueusement les bras étendus entre Saint Louis et le Père immortel de la Charte. Enfin, la Sainte à laquelle le temple est consacré se montre parée de toutes les perfections d'une jeunesse divine : ce n'est ni une femme moderne, ni une nymphe du polythéisme, c'est l'idéal de la candeur, de la virginité; c'est un être à part dont le modèle ne se rencontre sur la terre que dans les madones du prince de la peinture, et auxquelles cependant elle ne ressemble pas; car sa création est originale et l'inspiration qui l'a conçue ne se reproduira plus.

Le baron Gérard est un homme important. Premier peintre du roi, officier de la Légion-d'Honneur, il est en apparence le chef des artistes, et n'a sur eux, en réalité, d'autre suprématie que celle qu'il doit à son talent; il en eut beaucoup autrefois. Il est l'auteur de ce tableau charmant de la jeune et pudique Psyché, qui reçoit avec une innocence troublée le premier baiser de l'Amour. Qu'il y a d'émotion et de grâce sur cette figure ! Que les contours de ce corps délicat sont suaves et purs ! Que ce jeune Cupidon est lui-même divin et modeste ! C'est l'Amour, sans doute; on le reconnaît à sa beauté ravissante, mais l'Amour dépouillé de toute sa fougue terrestre. Il est là comme il devait être au premier âge, lorsque les passions désordonnées n'avaient pas imprimé le cachet de la débauche sur ses traits immortels. C'est toujours avec une satisfaction nouvelle que je regarde ce couple enchanteur, ce modèle de volupté céleste. En l'examinant, on sent quelque chose de doux et de délicat, un plaisir sans mélange de tumulte ; les sens sommeillent en présence de ces nudités voilées de leur candeur, l'âme seule est émue et satisfaite : il n'y a qu'elle en nous qui conserve alors le sentiment de l'existence.

Le Bélisaire portant son conducteur blessé, et *les Ages de l'homme*, sont deux tableaux du plus grand intérêt. Il y a plus de poésie dans le premier, plus de force et de couleur dans le second, quelque peu froid, cependant. *La Bataille d'Austerlitz*, et les belles figures allégoriques qui s'y rattachent élevèrent le pinceau de Gérard au rang le plus éminent; on se plut à admirer l'étendue d'un talent flexible qui ne reculait pas devant un sujet difficile à traiter, et dont il se démêlait avec un rare bonheur. L'ensemble, le dessin, la couleur, les hommes, les chevaux, tout est bien, tout est supérieurement traité dans cette belle page de l'histoire. *L'Entrée d'Henri* iv *à Paris* est encore une composition digne d'éloges ; tout y est à louer, moins la perspective aérienne ; l'air manque dans le cadre ; aussi les masses y sont lourdes et sans suite. On reconnaît en cette partie que l'artiste touche à son déclin. On s'en aperçoit davantage encore dans la magnifique tapisserie ayant pour sujet *le jeune Roi d'Espagne, Philippe* v, *présenté par Louis* xiv *aux seigneurs espagnols et français.* Les élèves seuls du baron Gérard peuvent la prendre pour un tableau. La couleur en est fausse, et puis c'est un cliquetis dur et cassé de teintes brillantes rougeâtres opposées mal-à-propos les unes aux autres ; il y a du violet, du jaune, du bleu, du vert, de tout enfin, hors cette harmonie si parfaite qui se montre avec tant d'avantage dans les tableaux des grands maîtres.

Mais les défauts de cette production malencontreuse ont été plus que surpassés par ceux que les amateurs et les peintres ont signalés d'une même voix dans ce que le baron Gérard appelle *le tableau du Sacre*. Figurez-vous, mon ami, un sujet mal choisi, dans lequel il y a tout à reprendre, hors le dessin, qui, en certaines parties, est savamment traité. Le baron Gérard a voulu ici être courtisan, c'est son premier tort; c'est un tort immense. Ce tableau a été fait, non pour consacrer l'événement majeur d'un règne, mais seulement pour satisfaire le désir que des hommes bien obscurs ont manifesté à l'artiste de passer à la postérité grâces à son secours. Il fallait que le baron Gérard, s'élevant au-dessus de vaines complaisances, comprît que le sacre de Charles x devait montrer du moins l'élite des hommes célèbres de l'époque. Il convenait que cette cérémonie solennelle ne fût pas traitée comme une affaire d'étiquette du palais, et que d'autres personnages que des gentilshommes de la chambre entourassent un monarque bien aimé.

Le baron Gérard n'a rien fait de tout cela; s'il n'y a pas songé, tant pis; s'il n'a pas osé, tant pis cent fois encore. La France commence une ère nouvelle, elle ne date plus que de la Charte, et rien ne signale cette époque naissante dans la composition que je critique avec une juste sévérité. Je vois le roi sur son trône ; mais le roi seul, car je compte ses courtisans pour rien. Où sont les pairs en corps de pairie, les députés en masse? Quoi! les deux branches secondes de la puissance législative ne sont point là, et le duc d'Aumont, et le vicomte de La Rochefoucauld y occupent une place immense ! Je reconnais un simple garde de la manche, et je n'y rencontre pas le peuple; oui, mon ami, le peuple, les pairs, les députés, la nation entière ont été oubliés, bannis de la représentation du sacre de Charles x! Les héros de l'époque, les vertus du siècle, les célébrités des sciences n'y ont aucun représentant. Le marquis de Dreux-Brézé, et quelques autres de cette supériorité sociale, voilà tout ce que le baron Gérard a voulu nous offrir ; mais, en revanche, des cardinaux, et surtout l'archevêque de Reims, qui, par un contre-sens impardonnable, forme la figure principale du groupe général, sont là pour nous annoncer le triomphe de la puissance renaissante du clergé.

Le Roi est rejeté dans un coin avec le Dauphin, tandis que, par l'habileté du pinceau, tous les regards sont d'abord pour le clergé; le duc de Duras crève les yeux, et il faut beaucoup de peine pour reconnaître le duc d'Orléans, cette troisième espérance de la patrie. Vous dire ensuite comment cela est groupé et peint, deviendrait une tâche trop pénible. Diderot, dans une phrase ridicule, a prétendu que, pour écrire convenablement sur les femmes, il fallait tremper une plume dans la rosée de l'arc-en-ciel, et semer ensuite sur l'écriture la poussière des ailes d'un papillon. Eh bien, c'est là ce que M. Gérard a réalisé. On ne voit que des couleurs qui se heurtent, qui se nuisent réciproquement ; on cherche la vérité sans la trouver. Les chairs sont roses, sont jaunes, sont bleuâtres, enfin tout, hors qu'elles ne sont pas de la chair. Tous ces gens-là ont un teint frais, brillant, enluminé, comme à l'Opéra. Il n'y a aucune profondeur dans la scène; les tribunes sont recouvertes par un nuage cendré ; c'est une confusion, un chaos qui fatiguent, et ce tableau avait été placé en face des *Noces de Cana*, de Paul Véronèse, à côté du *Naufrage de la Méduse*, par Géricault, et à soixante pas du *Couronnement de Marie de Médicis*, par Rubens, production admirable, et jamais assez admirée!

Ce dernier tableau est la satire la plus amère du sacre de M. Gérard. O mon ami! quel chef-d'œuvre de composition, de génie et de couleur! Là, chaque chose est à sa place; là, tout est lumineux et doux; des teintes habilement placées, des oppositions savantes, un choix exquis d'étoffes qui se servent réciproquement sans se nuire jamais. Quelle grandeur, quelle dignité dans les personnages! Comme la lumière et l'air circulent librement dans cette scène immense! Le peintre n'a rien sacrifié, pas même les tribunes. Chaque partie de ce tout atteint la perfection, et néanmoins n'en a que la dose nécessaire pour aider à former un ensemble au-dessus de tout éloge.

On espère que le baron Gérard, chargé des quatre pendentis du dôme de Sainte-Geneviève, rentrera, pour les exécuter, dans son ancien talent. Il ne se presse pas néanmoins de se mettre à l'œuvre, et les observateurs prétendent que depuis que la tâche de Gros est finie, il a moins que jamais envie de commencer la sienne.

CHAPITRE VIII.

PARIS AU PHYSIQUE ET AU MORAL.

Le climat. — Le parapluie. — Amusemens dans les rues. — Le volant. — Cuisine en plein air. — Le double visage d'un boutiquier. — Les commis et ces *demoiselles*. — Ruses ; fraudes et astuces des marchands de Paris. — Noms changés d'acception. — Vanité. — Mœurs. — *Bancarota*.

Entraîné par mon amour de la peinture, j'ai prolongé, cher Orlandi, ma lettre dernière au-delà des bornes que je voulais lui donner. Maintenant je ne me sens pas la force de continuer le même sujet, et, selon mon usage, j'ajourne à plus tard ce qui me reste à vous dire de l'Ecole française actuelle. Je veux effleurer une autre matière, et vous promener dans les rues de Paris. Le piéton qui les parcourt a deux sortes d'ennemis dont il doit se défendre, la boue et les voitures. La boue est perpétuelle à Paris ; il y pleut peu ou prou pendant les trois cent soixante-cinq jours de l'année ; n'allez pas prendre ceci pour une exagération ; sur vingt-quatre heures, il en est au moins une durant laquelle il y tombe de l'eau. La pluie, l'humidité entrent tellement dans la vie physique du Parisien, que si, par hasard, depuis son lever jusques à son coucher il ne voit qu'un ciel serein, il le regarde d'abord avec plaisir, puis avec une sorte d'inquiétude qu'il ne s'avoue pas ; le lendemain, cette inquiétude augmente ; le surlendemain, elle acquiert un plus haut degré d'intensité ; le jour suivant, ses plaintes éclatent, il se meurt de chaud, il ne peut y tenir, et nous prédit, en se lamentant, que toutes les productions de la terre vont sécher sur pied par l'effet de cette canicule désespérante. Hélas ! son chagrin ne dure guère. Voici venir de gros nuages noirs, une noyade complète. Alors messieurs de Paris ouvrent le parapluie de rigueur, et leur physionomie se rassérène.

Le parapluie est le cachet officiel du Parisien ; ses parens le lui donnent le jour où on lui ôte ses brassières, et il ne le dépose qu'au bord du cercueil. Il le porte en tous lieux, à toute heure, le jour, la nuit, par le beau comme par le mauvais temps. Si, par malheur, il le perd ou l'oublie, on s'en aperçoit à sa mine piteuse, à son regard inquiet. Un parapluie est ici le meuble de première nécessité ; moi qui m'en moque, j'en ai besoin autant qu'un autre, et je l'arbore non moins que si j'étais du pays. J'évite seulement d'en incommoder les passans en leur plantant les baleines dans les yeux ou en culbutant leurs chapeaux.

Le ciel de Paris est en général gris-blanc, et presque clair. La pluie abîme les rues, les souliers et les vêtemens ; on ne peut se conserver propre qu'en voiture, et n'a pas de voiture qui veut, bien que celles-ci soient en nombre incroyable ; il y en a de toutes sortes, publiques et particulières ; joignez-y les charrettes à chevaux et à bras, et vous aurez une quantité énorme de masses circulantes au milieu d'une population nombreuse et toujours pressée d'arriver au terme de sa course. On marche pêlemêle avec les roues et les chevaux. Sauve qui peut ! Gare, gare ! Il faut être tout œil, tout oreille ; il faut être leste et doué d'une grande présence d'esprit ; les accidens sont rares : en somme, on écrase peu les gens, on se contente de les éclabousser.

Le peuple boutiquier n'a pour lieu de divertissement que la voie publique. Les cours d'une étendue raisonnable sont peu communes, et puis on n'aime pas à s'en servir; là on a toujours quelque démêlé avec le portier, le propriétaire ou le principal locataire. Sur le pavé du roi les coudées sont plus franches. Les hommes, dans la classe ouvrière, jouent au galet; les jeunes filles, les commis de magasin au volant, mais avec autant de maladresse que de constance. Voici nombre d'années que je parcours Paris, eh bien, je n'ai pas rencontré encore un couple de joueurs en état de se renvoyer quatre fois le volant sans le laisser tomber : c'est un plaisir que l'on goûte sans se perfectionner. Au reste, il anime les rues, il charme par les poses gracieuses et pittoresques qu'il fait prendre aux jolies ouvrières, et par les éclats de gaîté bruyante qu'il occasione. Je ralentis ma marche lorsque j'aperçois devant moi deux jeunes personnes s'agitant avec une molle vivacité, qui n'est pas sans charmes. Leurs yeux brillent, de belles couleurs parent leurs joues, et quelquefois de longs, de doux cheveux se détachent et flottent sur des épaules arrondies, ou retombent sur les trésors mobiles d'un joli sein qu'ils achèvent de dérober à mes avides regards.

Les cuisines en plein vent me rappellent à

Paris celles de ma chère Italie. Le peuple ouvrier, dans sa partie vraiment active, aime à rencontrer tout préparés des mets simples, qui lui évitent la perte du temps. Combien de fois lui ai-je envié ces pommes de terre si bien frites, si chaudement colorées, et certainement croquantes sous la dent : elles sont appétissantes de propreté, et, au besoin, je les préférerais à cette cuisine repoussante que l'on prépare en ces antres ténébreux nommés pompeusement *restaurans*, où l'on empoisonne le peuple avec des alimens malsains.

Des fruits en abondance, et horriblement chers pour nous, Italiens, sont étalés à chaque coin de rue, sur les boulevards et sur les quais. C'est un commerce de déception. La marchande cherche à duper l'acheteur ; elle le trompe sur le poids et sur la qualité. Le paysan modeste qui circule ses paniers à la main n'est pas de meilleure foi ; le drôle est plus fripon encore. La corruption a fait des progrès effrayans dans les campagnes qui environnent Paris : l'amour du gain, une avidité sans bornes ont perverti les villageois ; ils ont adopté tous les vices de la ville, moins le vernis de politesse ; ils sont fourbes : un jésuite ne leur apprendrait rien.

Le boutiquier a toujours deux visages : un pour le chaland qui achète, l'autre pour celui qui n'achète pas, ou qui veut rompre un marché désavantageux. Mon Dieu ! qu'il est prévenant, souple, flatteur, rampant même, tant qu'il se targue de placer sa marchandise ! Sa voix est flûtée, son rire gracieux, ses yeux supplians : il est à peindre. Mais à mesure qu'il perd l'espoir de réussir, il redresse sa tête ; sa bouche prend une expression dédaigneuse, ses paroles sont brièves et dures ; les caresses, les prévenances ont cessé ; il lance même le sarcasme, conteste fièrement, et vous laisse partir sans vous accompagner.

Les grands magasins par le luxe de leur étalage offrent un aspect oriental ; là l'on est ébloui et étourdi en même temps, c'est un mouvement, une agitation perpétuelle, tout le monde circule ; les commis se croisent avec les demoiselles, les demoiselles avec les commis. *Monsieur souhaite quelque chose ? que désire monsieur ? voyez donc à servir madame.* Telles sont les paroles qui se font entendre de toutes parts.... on déploie devant vous tout ce que vous désirez, tout ce que vous ne désirez pas. Montrez-vous peu de discernement dans votre choix, on vous complimente sur votre bon goût ; êtes-vous trop difficile, on vous fascine par d'autres discours adulateurs. Vous vous fixez, tout est dit; on vous sert, l'objet est enveloppé et ficelé avec une rapidité incroyable, vous ne le voyez plus: *Ayez la bonté de passer au comptoir*, et au moyen d'une certaine volubilité de langue, puis d'une certaine prestesse de mains, puis d'un certain je ne sais quoi, suivant que vous appartenez à un sexe ou à l'autre, si vous arrivez de votre province, on vous a donné comme nouveauté ce qui l'année d'auparavant commençait déja à vieillir. Votre mise annonce-t-elle que vous êtes un des propagateurs de la mode, oh! alors avec une satisfaction des plus marquées on vous offre les prémices d'une partie arrivée de la veille, ce sont des articles que vous ne trouverez nulle part, personne n'en a encore. Le croyez-vous, tant mieux. En doutez-vous, on vous le persuade. Voilà le talent! le premier talent! On ment, on ruse, on écorne l'aunage; on fait mille tours de passe-passe au profit du patron; mais à tout cela on met tant de politesse et d'élégance, qu'en vérité on aurait tort de s'en plaindre : les commis sont charmans, les demoiselles sont complaisantes : d'honneur aujourd'hui la vie n'est peut-être pas toujours bonne, mais elle est séduisante; elle est belle à voir, le fond est pitoyable, les formes sont délicieuses.

En ce pays le point essentiel est de faire une grosse fortune dans le plus bref délai possible. Autrefois celle d'une maison de commerce commencée par le grand'père était à peine achevée par le petit-fils. Les choses ne vont plus de la sorte; on veut jouir sans attendre, sans patienter. En conséquence, on est un peu moins chatouilleux sur le chapitre de l'honneur. Les matières premières sont mauvaises, la main-d'œuvre ne l'est pas moins. Tout est donné à l'apparence, rien à la solidité. On trompe l'acheteur de mille façons différentes. Les vases destinés à renfermer les liquides n'ont plus la capacité requise; une bouteille de vin ou de bière ne peut remplir plus de deux verres d'une médiocre grandeur. Il n'y a que de la faïence dans les pots de confitures. Entrez dans un café, la porcelaine des tasses est d'une monstrueuse épaisseur; les glaces vous donnent la colique, et les limonades ne sont que de l'acide sulfurique étendu d'eau. On ne débite que des vins frelatés qui causent des infirmités affreuses. Le vinaigre est de l'acide pyroligneux; le chocolat est divinement parfumé, mais il est fait avec de la *pâte royale*, beaucoup d'amidon et peu de cacao. Les étoffes de soie sont de véritables pelures d'oignon, les draps n'ont plus de corps. Partout où l'on peut vendre du coton pour de la laine ou du lin, on n'y manque pas. Vous pensez avoir un madras, c'est un foulard de Rouen; vous voulez avoir une indienne de Jouy, et on vous repasse du faux teint; vous achetez un meuble de salon, il est magnifique, mais le foin remplace le crin; la dorure de cette pendule est superbe, mais ce n'est que du vernis anglais; votre acajou est de la plus belle teinte, mais il est plaqué sur du bois blanc vermoulu. Les marbres sont des compositions menteuses; les bronzes sont de la tôle ou du plomb; les bijoux sont des trompe-l'œil ou *de la cervelle de saint Éloi*. Et d'où proviennent toutes ces sophistications, toutes ces impostures? de la nécessité du bon marché, et du désir presque général de faire de l'effet à peu de frais.

Dans la nation qui vend, il n'y a plus de marchands, mais des négocians; plus de *bourgeois*, mais des patrons de courtiers; plus de commis, mais des élèves du commerce. Les filles de boutique sont des demoiselles de comptoir. Passe encore; peu importe que la vanité triomphe. Nous serions trop heureux si elle s'alliait à l'honnêteté. Elle n'a garde de le faire; le profit n'est pas là, et l'élève du commerce, ainsi que la demoiselle de comptoir, rivalisent à qui *fera le plus habilement l'article* au détriment de l'acheteur et au bénéfice du patron ou de Madame. *Madame*, savez-vous ce que c'est? La maîtresse du magasin; sa fille est *Mademoiselle*, tout court. Où est *Monsieur?* on ne le voit que le soir, c'est celui qui d'ordinaire vit avec *Madame*.

Ces sortes d'unions illégitimes, que l'on nomme plus fréquemment des associations libres, sont ici fort communes; le concubinage se montre partout à front découvert. Une maîtresse que l'on renverra dans huit jours, on l'appelle *ma femme*, c'est reçu. « Adolphe, tu es sorti hier sans ta femme. — Mon ami, c'est qu'elle n'est plus avec moi; mais je ne serai pas long-temps veuf, je vais de ce pas m'accommoder d'une autre dont ta petite femme m'a parlé ce matin. »

Aussi l'homme marié n'ose plus dire que *mon épouse*. C'est une qualification dont se rit le grand monde; mais le vice ne l'a pas encore profanée, et en dépit du ridicule dont elle est frappée, on est forcé d'y revenir.

La lutte perpétuelle de la vanité contre la misère est encore une chose plaisante à examiner. Le mot est tout, à Paris; arrive-t-on dans un fiacre, c'est en équipage que l'on est venu. Au théâtre, une loge du cintre est ce qu'on appelle une première loge, et les porteurs de billets mendiés vont s'y carrer fièrement. Un chapeau de poils de lapin est un castor. Un chiffon fané à falbalas est une robe. Quatre sots et deux vieilles femmes se réunissent, voilà une soirée; on danse à un cinquième étage, à la lueur de deux chandelles, au bruit d'un crin-crin; on boit de la bière, on mange des échaudés : on a assisté à un bal paré, suivi d'un ambigu superbe. Tous ces beaux messieurs, ces belles demoiselles logent dans des mansardes et couchent sur un matelas de bourre; n'importe, leur galetas est un appartement, et ils en sortent vêtus avec une sorte de magnificence. Ils sont presque dans la misère et ils affichent l'opulence. Ils ne mangent que du pain et ne boivent que de l'eau, mais ils ont des boutons en diamans, ou un cachemire presque frais; cela leur suffit et les console. L'essentiel est de se déguiser de façon à ne pas être reconnu pour ce que l'on est réellement. Le bonheur est d'être confondu avec les personnages de la haute volée. Ces pauvres gens se figurent que leurs manières passeront pour celles de la bonne compagnie; que leur toilette étriquée ne contrastera pas avec celle des gens riches. C'est leur marotte; laissons-les faire, et ne les désabusons pas; l'illusion est quelquefois si douce! et puis, dans ce cas, remarquez qu'elle sert à les policer.

Le luxe excessif des magasins est ruineux pour les propriétaires, qu'il entraîne à des dépenses énormes, que les bénéfices de tous genres ne couvrent pas toujours. Alors le char de la fortune est arrêté; on veut le pousser en avant, et, pour qu'il aille plus vite, on fait banqueroute. Vous ne sauriez croire, Orlandi, comme une banqueroute accommode ici les affaires; elle sert merveilleusement pour arrondir la somme nécessaire à une retraite honorable : c'est la meilleure des opérations. Avec une faillite on met son esprit en repos; on se moque de ses créanciers, on passe fièrement à la barbe des huissiers; on ne doit plus rien à personne, et l'on n'a cependant rien payé. D'ailleurs, le magasin prospère comme auparavant. On vous en laisse la direction ; l'achalandage continue, vous vous arrangez, vous offrez cinq pour cent en six ans de terme ; on accepte : le lendemain vous avez repris votre commerce. Dès le jour suivant vous trouvez de nouvelles dupes, et les choses vont leur train jusques à la banqueroute prochaine.

CHAPITRE IX.

MINISTÈRE DE TRANSITION.

L'évêque de Beauvais. — MM. de La Feronnays, Hyde de Neuville, Portalis, de Caux, Saint-Criq, Vatisménil, Roy, Martignac. — Joie des Parisiens. — Leur amour pour le roi.

M. de Villèle qui n'a réussi dans aucune de ses entreprises, n'a pas eu non plus en cette circonstance le triomphe qu'il espérait, les élections l'ont détrôné, et avec lui est tombée toute la tourbe ministérielle.

Le beau spectacle que la chute de ces Excellences tant ennemies de cette pauvre nation ! enfin la congrégation va rentrer dans les ténèbres, et les jésuites s'éclipseront pour quelques instans. La nouvelle Chambre se présente comme sage et modérée. Les ennemis de l'ordre la montraient haineuse et hostile. A peine elle paraît, on la voit pleine de prudence et d'amour de la royauté; un seul acte de vigueur a flétri le ministère Villèle, c'est la qualification de *déplorable*, qu'elle lui a appliquée avec plus de justice que de sévérité.

Il était temps que le règne hideux de l'absolutisme prît fin; que les adversaires des idées libérales fussent chassés du pouvoir; que le sieur Franchet cessât de peser sur la France, et le sieur Delaveau sur la commune de Paris. Le sang répandu dans la rue Saint-Denis criait avec tant de force, que le roi l'a entendu. Les machinateurs de cette horrible catastrophe ne blessent plus les regards des citoyens. Les Français ont un autre ministère; mais il ne satisfait pas complètement l'opinion publique : les hommes qui le composent n'ont pas tous sa confiance; il y en a qu'elle ne connaît pas trop encore, d'autres qu'elle connaît trop bien. Parmi les premiers, je citerai M. l'évêque de Beauvais, prélat estimé pour ses vertus privées, qui a donné des gages éclatans de son amour de l'ordre, qui est charitable et bienfaisant; il a des idées sages, il veut bien faire. Le pourra-t-il? Trouvera-t-il dans le clergé des appuis qui permettent de rendre à sa splendeur l'Eglise gallicane? L'arrachera-t-il aux intrigues du parti ultramontain? M. l'évêque de Beauvais parle avec onction et une noble simplicité. Il a une belle figure, un extérieur séduisant, et une âme non moins belle. S'il peut être fort, s'il veut l'être, il fera beaucoup de bien.

Le comte de La Feronnays, ministre des affaires étrangères, est un rejeton de ces races antiques où l'on est toujours certain de rencontrer honneur, franchise et loyauté. Sa parole vaut un contrat : avec lui il n'est rien à redouter, aucun détour Ignacien. Il peut ne pas toujours dire ce qu'il pense, mais du moins il ne dira jamais ce qu'il ne pense pas. Gentilhomme de naissance, royaliste de religion, l'amour du roi s'unit en lui au respect et à l'attachement pour les institutions du pays. Il a prêté serment à la Charte, il lui sera fidèle. Sous lui, le ministère des affaires étrangères ne sera ni anglais, ni russe, ni autrichien, mais français. Il ne demandera à aucun cabinet la route que doit suivre le cabinet des Tuileries ; et si on voulait lui en imposer une, il saurait soutenir les droits de la nation. Il possède la politesse affectueuse et brillante de l'homme de qualité ; il a de l'instruction, des connaissances variées ; il a étudié les intérêts de l'Europe, et les Français seront heureux de le conserver à la tête des affaires.

M. Hyde de Neuville, comte de Bemposta et ministre de la marine, est un honnête homme, un excellent Français : son exaltation d'ultrà s'est singulièrement calmée par quelques années de séjour en Amérique ; des épigrammes méritées dans un temps et aujourd'hui oubliées ont opéré sa conversion. Quoi qu'il en soit, l'envie n'oserait lui contester son royalisme. Aimer et servir les Bourbons, est l'unique emploi de sa vie. Il s'est distingué dans les diverses ambassades qui lui furent confiées. Il a sauvé le roi de Portugal des mains de l'Infant Don Miguel, et, certes, on ne lui refusera pas le titre de *fidèle;* il occupe la tribune avec talent ; son éloquence est facile et vigoureuse ; il ne pactisera ni avec le jésuitisme, ni avec la révolution. Mais sera-t-il assez fort pour lutter contre d'anciens amis, et ne reculera-t-il pas devant les améliorations de peur de nuire à la plénitude de cette royauté dont il est idolâtre ? Telle est la crainte qui se manifeste ; cependant cette crainte n'est pas fondée.

M. Hyde de Neuville veut franchement ce qui est utile, entre ses mains le ministère de la marine ne sera pas le complice de l'amirauté anglaise ; il travaille à relever sa dignité dans les ports, dans les arsenaux, dans les chantiers ; il ne gémit pas des triomphes de Navarin, il souhaiterait qu'ils se renouvelassent ; il désire perfectionner la législation coloniale ; mais telles ne sont pas les intentions de la faction qui s'irrite à la seule pensée du mieux. Pour plaire à cette faction, il faut à la marine un oisif qui sommeille, tandis que tout se détruit ; cet oisif, on le trouvera.

Je ne suis pas inquiet de ce que fera le comte de Portalis. Il a joué deux rôles sous l'empire, il les continuera. Faible de caractère, petit d'esprit, dévot, il n'a d'autre titre à la faveur que l'éclatante disgrâce dont il fut frappé sous Napoléon, lorsque chargé par lui de poursuivre les distributeurs de la bulle qui l'excommuniait sur son trône, il la colportait cachée dans la forme de son chapeau. Il vénère trop les grands seigneurs pour les désobliger en face. Aussi leur cédera-t-il nos libertés, et il a une piété trop mal éclairée pour disputer aux prêtres la majesté de la couronne et les franchises de l'Eglise nationale Certainement il continuera le comte de Peyronnet, et toutes les nominations de son ministère resteront au bénéfice des congréganistes.

M. le vicomte de Caux est arrivé au ministère de la guerre sous les auspices d'une habileté long-temps éprouvée à une époque où il fallait être habile. Napoléon, qui lui avait reconnu de grands talens et une incroyable aptitude au travail, l'avait appelé à la direction générale de la guerre; il y resta pendant cinq ans, et présida alors à des organisations importantes. Après la seconde invasion, M. de Caux, qui était général dans l'arme du génie militaire, fut encore employé en cette qualité : ce fut lui qui eut la mission de régler contradictoirement avec les généraux ennemis tout ce qui était relatif aux cantonnemens des troupes sous leurs ordres : dans cette circonstance il déploya un patriotisme des plus énergiques. M. de Caux était donc précédé d'une excellente réputation, et il a voulu en tous points s'en montrer digne; il n'a pas brillé à la tribune, parce qu'il n'a pas une élocution facile, mais il y a fait de brillantes promesses, et dans le silence du cabinet il se mettait en mesure de les tenir; par ses soins la France allait être délivrée des Suisses : d'autres réformes devaient être opérées dans cette garde royale, qui coûte autant que les quatorze armées de la république ; les pensions des anciens officiers devaient recevoir une augmentation nécessaire. M. de Caux était un véritable ministre: dès son avènement il a réparé beaucoup d'injustices, et n'a renvoyé qu'un seul de ses employés, le chef du bureau de la justice militaire, M. Foucher, qu'il appelait plaisamment le *Sixte-Quint* du ministère, par allusion aux moyens dont il s'était servi pour son avancement. M. de Caux a contribué puissamment à déterminer l'expédition de Morée, et c'est à l'influence de ses conseils que le lieutenant-général Maisons, quoiqu'il fût fort mal en cour, a dû le commandement des troupes qui devaient coopérer à l'affranchissement de la Grèce. C'est encore sur la proposition de M. de Caux qu'a été institué pour la révision des réglemens ce conseil suprême de la guerre, dont monseigneur le dauphin a la présidence; c'est lui pareillement qui a fondé en faveur des aides et des sous-aides chirurgiens militaires et élèves pharmaciens, les prix distribués dernièrement dans l'hôpital du Val-de-Grâce.

M. de Saint-Cricq est le tome second de M. Chabrol; on assure qu'il débuta dans les emplois publics sans autre aptitude que de l'ambition;

plus tard, à mesure que cette ambition trouvait à se satisfaire, il eut la volonté de s'instruire. Il possède aujourd'hui de vastes connaissances en économie politique et commerciale : c'est à la direction générale des douanes qu'il a fait ces études qui ont motivé sa nomination au ministère du commerce. Il ne manque à M. de Saint-Criq que le désir de faire le bien pour que le bien s'opère ; malheureusement il est des gens à qui leur intérêt personnel commande de nager entre deux eaux, et de se tourner au vent qui soufle ; constamment du côté du plus fort, on l'a vu avec la charte, quand le pouvoir était de ce côté, et contre la charte, lorsque le système avait changé. Il est adroit, mieux vaudrait être franc ; son habit est de cent couleurs fondues ensemble, je préfèrerais une couleur décidée.

On a fait ministre de l'instruction publique M. de Vatisménil, quelque peu brouillé auparavant avec l'opinion, car il s'était montré l'antagoniste de la liberté de la presse. Mais M. de Vatisménil est un homme droit, un magistrat consciencieux. Je me flatte qu'il remplira ses fonctions avec intégrité. Il y a en lui des traditions parlementaires qui lui inspireront les devoirs de son état ; il se rappellera que la magistrature doit s'opposer aux empiétemens des ultramontains ; il arrachera l'éducation de la jeunesse des mains des jésuites, qui veulent la pervertir et la rendre ennemie de la Charte constitutionnelle. L'éducation des séculiers doit être confiée à des séculiers : les moines ne peuvent élever que des moines.

Le comte Roy est devenu ministre des finances pour la troisième fois; il est bien à sa place, à quelque entêtement près, car il est comme les gens riches, il ne souffre pas la contradiction. Je le crois attaché sincèrement au nouvel ordre de choses, et ce ne sera pas lui que nous verrons se ranger parmi les adversaires des libertés nationales, et se courber devant la théocratie, armée d'hypocrisie et de vaines frayeurs.

Il y a dans ce nouveau ministère un autre Atlas, ou qui du moins passe pour tel : c'est l'homme d'état à qui la volonté royale a confié le portefeuille de l'intérieur; on attend merveille de lui, et déjà les badauds de Paris sont dans l'admiration des paroles sonores que l'on qualifie d'éloquence. M. de Martignac, dès son début, a charmé la foule irréfléchie ; cependant qu'a-t-il dit ? rien ; qu'a-t-il fait ? moins encore. Je ne connais de lui que des phrases dorées, sans aucune profondeur, que des actes vides de sens octroyés à l'apparence ; c'est un diseur, et rien de plus, sans aucune science du gouvernement. Il tourne la difficulté qu'il ne sait pas attaquer de front, et se croit victorieux quand il n'a qu'éludé le combat : ne s'expliquant jamais franchement, il allonge ses harangues en annonçant qu'il ne donnera pas son avis, et même qu'il n'en a point. Il nomme une commission là où il conviendrait de se décider sur l'heure ; il appelle adresse ce qui n'est que dissimulation, et se perd en vaines périodes, bien arrondies peut-être, mais toujours sans poids et sans résultat. Son amour-propre est excessif : ami du cynique Duclos et du spadassin Peyronnet, comme eux il tire vanité de ses coups d'épée et de ses bonnes fortunes. Ainsi que le garde-des-sceaux, il a des prétentions au titre de poète ; il a fait pour célébrer l'entrée des Anglais à Bordeaux, un vaudeville intitulé *la Saint-Georges*, et composé quelques pièces de vers, qui, moyennant les corrections, additions et changemens faits par M. de Lormian, devenaient à-peu-près supportables : il est orgueilleux comme un Bordelais et entêté comme un Breton, la contradiction le met hors de lui et le porte à faire ce qu'on appelle en France des pas de clercs, c'est-à-dire des sottises. C'est ainsi qu'il s'est brouillé avec les chambres dès qu'elles lui ont résisté. M. de Martignac s'était trop montré l'ami du ministère Villèle, pour qu'on le supposât attaché au bonheur de son pays.

Pour lui la liberté française n'est rien ; il ne la hait pas, et si le pouvoir était libéral, il pourrait la servir, sinon l'étouffer, en faisant mine de l'embrasser et de la défendre; il ne vise qu'à devenir le favori du prince; mais n'étant ni gentilhomme, ni dévôt, que peut-il espérer? il tend à jouer le rôle du duc Decazes, il voudrait avoir l'oreille du roi et être sa bouche. Il ne connait personne à la cour, où il faut être de grande naissance pour y faire un haut chemin; aujourd'hui ce n'est plus comme sous Louis XVIII : avec lui, quand on était agréable, on avait touché le but.

Tels sont les ministres appelés en apparence à réparer le mal fait par leurs devanciers. On les voit avec plaisir en masse, parce qu'on les sait modérés; tous sont très-royalistes; on espère qu'ils seront constitutionnels, ils ne l'ont été qu'en paroles; mais leurs actes, à quoi se sont-ils réduits? Ils ont mis de côté le vicomte de Castelbajac, cela devait être, ce pauvre homme était incapable d'occuper le poste qu'on lui avait donné. Ils ont renvoyé le très-ridicule M. Sirieys de Mérinhac, qui, chargé des intérêts de l'agriculture, déplorait que l'agriculture produisît trop : ils ont fait courir le marquis de Vaulchier des postes aux douanes ; ils ont congédié M. Benoist, qui aurait dû l'être plus tôt ; ils ont destitué deux ou trois préfets qui ne pouvaient plus administrer au nom du roi, qu'ils avaient compromis ; ils en ont fait voyager cinq ou six autres dont l'ineptie était patente. C'est à ces demi-mesures que ce sont bornés ces ministres ; il aurait fallu opérer plus largement, et ne pas donner à l'opinion des satisfactions illusoires.

Cependant j'ai vu la joie des Parisiens à l'annonce du changement de ministère : ils croyaient bonnement qu'on allait rentrer dans la voie constitutionnelle : braves sujets, qui ne demandent pas mieux que d'aimer leurs maîtres, qui leur tiennent compte de la moindre des choses.... Vous ne vous faites pas d'idée combien la nation française est facile à mener, non par la force, mais par le sentiment ; on l'entraîne toujours lorsque l'on parle à son cœur ou qu'on fait un appel à sa politesse ; elle ne doute jamais des belles paroles qu'on lui jette à la tête, et ne commence à se méfier de ceux qui la trompent qu'après être tombée dans le piége. Aimer son roi est un besoin pour elle. J'étais à Paris le jour où Charles x, après avoir succédé à son frère, y fit son entrée de roi ; peut-être jusqu'alors y avait-il eu quelques craintes au sujet de ses intentions ; dès qu'on le vit avec sa mine belle, bonne et riante, dès qu'on l'eut entendu dire, *point de baïonnettes !...* ce ne fut qu'un cri de joie : la défiance momentanée fit place à l'amour, le passé disparut, on demeura sous le charme de l'enthousiasme du présent, on ne voulut voir que les qualités excellentes du Roi ; les cœurs se rallièrent à sa cause, les libéraux les plus revêches ne demandèrent pas mieux que de cesser d'être fâchés ; jamais il n'y eut plus belle occasion d'en finir avec la révolution et de fondre toutes les opinions en une seule. Il aurait suffi d'un ministère sage ; celui qu'on détestait fut conservé, et cette fusion si facile n'eut pas lieu encore. Il n'y eut de certain que ce retour sincère du peuple au monarque qu'il voulait aimer.

Dès que le ministère déplorable n'environna plus le trône de son obscurité, dès que l'on se fût persuadé que l'on pouvait tout attendre de la paternité de Charles x, on se livra sans retenue au plaisir de posséder ce prince. Bientôt il va parcourir quelques-unes des provinces de son royaume, celles que des courtisans perfides ont tâché de lui représenter comme les plus opposées à sa famille; il s'avance, et cette calomnie infâme est démentie avec éclat; les populations se lèvent pour protester devant lui de l'amour vrai qu'elles portent au Roi, qui veut leur bonheur, et qui a juré à son sacre de maintenir la Charte constitutionnelle. On se flatte que Charles x entendra le vœu de la majorité des Français, et que des tempêtes nouvelles ne s'éleveront plus. Mais, mon dieu! sur quoi compter, où les courtisans sont puissans encore, où les jésuites règnent toujours?

CHAPITRE X.

DU GOUT DANS LES ARTS EN FRANCE.

Du goût pur. — Des hérésies. — Vicissitudes et intermittences du goût. — Influence de la mode. — Révolution en faveur des principes. — Période de décadence.

Quand j'arrivai à Paris pour la première fois, je fus étonné de deux choses, de voir manger les figues avec du sel, et de trouver peu de goût chez une nation en apparence si passionnée pour les arts; je ne pouvais en revenir, et à ce sujet je confiai au papier quelques réflexions. J'allai vous les transmettre, lorsqu'en jetant par hasard les yeux sur un journal qui n'a pu vivre, quoique rédigé par des gens d'esprit, j'y ai découvert un article tellement supérieur à ce que je vous aurais dit sur cette matière, que j'ai cédé au désir de le transcrire en entier ; le voici :

« Le père Bouhours osa demander dans je ne

sais quel livre, si un Allemand peut avoir de l'esprit? A cette question irrévérente, un cri d'indignation partit des Etats situés au-delà du Rhin, et le bon père eût mal passé son temps, si à la même époque il lui eût pris la fantaisie de visiter Vienne ou Berlin, Dresde ou Munich. C'est une question à-peu-près pareille que j'aurais l'envie de faire, et ce ne sera pas sans quelque terreur que je m'aventurerai à demander, non si un Français peut avoir du goût, mais bien si nous avons du goût en France. Voilà le grand mot lâché; et, dût mon insolence allumer le courroux national, je ne le rétracterai pas. La question n'a pas été improvisée; ce n'est qu'après de mûres réflexions que je me suis décidé à l'articuler. Mais voyons d'abord si elle est convenablement posée, car avant tout il s'agit de s'entendre, autrement on divague, et c'est ce qui n'arrive que trop souvent, non seulement à Paris, mais encore partout où l'on dispute. Qu'est-ce que le goût? n'est-ce pas l'amour du vrai beau uni aux connaissances nécessaires pour l'apprécier convenablement? le goût n'est-il pas le résultat de la réflexion inspirée par la vue ou par l'étude approfondie d'excellens modèles? N'est-ce pas un sentiment qui éloigne du bizarre, de l'extravagant, du maniéré? Le beau est nécessairement ce qui est simple, pur et vrai ; la perfection des formes, du dessin, de la couleur et du style; c'est tour-à-tour, dans les arts divers, l'Apollon du Belvédère, la communion de Saint-Jérôme, la maison carrée de Nismes, une tragédie de Racine, un vase grec, une élégie de Parny, une symphonie de Mozart, etc. ; là sont réunies toutes les parties qui constituent le sublime, sans qu'elles soient senties positivement de la multitude, qui souvent préférera à un chef-d'œuvre un abbé de plâtre, un édifice enjolivé ou une enluminure du Pont-au-Change. Dans cette prédilection il y a non seulement absence de goût, mais encore se manifeste un sentiment perverti au dernier degré. Les gens de goût, selon moi, sont ceux qui se dégageant de toute impression commune, n'estiment les choses que suivant les règles de la beauté véritable; qui jamais ne font fléchir devant des considérations futiles la sévérité de leurs connaissances; ceux-là sont rares, ils sont les seuls qui possèdent le goût dans toute sa plénitude.

» Mais si hors de l'Eglise il n'est pas de salut, hors du goût il n'en est pas non plus : le goût ne se prête à aucune concession, il ne transige pas avec ses principes; qui s'en écarte un instant tombe dans le schisme; qui le scinde, qui le divise, l'entend mal et devient hérétique. Cette unité est, comme on le voit, autant exclusive que toute autre : elle a vu nombre d'esprits superbes s'élever contre ses règles invariables; et dans la littérature comme dans les arts il est des Arius, des Manès et d'autres présomptueux dissidens, à qui il n'a pas mieux réussi d'entrer dans la carrière des novateurs. La France a trop souvent été tourmentée par ces sectaires extravagans, qui, ne comprenant pas ce que c'est que le goût, ont voulu le remplacer par des bizarreries ou par des beautés de convention. Il est au contraire des pays et des climats heureux, où le goût vrai a constamment habité, excepté aux époques inévitables de décadence complète. Il peupla la Grèce de chefs-d'œuvre en tous genres; il fit triompher les beaux-arts dans l'Italie moderne : c'est là que presque toujours il a établi son empire; tandis que chez nous, il faut bien l'avouer, il n'a fait que des apparitions; il nous a visité, mais en voyageur tantôt bien accueilli, tantôt repoussé avec les dérisions de cette humeur railleuse que nous prenons pour de la supériorité. J'oserai même dire que lorsque nous l'avons bien reçu, ce n'a pas été par la conviction intime de son mérite, mais parce que la mode l'appelait : oui, la mode ! car, mes chers compatriotes, vous ne contesterez pas qu'elle seule commande en France. Nous ne connaissons qu'elle, elle nous dirige en tout : notre goût est bon lorsque son caprice le permet ; il devient détestable lorsqu'elle se déprave, ou quand il lui plait d'être absurde, ce qui lui arrive fréquemment.

» Nous étions des barbares, dans toute la force du terme, avant François 1ᵉʳ, ou pour mieux dire, avant que nos armées ne foulassent le sol de l'Italie. Sous le règne de ce prince nous connûmes les arts, mais sans rien faire pour les naturaliser parmi nous. Tandis que nos poètes imitaient fadement la poésie italienne, nos artistes, à qui une autre imitation aurait pu du moins profiter, s'en tenaient aux gothiques traditions du moyen âge. C'était aux manufactures d'Italie que la cour et la noblesse française demandaient les magnificences du luxe. On ne parut même pas sentir le besoin de s'affranchir de ce tribut. Où sont les écoles fondées pour les arts à cette époque, par les villes, les grands seigneurs ou le gouvernement? nous en chercherions vainement la trace dans notre histoire. Il ne convenait pas à la mode que le goût pût s'introduire; la littérature resta grossière, ne se distinguant que par sa naïveté; les meubles, chargés de jolies arabesques empruntées à l'Italie, conservèrent leurs formes lourdes et inélégantes. Les Médicis régnèrent par deux femmes sous cinq de nos rois, et ne purent, malgré leurs efforts, nous inoculer l'amour du beau. Richelieu voulut faire quelque chose pour les arts, mais le goût lui manquait. Les grands hommes du siècle de Louis xiv ne firent rien pour changer des formes qui devaient blesser leurs regards. Lorsque l'on vient de lire Racine et Boileau, et d'admirer les tableaux du Poussin et de Le Sueur, il est curieux d'examiner tout ce qu'il y avait de dévergondage dans l'ornement et le décors à une époque où la pensée et son expression n'étaient pas sans quelque gloire : tout ce que l'on voit de ce temps révèle que le goût n'était que le partage d'un petit nombre d'individus favorisés du ciel; les autres étaient encore sous le charme de la bizarrerie ou mesquine ou extravagante.

» Sous Louis xv la France était déjà riche d'une multitude de chefs-d'œuvre, il n'y avait qu'à les imiter. Le contraire arriva; la mode prit à tâche de répudier ces grands modèles.

Aussitôt un délire sans exemple s'empara de toutes les cervelles ; ceux qui exerçaient la critique des arts furent les premiers à le pousser dans une fausse route. Voltaire lui-même vanta ce qu'il aurait dû blâmer à outrance. Il se montra inhabile toutes les fois qu'il voulut parler des arts, et leur science approfondie manqua seule à l'universalité de ses talens. Alors les Bouchardon, les Vanloo, et plus tard les Boucher, les Natoire, et cent autres de pareille force inondèrent la France de leurs productions. Tout se corrompit; les arts ne vécurent plus que d'afféterie et de mignardise; il n'y avait rien d'énergique, rien de tracé avec vigueur. La mode avait mis en vogue un certain hermaphroditisme qui se retrouvait dans les mœurs; le nu même s'associait à des débris de toilette d'un effet presque comique. Ces caprices hétéroclites étaient accueillis avec transport; les grands seigneurs, les gens de lettres, toutes les personnes qui, par le résultat de leurs études ou de leur position dans le monde, devaient être le plus à l'abri d'une fatale influence, firent preuve d'un goût détestable, et désormais, jusqu'aux habits des hommes, jusqu'aux vêtemens des femmes, tout fut taillé sur un patron absurde.

« Qui ne se rappelle ces bergères galantes de Vateau, ces amours léchés de Bouchardon, et ces nymphes sans divinité nte de notre école de peinture? On achet à grand prix ces productions d'un goût dégénéré ; et, comme s'il ne restait aucun sens pour discerner le bien du mal, on entassait pêle-mêle les Raphaël et les Doyen, les vases étrusques et les ciselures de Benvenuto Cellini, avec les meubles de Boule et de ses imitateurs. L'élégante légèreté des arabesques antiques était dédaignée, on y substituait un amas désordonné de coquilles irrégulières, de débris d'architecture, de figures chinoises, et mille autres objets non moins étranges. La porcelaine et l'argenterie, des pièces craquelées, du vieux laque, des magots du Japon, des monstres de l'Inde, des chats bleus, ornaient à grands frais la demeure de nos princes, des courtisans, et même des artistes. Où était le goût, alors? Chez quelques initiés, peut-être, qui conservaient le feu sacré; mais, certes, on ne dira pas qu'il fût dans l'universalité de ce qu'on appelle la *société* en France.

» Enfin, au commencement de la révolution il se fit un changement dans les idées. Vien, David, Drouais, Girodet s'inspirèrent d'autres sentimens. Ils avaient d'abord lutté avec courage contre la mode : celle-ci, loin de les bouder, se tourna vers eux ; dès-lors on admit le vrai beau : la réforme débuta par la peinture, qui fut ramenée vers la perfection antique. La sculpture, sa sœur, ainsi que l'architecture, ne tardèrent pas à marcher dans la même voie, où entrèrent à leur suite les arts et les métiers qui se rattachent au dessin : la ciselure, l'orfévrerie, l'ébénisterie, l'horlogerie, etc. La parure des femmes fut presque raisonnable, et pendant plus de trente ans on se montra épris de cette pureté qui a immortalisé les restes d'Athènes et de Rome. Simplicité et élégance, imitation savante de la nature, furent les buts vers lesquels on se dirigea, et des chefs-d'œuvre en tous genres signalèrent cette ère de la mode française.

» Cette tendance à la perfection fut tout-à-coup interrompue par un retour vers le gothique, et à l'engouement pour le classique succéda l'engouement pour le chevaleresque et le romantique. Bientôt nos artistes se sont persuadés que le bizarre, le heurté, l'extravagant constituent le goût par excellence ; ils s'extasient devant une nature basse, qu'ils veulent nous faire préférer à la nature sublime. Brillantage inconsidéré, effets résultant de l'entassement des couleurs, dessin maigre, caractères de têtes hideux, délires d'une imagination malade, visions terribles ; le laid, toujours le laid, voilà ce qu'on offre avec audace à notre admiration, et ce qui enthousiasme une partie de nos soi-disant connaisseurs.

» Par suite et en complément du système ridicule que la mode a mis en crédit, les formes des meubles et des ornemens ont commencé à s'altérer. Des bijoux, des vases d'or, d'argent, de porcelaine, de cristal, reparaissent semblables à ceux du règne de Louis xv. Le guilloché, le chantourné, les profils indécis, encoquillés; les émaux, la profusion des pierres de toutes couleurs, etc., viennent nous assaillir de toutes parts, et cependant un cri universel de réprobation ne s'élève pas, et les femmes, qui parlent toujours du goût, du bon goût, et qui déclarent ne pouvoir trouver de bonheur qu'à l'opéra-seria, se parent de bracelets, de diadèmes, de colliers grotesquement façonnés ; les étoffes rappellent celles dont Vateau habillait ses figures. La trace du beau se perd ; mon œil ne rencontre plus que le mélange des ors de couleur, que des nuances discordantes, que des formes tourmentées, que des entrelacemens qui le choquent. Les vrais artistes résistent au torrent, mais le moment approche où la dépravation étant parvenue à son comble, on les entendra peut-être répéter, avec conviction, ce mot célèbre de Boucher à David, son élève, qui, malgré ses leçons, dessinait correctement : *Malheureux ! tu ne sauras jamais casser un membre avec grâce !* »

CHAPITRE XI.

LES FEMMES.

Une nouvelle Mariée. — Les maris en tutelle. — L'ami intime. Les cachemires. — Les cadeaux. — L'amant payant. — Les femmes honnêtes entretenues. — Les prétendus successifs. — Le mari commode. — Les mères complaisantes. — Un séjour à la campagne. — Les tables d'hôte. — Les époques donnantes. — Les enterremens.

Suivant un vieil adage que l'on m'a souvent répété, Paris est l'enfer des chevaux, le purgatoire des maris, et le paradis des femmes. En effet, dans aucune autre ville au monde les chevaux ne sont plus maltraités, les maris plus tyrannisés, et les femmes plus adorées. Là comme ailleurs la supériorité numérique n'est pas du côté du beau sexe. Celui-ci n'a pour lui ni la force, ni la raison, et pourtant il se soumet le sexe fort, le sexe raisonnable, dont tous les membres ne sont que ses varlets et les serfs d'une brillante féodalité. Toute règle a ses exceptions. Sans doute que dans la capitale du royaume de France il est des maris qui sont les chefs et les maîtres dans leur maison; on pourrait les compter. Mais ils sont innombrables, ceux qui se courbent sous le joug de leur superbe moitié. On ne rencontre partout que des femmes souveraines; elles règnent dans les hôtels du noble faubourg comme chez le banquier de la Chaussée-d'Antin, et le comptoir du marchand est encore un trône pour elles. Leur empire est solidement établi par l'exemple et l'habitude. Le premier soin d'une nouvelle mariée est de se saisir des rênes de l'intérieur; on les lui abandonne sans contestation; elle en abuse toujours, et dès cet instant le mari parisien passe sous une tutelle dont il ne peut plus s'affranchir. Point de marchand qui, dans la plus mince affaire, ose s'engager définitivement avant d'avoir consulté sa femme. Dès que vous entrez dans le magasin, celle-ci est sur vos talons; elle vous suit pas à pas; elle s'entremet à tout propos, enchérit sur le prix demandé, vous fatigue, vous ennuie, et il n'est pas rare que par ses obsessions indiscrètes elle ne réussisse à éloigner l'acheteur. Un mari ne doit connaître aucun des détails du ménage. Le linge, l'argenterie, le mobilier, rien de cela n'est de sa compétence : défense à lui de s'en mêler ; il ignore le prix des choses de première nécessité, ne sait ce qu'il mangera que lorsque les plats paraissent sur la table, et n'apprend le nom des convives que lorsqu'on les lui présente dans le salon.

Il lui est interdit de veiller sur la santé et l'éducation de ses enfans ; c'est madame qui les gouverne à sa manière, d'après les conseils de l'ami intime. Un mari est trop paresseux ou trop occupé ; il ne s'entend pas à la mode. Partant, on ne lui laisse pas même le choix de ses vêtemens, et de ce qui tient à son usage personnel. *Madame*, de son autorité privée, mande le tailleur, le bottier, le chapellier ; décide des étoffes, de la coupe, de la qualité des habits ; elle achète le linge, les cravattes, les bas ; inspecte la commode, l'armoire, le secrétaire du pupille majeur ; examine, et tire parti de tout. Elle va au-devant de la moindre velléité d'indépendance, et rive autant qu'elle peut une chaîne dont le mari parisien sent la lourdeur, sans avoir la force de la briser jamais.

Les femmes portent, en se jouant, ce sceptre perpétuel, mais non pas toujours avec sagesse ;

leur caractère léger et frivole les pousse souvent à des étourderies. Briller, voilà leur but et l'unique affaire de leur vie. Le comble de la satisfaction est, pour elles, d'écraser leurs amies sous l'éclat d'un luxe extravagant ; elles ne rêvent qu'au moyen de se procurer de nouvelles parures et d'augmenter la collection de leurs cachemires. Ce travers est porté si loin, que le bonheur est défini par elles par le nombre de robes mises au rebut, et par celui des schals que l'on montre à tour de rôle. Il n'est pas de fortune, si considérable qu'elle soit, qui ne puisse être plus ou moins sacrifiée à cette félicité bizarre. La paix intérieure en est altérée, l'existence à venir est compromise, qu'importe; bon gré, malgré il faut arriver au *bonheur.* Ne pas exciter l'envie des autres femmes par la fraîcheur, l'élégance et la cherté énorme des costumes du matin et du soir, c'est mourir. Dans les salons, c'est à qui se montrera dans la parure la plus riche, c'est-à-dire la plus coûteuse ; car, à Paris, rien de beau que ce qui est cher ; un chiffon ouvragé doit être acquis au prix de quarante fois sa valeur. J'ai vu quatre aunes de percale, sur lesquelles il n'y avait pas moins de quatre-vingts francs de façon. On en avait fait une robe; elle était délicieusement montée! La main des fées avait passé par-là, et l'on soldait le mémoire avec une satisfaction glorieuse.

Cette frénésie a nécessairement deux graves conséquences : la ruine des familles, et leur déshonneur. Paris est rempli de femmes bien ou mal nées, riches ou pauvres, qui acceptent des cadeaux de tous les hommes de leur connaissance : c'est un tribut par lequel on paie les agrémens de leur société. Entrez-vous chez une de ces reines de la coquetterie ; ces meubles précieux, ces vases de prix, cette pendule élégante, ces ustensiles de toilette, si petits et si chers, cette robe de la veille, ce chapeau du jour, tout cela est fourni par les divers adorateurs de l'avide divinité du lieu ; elle ne s'en cache pas, et a ses raisons pour être indiscrète, il faut que l'émulation s'établisse autour d'elle ; que chacun se pique d'honneur et souhaite ne pas être surpassé dans cette lutte de galanterie. L'éloge du goût de l'un est un coup de fouet à la mesquinerie du cadeau de l'autre. On vante la richesse du présent de celui-là, pour forcer celui-ci à se jeter dans la magnificence.

De tels manéges, me direz-vous, n'ont lieu que chez des filles entretenues. Eh mon Dieu! il n'en est pas autrement chez les femmes que tout le monde voit, que l'on accueille partout. Je ne vous parle ici que de celles qui ont des amis, et non un amant payant. — Un amant payant! — Vous vous récriez, Orlandi, et vous imaginez sans doute, que ces dernières sont des courtisanes franchement déclarées? Détrompez-vous : ce sont des femmes de très-bonne compagnie, que les collets-montés de leur sexe évitent peut-être de voir, mais qui ne sont pas autrement repoussées. A la ville, à la cour, la société en a bon nombre, et sans sortir des....

<small>Il en est jusqu'à trois que je pourrais citer.</small>

Toute femme qui veut être entretenue honnêtement, le sera sans occasioner de scandale. Si elle est fille, elle est sous la protection d'un tuteur puissant ; est-elle veuve, celui qui la recherche aspire à sa main ; sinon c'est un négociateur qui fait des démarches pour arriver à la conclusion d'un mariage. N'est-elle ni veuve ni fille, on s'entend avec le mari. On ne se fait pas d'idée combien, en général, celui-ci est de bonne composition.... Le traité conclu, on se sépare avec éclat ; madame ne peut plus habiter avec un malheureux qui a voulu la battre. Nombre de maris font ainsi de leur femme un moyen de fortune, une spéculation ou d'ambition ou de commerce; souvent la séparation n'a pas lieu : alors le mari est aveugle; il est de la société intime de l'amant; se sert de son crédit, de ses chevaux, de sa bourse, va dîner avec lui fréquemment, excepté quand il vient au logis : c'est une discrétion admirable, et puis une décence parfaite. Quel droit, maintenant, aurait-on de crier au déshonneur, lorsque le mari se croit très-honoré; de taxer de scandale une assiduité dans laquelle il est en tiers; de se fâcher pour lui de ce qui le rend le plus heureux du monde? Où est le mal, l'indignité, quand il ne se plaint ni ne s'emporte? Convient-il de faire la loi dans sa maison, de lui désigner les personnes auxquelles il doit en interdire l'entrée? Mais c'est l'amant de la femme, et l'amant payant. Cela n'est pas vrai; c'est un ami commun, un ami agréable aux deux époux, et pas autre chose. Et vous, qui blâmez de telles liaisons, vous êtes un brouillon, une mauvaise langue, une vipère, que la société doit écraser. Mais se laissera-t-on tromper aux apparences? Ne voit-on pas ce que je vois? Non, on ne voit rien; on ne veut rien voir; le *decorum* est gardé, les bienséances sont observées, et malgré vous, malgré nos yeux, malgré l'évidence, cette femme est honnête, et la vôtre et la mienne vont à ses soirées.

Voici un autre secret de la corruption, auquel je dois vous initier. Il existe à Paris une foule de mères de famille, de naissance distinguée ou non, qui vivent péniblement avec leurs filles d'un faible revenu ; la plupart ont conservé les habitudes d'une ancienne aisance ; elles désirent les continuer au meilleur marché possible ; elles veulent être vêtues avec décence, et ne peuvent souffrir que leurs filles ne soient pas élégamment costumées. Cependant on tient à ne pas faire de dettes et à ne pas se déconsidérer aux yeux du public. Alors on admet dans l'intimité un jeune homme riche, qui, sérieusement épris de mamoiselle *Elmire, Cécile, Hortense*, n'importe le nom, se propose de l'épouser. Malheureusement, des parens ridicules, qui n'apprécient ni la gentillesse de la jeune personne, ni ses talens, ni ses vertus, se refusent au consentement nécessaire. Que faire? S'en passer, ce ne serait guère respectueux ; on patiente, on espère, et l'on se voit : c'est bien naturel. Demandez plutôt à la maman. « Ce bon ami, répondra-t-elle, je ne puis l'éconduire ; il regarde déjà ma fille comme sa femme; il prend soin de sa toilette, il pourvoit à ses fantaisies et à ses besoins, mais c'est en tout bien tout honneur. Ma fille est vertueuse et délicate; je puis me fier à elle. Si elle sort seule avec monsieur Alfred, c'est toujours à pied, et pour une course indispensable. Si sa chambre a une entrée particulière sur le grand ou le petit degré, c'est afin qu'elle puisse vaquer aux affaires du ménage. Si, deux fois en trois ans, elle va passer quatre mois à la campagne, loin de toutes ses connaissances, il faut en accuser l'excès de travail qui a dérangé sa santé. » Ne veut-on pas avouer les libéralités du prétendu, pour justifier une mise qui n'est pas en proportion avec la médiocrité de la fortune, on exalte les talens de cette chère enfant; on dit que sa broderie, ses peintures, ses fleurs artificielles se vendent très-cher. Les bonnes amies auxquelles on fait ce conte, en croient ce qu'elles veulent, font de même, et on ne rompt en visière avec qui que ce soit. Un beau matin, M. Alfred disparaît, et M. Eugène le remplace. C'est un nouvel aspirant, aussi honnête, aussi délicat que le premier. Les choses ont lieu avec lui comme avec le prédécesseur, et cela dure jusqu'à l'époque où la beauté flétrie fait tomber dans le mépris et l'obscurité la jeune fille qui a vécu en insensée sous la conduite d'une mère coupable.

Il y a des maisons où trois ou quatre sœurs tiennent un cercle, ou une table d'hôte, déguisée sous le nom de *dîner d'amis*. On prend ici de toutes mains, on y dépêche les attachemens avec une rapidité effrayante; l'amour des arts, un nom illustre, quelquefois des manières agréables, de l'esprit, de l'instruction, jettent là-dessus un vernis séduisant; sans moyens connus d'existence, on vit avec une sorte de luxe, et personne ne s'avise de demander qui fournit à la dépense ou aux parures. On donne des bals, des concerts, on engage du monde, et le monde accourt parce qu'il s'amuse; il ne fuit que l'ennui : le vice aimable le distrait, la vertu farouche l'importune. Ces sortes de maisons conservent leur éclat assez long-temps.

En général, dans les classes de la médiocrité on ne sait guère refuser un cadeau utile, à moins qu'il ne soit offert avec une grossière familiarité et sans à-propos; alors on le repousse, et on indique indirectement l'époque à laquelle on pourra le présenter de manière à le faire accueillir. Les jours du *premier de l'an*, de la fête patronale, de l'anniversaire de la naissance, du rétablissement d'une santé altérée, sont autant d'occasions que l'on peut saisir. Mais rien de plus favorable aux grandes générosités que l'événement d'un baptême : il est reçu qu'une commère est honnêtement à la charge du parrain galant; elle peut tout accepter de lui... mais aussi combien on aime à être marraine avec un homme riche! On voudrait chaque année tenir sur les fonts deux ou trois enfans, leur ouvrir par ce service les portes du ciel, et recevoir en échange les douceurs d'une cérémonie tout au profit de la jolie commère. A Paris, un baptême, pour peu que le parrain veuille être magnifique, entraîne toujours à de très-grandes dépenses; un mariage est ruineux, et il n'est pas de fortune qui ne puisse être dérangée par un enterrement, si l'on n'est en garde contre l'avidité de la paroisse. Je ne pouvais croire, mon ami, ce que l'on me contait à ce sujet, lorsque le hasard me mit à même de reconnaître la vérité.

Un homme que je voyais peu mourut pauvre, il laissait une veuve et quatre enfans. Un parent du défunt me pria de l'accompagner à l'église afin de régler les frais de la pompe mortuaire. Je ne puis sans indignation me rappeler le débat indécent que le prêtre à qui nous nous adressâmes engagea avec nous : il fallait voir comment il stimulait notre vanité, notre amour-propre, notre sensibilité! avec quel ton méprisant il nous communiquait les tarifs inférieurs, nous faisant remarquer qu'on pouvait obtenir le convoi du pauvre, et nous pressant de choisir le prix le plus élevé ; ce que nous fîmes. Cette première partie du marché conclue, il se livra à des observations malicieuses sur la mesquinerie de telle ou telle partie de l'inhumation, nous conseilla de demander une croix plus belle, l'ouverture de la grande porte et non de la petite, un *de profundis* en faux-bourdon, deux ou trois chantres de plus, la chape de velours au lieu de celle en soie ; il n'en finissait pas : c'était à dégoûter du devoir le plus sacré, c'était montrer la religion sous un aspect indigne d'elle et la peindre comme cupide au plus haut degré, comme elle se présente en effet dans toutes les cérémonies du culte à Paris. Toute dévotion y est taxée : il y a un tarif pour les larmes, les prières ; on n'approche de l'autel que l'argent à la main, et le clergé ne paraît que comme un négociant qui vend ce qu'il devrait donner et fait valoir les articles de son commerce.

J'ai vu de vrais chrétiens, des prêtres respectables, le nombre en est grand, déplorer ces abus odieux qui écartent de l'église catholique et rapprochent du temple protestant. Mon Dieu! est-ce là cette belle et pure religion de Jésus-Christ? Elle si sainte, si vénérable, si généreuse! Je ne la reconnais plus : le fisc clérical est porté à un excès intolérable; une réforme est nécessaire, elle aura lieu, et viendra du concours des ecclésiastiques dignes de ce nom, et de l'autorité civile, qui voudront enfin expulser les marchands de la maison du Seigneur.

Entraîné par une pente insensible, j'ai passé du manége des jeunes filles aux spéculations des sacristies : la transition est plaisante et n'est pourtant pas si extraordinaire qu'elle le semble au premier abord. Les femmes et les prêtres en veulent également à notre bourse; les moyens seuls de la vider sont différens : les premières y parviennent par l'attrait du plaisir; les seconds par le sentiment de la crainte. Le paradis sur terre, l'enfer dans une autre vie, voilà les ressorts qui de part et d'autre sont mis en jeu, et souvent avec succès.

CHAPITRE XII.

QUELQUES FEMMES CÉLÈBRES.

Mmes de Staël, Cottin, Armande Roland, Gay. — Mlle Delphine Gay. — Mme Amable Tastu. — Mlle Élisa Mercœur. — Mmes Lebrun, Mongez, Haudebourt-Lescot, Jacotot. — Mirbel.

Paris a toujours renfermé quelques femmes célèbres dans la littérature et dans les arts. Leur société, en général, agréable, a eu pour moi beaucoup de charmes ; j'ai mis de la constance à la cultiver, elles m'en ont su gré. Je n'ai jamais eu qu'à me louer de leur accueil. Elles ont en général autant d'esprit que de délicatesse, moins de raison que d'amabilité ; leur sensibilité tient par des fils imperceptibles à l'étourderie, et si elles ne sont point franches, il est une chose qu'elles cachent peu, c'est l'intérêt qu'on leur inspire. J'ai passé avec les femmes la majeure partie de ma vie, j'ai tâché d'étudier leur caractère ; ma science sur ce point est presque complète, et pourtant elle ne m'a pas empêché d'être trompé par elles comme le plus sot de l'espèce humaine : elles se sont jouées de monsieur l'observateur, non moins que de celui qui les fréquente sans les connaître. Trahi souvent, heureux quelquefois, je ne cessais pas de les aimer ; elles m'occupaient sans cesse, elles égaraient ma tête et entraînaient mon cœur... Les singulières illusions d'optique que je leur ai dues ! comme il était enchanteur le mirage décevant qu'elles présentaient à mes yeux ! Grâce au refroidissement de mes sens, je suis maintenant plus tranquille à leur approche, je puis les apprécier avec impartialité, et au besoin je pourrais donner d'excellens conseils à qui voudrait ne pas passer comme moi par une série d'expériences dont quelques-unes ont été cruelles.

N'allez pas croire d'après ce début à propos de quelques femmes illustres, que j'aie eu particulièrement à me plaindre de celles-ci, par bonheur ou par malheur je n'ai vu ces belles exceptions de leur sexe que comme ami, ou simplement comme admirateur. Mais à leur sujet je me suis rappelé mes anciennes folies, mes tourmens passés, et dès-lors, par une pente insensible, je me suis jeté au milieu d'une digression épisodique, que vous voudrez bien me pardonner.

Lorsque je vins à Paris, madame de Staël était exilée à Coppet ; elle jouissait du fatal honneur d'être comptée par Napoléon au rang des puissances de l'Europe, et il lui faisait une guerre d'autant plus acharnée qu'il avait perdu l'espoir de la dompter. L'aigreur et, le dirai-je, la haine, étaient réciproques; on ne pouvait se détester davantage. Napoléon voyait dans madame de Staël un génie superbe révolté contre sa domination, il connaissait la vigueur de sa plume, l'amertume de ses sarcasmes, et devinait qu'il y aurait dans la postérité des échos qui de siècle en siècle répéteraient les épigrammes qu'elle lançait contre lui. La fille de M. Necker, accoutumée à ne voir que des enthousiastes de son talent, ou des amans passionnés de son âme ardente, éprouvait de son côté un dépit extrême au souvenir des avances repoussées soit par le général Bonaparte, soit par le premier consul de la république française. Elle ne s'était mise à le détester que faute d'avoir pu s'en faire aimer. Il aimait, lui, les femmes; et madame de Staël n'avait de femme que l'enveloppe : au-dedans c'était une âme virile remplie de pensées fortes et grandes unies au besoin de commander, non par la séduction des charmes, mais par l'entrainement de la supériorité de l'esprit. Napoléon répondit avec dureté à des avances dont il se méfiait ; il parla des soins du ménage à une personne qui aurait voulu causer avec lui des intérêts du gouvernement, il la rejeta dans son sexe ; c'était l'affront le plus sanglant qu'il pût lui faire. Aussi combien la vengeance fut terrible ! avec quelle colère véhémente le poursuivit-elle tant qu'il régna ! Dans le désespoir de son exil, elle ne cessait pas de combattre ; elle regrettait comme Satan les délices du ciel, ou pour mieux dire le triomphe dans les salons de Paris, et comme lui cependant elle était sans repentir, et attaquait avec une constance infatigable le colosse qui l'écrasait de son poids.

C'est, mon ami, une des particularités bien singulières de l'époque, que cette lutte d'un empereur gigantesque et d'une femme non moins géant, à qui le dépit donnait assez d'énergie pour braver une puissance énorme, et trouver dans son génie la matière à une résistance invincible qui survivait à tous les trônes de l'Europe. Je ne vous parlerai pas des ouvrages de cette femme célèbre, vous les connaissez comme moi, et vous êtes digne de les apprécier : je ne vous dirai pas grand'chose d'elle-même, je l'ai peu vue, et d'ailleurs où ne trouve-t-on pas son portrait tracé avec plus d'habileté que je ne pourrais l'esquisser? Elle n'était point belle : mais à quoi lui aurait servi la beauté, aurait-elle augmenté le nombre de ses esclaves ou de ses amis ? Non sans doute; elle s'en serait servie pour achever de désespérer les femmes, et ce n'eût pas été pour elle une petite joie.

Je ne vis également qu'en passant une femme moins illustre, mais plus aimée, qui était dans le monde ce qu'elle se montre dans ses ouvrages, qui unissait aux vertus les plus réelles, à une sensibilité exquise, à une force d'imagination peu commune, l'art de tracer des caractères parfaitement soutenus et d'obtenir toujours des larmes, même des plus indifférens. Il fallait deviner madame Cottin dans le cercle dont elle faisait le premier ornement : elle se dérobait à sa réputation avec l'opiniâtreté que tant d'autres mettent à ne jamais se séparer de leur célébrité; elle avait honte de ses succès, dont elle était toujours étonnée : ce n'était pas cette modestie de tartufe, cet orgueil hypocrite retranché sous le voile d'une feinte humilité ; heureusement douée par la nature, elle remplissait tous ses devoirs sans se reposer sur sa gloire ; elle avançait dans la vie aussi doucement que la plus obscure de son sexe. On ne pouvait la voir sans l'aimer, non de cette passion qui l'aurait offensée, mais de cet attachement pur et vif qui n'a pas besoin de l'amour pour augmenter, et qui se perpétue en dépit de l'absence et du temps. Vêtue avec simplicité, elle choisissait les étoffes sombres, les chapeaux les moins extraordinaires ; elle aurait voulu échapper aux regards qui la cherchaient avec avidité.

Je connais une autre dame, non moins modeste, et qui pourtant serait en droit de tirer vanité du succès de ses ouvrages : c'est madame Armande Roland, dont les romans seront toujours lus par ceux qui recherchent des émotions fondées sur de nobles et de doux sentimens. Ses fictions sont attachantes et bien conduites, ses dénouemens heureux et naturels, ils laissent dans l'âme une impression mélancolique qui en perpétue le souvenir. Voilà long-temps qu'elle se repose ; elle a tort, le public et ses amis se plaignent de son silence, causé peut-être par des peines intérieures que son âme ardente ne sait pas repousser. Je la vois souvent dans une maison où elle est très-aimée : elle cause avec autant de charme que d'abandon; elle ne cherche pas le trait, et néanmoins il lui vient toujours; sa bonhomie est involontairement mélangée de malice, et comme elle observe bien, il est impossible qu'elle ne frappe pas quelquefois.

Auriez-vous rencontré dans vos excursions dernières, à Rome ou à Florence, madame Gay et mademoiselle Delphine sa fille? Je ne le crois pas, car vous avez gardé sur leur compte un silence complet; aussi vais-je vous parler d'elles comme si vous ne les aviez pas vues. Madame Gay a été très-jolie, et soit pour l'acquit de ma conscience, soit pour ne pas la mécontenter, je me hâte d'ajouter qu'elle l'est encore; sa taille est élevée et bien prise, ses gestes sont un peu brusques, cela tient de la vivacité de son esprit; elle parle des mains, des yeux, de la tête; elle est tout action et mouvement. Son amitié et son inimitié ne sont pas moins à craindre l'une que l'autre; aussi est-il sage de ne pas chercher à lui plaire, car ses affections sont peu durables, et les gens qu'elle maltraite le plus sont toujours ceux qu'elle a le plus aimés: et pourtant son cœur est bon, ses sentimens sont parfaits; mais elle est vive, impétueuse, attachante: son imagination est perpétuellement active, et sa spirituelle causerie étincelle de traits. Elle écrit très-bien, avec pureté, malice et élégance; ses romans sont remplis d'aperçus fins et délicats, elle esquisse plutôt qu'elle ne peint, et si les caractères qu'elle trace ont quelque indécision, du moins les scènes dans lesquelles ils se développent sont intéressantes. Elle pourrait avoir son amour-propre d'auteur, elle n'y songe plus; il y a en elle un orgueil mieux placé, une vanité qui l'élève toujours, elle résulte de son amour si franc, si vrai, si légitime pour sa fille Delphine, pour cet ange de grâce et de perfection. Oh, comme alors madame Gay devient respectable! comme l'on comprend ses sentimens! Je vous assure qu'elle s'efface à tel point devant l'objet de son idolâtrie, que l'auteur et la femme du monde disparaissent pour ne laisser apercevoir que l'héroïne de l'amour maternel.

Je conçois sans peine son enthousiasme pour sa fille; celle-ci est du petit nombre de ces créatures privilégiées auxquelles la nature s'est plu à prodiguer ses dons. Elle est de la plus riche taille, ses formes sont parfaites de proportion et de charmes; elle a dans les mouvemens une grâce, apanage rare des femmes grandes, un mol abandon qui entraîne; elle est toute belle et de corps et de figure; il y a un attrait particulier dans sa bouche, dans son sourire; ses dents méritent d'être comparées aux perles de l'Orient; la blancheur de sa peau est éclatante, on voit circuler le sang au travers des reflets les plus doux; ses cheveux blonds couvrent sa tête avec une riche profusion, quelquefois leurs ondes s'échappent en boucles légères qui retombent sur un col merveilleusement attaché. Mais ses yeux, les décrirai-je! ils sont bleus et grands, doux et vifs, tendres et enflammés; le génie en jaillit par éclair, ils lancent des étincelles, surtout lorsque Delphine récite ses vers; oh, qu'alors leur expression est divine! ils ne s'inclinent pas vers la terre, ils s'élèvent vers le ciel, qui seul est digne d'attacher ses regards. Quelle est enivrante cette jeune pythonisse, cette vierge inspirée, dont les paroles sonores et profondes à-la-fois enchantent l'oreille et viennent frapper l'âme! Avec quel entraînement on se rapproche d'elle! comme on écoute! comme on jouit! l'illusion est magique, elle est complète : c'est une fée, c'est une muse qui nous ravit par ses accens. Dans les transports qu'elle excite il n'y a rien de factice, c'est une séduction, c'est un délire, c'est le prestige d'un talent supérieur, c'est la puissance d'un génie qui ne demande ses inspirations qu'à la nature et à la sensibilité.

Je me rappellerai sans cesse ce jour où, tandis qu'avec quelques amateurs je me livrais au plaisir d'examiner les chefs-d'œuvre dont Gros a enrichi la coupole de Sainte-Geneviève, je vis tout-à-coup paraître la sœur vivante de ces anges si admirablement peints. Elle était vêtue de blanc, un schal bleu d'azur enveloppait sa taille et faisait encore ressortir sa beauté. A son aspect il me sembla voir Corine apportant au Capitole le tribut de ses brillantes improvisations. Elle étendit la main et nous fîmes silence; alors d'une voix pure, mais d'abord tremblante, elle commença une hymne de louange en l'honneur du grand peintre dont elle récompensait le talent; nous écoutâmes avec une attention religieuse. Jamais je ne fus ni si agité, ni si heureux; le lieu, la muse qui s'y faisait entendre, sa grâce majestueuse, le caractère imposant de sa physionomie, la poésie de ses vers, pleins d'harmonie et de pensées, tout me transportait dans une région inconnue, dans un monde où j'éprouvai des sensations nouvelles, mais délicieuses; et quand le chant eut cessé, pour ne pas retomber brusquement sur la terre, je m'arrêtai dans la galerie extérieure du dôme, d'où je me mis à contempler dans toute sa magnificence cette voûte éthérée où j'aimais à rester encore.

Delphine (qu'elle me permette de la traiter comme on traite un grand homme) est née pour la poésie; la sienne est toute de verve, et pourtant elle est pure et châtiée ; on y trouve la naïveté du génie, son élévation et sa simplicité. Delphine ne cherche pas le sujet qu'elle va traiter, il est le produit d'une inspiration soudaine et irrésistible à laquelle elle s'abandonne ; elle est alors prêtresse d'Apollon, et le dieu lui révèle des mystères que sa candeur n'eût pas surpris aux profondeurs du cœur humain. Mais est-elle descendue du trépied, Delphine n'est plus qu'une jeune fille douce, franche et bonne; elle aime les folâtreries de l'enfance, elle s'amuse d'une poupée, elle s'intéresse à un colifichet; sans prétention aucune elle ne songe à sa lyre que lorsqu'elle la touche, et c'est toujours involontairement qu'elle quitte une sphère qui lui plait pour remonter sur ce char de gloire, où tant de triomphes la précèdent.

La France est de toutes les contrées de l'Europe la plus féconde en femmes célèbres. Dans ce nombre est madame Amable Tastu, dont le talent poétique est si remarquable. Voilà un exemple bien rare de ces renommées qui se font toutes seules. Madame Tastu ne vit qu'en famille, et dans un petit cercle d'amis, où elle ne chante qu'à demi-voix de peur d'être entendue de trop de monde : tout en elle est simple et modeste ; sa vie est une continuelle abnégation ; cependant qu'il lui serait facile de paraître avec éclat ! combien on aimerait sa société et celle de sa mère, madame Voïart, qui en lui communiquant le goût des arts, lui a inspiré le besoin des vertus utiles ! ses poésies sont ravissantes de grâce, de fraîcheur et de sentiment ; la coupe en est toujours harmonieuse, l'expression élégante et facile, les pensées graves, variées, profondes, attachantes ; on lit une pièce et puis l'on rêve ; il y en a qui font soupirer, d'autres arrachent des larmes par leur suave mélancolie ; on trouve au fond de toutes de la sensibilité sans affectation, de la religion sans forfanterie, de la piété et point d'hypocrisie. C'est un recueil à mettre dans les mains des jeunes personnes, il n'allumera pas leur imagination sur ce qu'elles doivent ignorer, mais il leur inspirera tout ce qui peut anoblir ou purifier leurs âmes.

Une troisième merveille poétique est une jeune

Nantaise, mademoiselle Élisa Mercœur, qui, à peine au sortir de l'enfance, a trouvé de hautes inspirations. Elle ne fait que paraître, et déjà ses débuts annoncent une grande poète; ses premiers essais lui ont mérité d'augustes encouragemens et un illustre suffrage, celui de M. De Lamartine.

Paris renferme une foule de femmes artistes. Leur doyenne est madame Lebrun, que je vois quelquefois, et qui s'est fait un nom dans la peinture. Dans un âge avancé, madame Lebrun a conservé toute la vivacité de la jeunesse; sa conversation est anecdotique et piquante; elle est pleine d'agrément, en ce qu'elle ranime toutes les formes du temps passé, toutes les traditions de la bonne compagnie. Madame Lebrun raconte avec tant d'esprit et de bon ton, qu'on ne se lasse jamais de l'entendre; elle excelle surtout à tracer un caractère, et ses portraits parlés sont aussi d'une ressemblance frappante. Personne ne connaît mieux qu'elle les dernières années du règne de Louis xvi et les commencemens de la révolution. Elle prépare sur cette époque des mémoires qui ne peuvent manquer d'être lus avec avidité. Les tableaux de madame Lebrun ont été fort estimés et le sont encore : aujourd'hui elle n'est plus qu'une artiste émérite, et ne se souvient de son art que pour donner aux jeunes personnes les conseils d'une longue expérience.

Madame Mongez, élève de David, a suivi la même carrière avec non moins de succès, les grandes toiles ne lui ont jamais fait peur ; elle dessine avec habileté et a le secret de la couleur ; son *Persée délivrant Andromède*, le *Serment des sept chefs devant Thèbes*, sont des ouvrages qui font honneur à son pinceau.

Vous avez dans votre collection deux tableaux de madame Haudebourg-Lescot, dont le talent est bien digne de l'estime que vous en faites. Cette artiste dont la touche est à-la-fois spirituelle et ferme, gracieuse et facile, semble s'être vouée à représenter les scènes populaires de notre Italie ; ce sont nos jeux, nos mœurs, nos fêtes, nos cérémonies, nos processions, qu'elle a pris à tâche de rappeler ; nous lui en devons de la reconnaissance, mais nos éloges pour être intéressés ne seront pas suspects ; les Français apprécient ses petits chefs-d'œuvre, ils se les disputent et ils ont raison. J'allai, il y a quelque temps, visiter en simple amateur l'atelier de madame Jacotot, qui a introduit dans la peinture des émaux une perfection inconnue avant elle. Celle-là aussi nous appartient presque par le goût qui la porte à copier Raphaël. Elle a un talent particulier pour rendre la divine manière de ce premier des peintres ; les madones qu'elle fait d'après lui sont des seconds originaux. Je vis chez elle une *Vierge du Donataire*, qui me charma ; une *Corine inspirée*, d'après le magnifique tableau de Gérard ; un portrait d'Anne de Boleyn, auquel l'envie ne saurait rien reprendre ; une *Danaé*, de Girodet, délicieuse de dessin et de couleur ; un portrait d'Hortense Mancini, que j'aurais acheté à tout prix, tant il me plaisait. Madame Jacotot copie comme si elle inventait ; c'est une chose merveilleuse qu'il faut voir pour la comprendre ; elle occupe, sur le quai Voltaire, un appartement magnifiquement décoré, et dont ses peintures sont, sans contredit, le plus précieux ornement.

Je sortis de chez elle pour aller faire faire mon portrait en miniature par madame de Mirbel, si connue parmi les artistes sous le nom de Leksinska ; son esprit, ses charmes et son habile pinceau lui valurent une protection bien auguste ; on dit que Louis XVIII, monarque si digne appréciateur du mérite, aimait la conversation de madame Mirbel, et l'appelait souvent dans l'intimité de la demeure royale. Cela ne me surprend point, et n'étonnera aucune des personnes qui ont le plaisir de la connaître.

Ce n'est pas, vous le présumez bien, au petit nombre de noms que je viens de citer, que se borne la liste des femmes dont la renommée proclame les talens ou l'esprit, il y en a une foule dont je ne dis rien, parce qu'on ne peut d'une fois épuiser la matière ; mais j'y reviendrai lorsque l'occasion s'en présentera.

CHAPITRE XIII.

LE PALAIS ROYAL.

Aspect général. — Le four des gueux. — Galerie d'Orléans. — Les boutiques. — Les traiteurs. — Les restaurateurs. — Les cafés. — Corcelet et Chevet. — Berthelemot. — Les peintres de portraits. — Le jardin. — Les maisons de jeu. — Les pavillons.

Si Paris est la capitale de la France, et peut-être de l'Europe, le Palais-Royal est la capitale de Paris. Mercier, le dramaturge, appelait ce lieu le cerveau de la vaste cité. Il prétendait, avec raison, que tout venait aboutir à ce centre. La mode a successivement abandonné et dédaigné tous les quartiers de Paris, à l'exception du Palais-Royal. C'est sans doute à sa situation que cet édifice est redevable d'une telle faveur. Il faut convenir qu'il est merveilleusement placé, et que sur aucun point du globe il n'y a une si grande réunion d'objets faits pour attirer la curiosité et répondre aux fantaisies du luxe.

La réputation du Palais-Royal est universelle. Deux marchands qui se séparent dans le port de Canton, à la Chine, se donnent rendez-vous au Palais-Royal. J'ai vu une lettre datée de Rio-Janeiro, et adressée à un habitant de Saint-Pétersbourg ; elle disait : « Je me trouverai le 16 juin de l'an prochain devant le café de la Rotonde, au Palais-Royal, à cinq heures précises. » Au moment indiqué, les deux amis furent en présence, et leur entrevue se termina dans le restaurant des Frères-Provençaux.

Dès son arrivée à Paris, c'est toujours vers le Palais-Royal qu'un étranger dirige ses pas, et rarement le premier aspect intérieur de ce monument répond à son imagination. Un franc Provençal m'avoua qu'il s'était attendu à voir des colonnades gigantesques de marbre blanc, couronnant des terrasses où l'on parvenait par des escaliers de cent pieds d'élévation. Il y avait loin de cette féerie à l'ignoble et mesquine cour qui se montre d'abord. Tout particulier qui a cent mille francs de rentes, peut en avoir une pareille en son hôtel. Mais pénétrez plus avant, et jetez un regard en arrière. Ce corps de logis ne manque pas d'une certaine magnificence ; voyez ensuite devant vous : ne serez-vous pas charmé du coup-d'œil que présentent ces portiques d'une élégante légèreté, qui, à travers plusieurs percées, laissent apercevoir le jardin, la gerbe lumineuse qui s'élève au centre du bassin, les longues files d'arcades qui dessinent une enceinte quadrangulaire.... Cette perspective est enchanteresse, et tout cet ensemble n'est pas moins digne du temple de l'industrie que de la demeure d'un grand prince.

Je vous représente le Palais-Royal, non tel qu'il est, mais tel qu'il sera bientôt. S. A. R. le duc d'Orléans, dont il est l'apanage, en fait continuer avec activité les constructions, suspendues depuis près d'un demi-siècle. Les galeries de bois, si hideuses, si ignobles, si obscures en tout temps, quadruple rangée de cabanons, entre lesquels circulait chaque soir la lie du monde entier, ont enfin disparu. Je ne puis songer à ce que fut ce lieu, sans éprouver une sorte de dégoût. C'était là qu'au milieu des étalages des libraires, des modistes et des fripiers, vint long-temps s'entasser, dans les soirées d'hiver, toute cette foule de désœuvrés qui pullulent dans la capitale. Sous cet abri, que l'on appelait le *four des gueux*, on voyait, pêle-mêle, et dans une perpétuelle fluctuation, les libertins, les filles, les voleurs, quelques honnêtes gens, presque tous étrangers, et une canaille nombreuse.

Les filles s'y montraient toutes nues; ivres de liqueurs fortes, animées par la débauche, elles provoquaient ou insultaient les passans; elles étalaient le vice dans toute sa laideur, et le plaisir grossier dans toute sa turpitude. On n'entendait là que des chansons ordurières, que des propos infâmes. L'air était saturé de catinisme; on y était asphyxié au moral comme au physique. Allait-on respirer dans le jardin, d'autres tableaux non moins obscènes étaient offerts; des prostituées du dernier ordre garnissaient les allées latérales, ou s'asseyaient sur les bancs, d'où elles appelaient le vieillard débile ou malsain, et l'amateur effréné des plus abominables jouissances. Plus loin, et au milieu de ténèbres épaisses, erraient des êtres cent fois plus dépravés, familiarisés avec le vol, le crime, et tout ce qu'il y a de plus horrible dans le délire des sens. L'œil et l'oreille de l'honnête homme, de l'adolescent pudique, de la mère de famille, que le hasard ou la curiosité conduisaient sur ce théâtre d'une débauche sans frein, avaient étrangement à souffrir. Il fallait fuir, aux approches du soir, cette Cythère sans grâces, cette Lesbos dégoûtante, cette autre Gomorre, que le feu du ciel ne dévorait pas.

Les choses en étaient venues au point que le Palais-Royal avait cessé d'être fréquenté : dès le déclin du jour ses riches arcades demeuraient solitaires; le jardin ne comptait plus de promeneurs; il n'y avait de mouvement et quelque vie que dans une des fétides galeries de bois. Désormais tout va changer de face : un double portique, décoré de colonnes légères, séparera la cour du jardin; deux rangs de magasins s'ouvriront d'un côté sur un pérystile brillant, de l'autre dans une salle immense, éclairée la nuit par des globes de feu, et le jour par une toiture vitrée; cette salle ou plutôt cette galerie, ornée de glaces, de marbres, de sculptures, présentera l'aspect d'un palais magique. Deux jardins consacrés aux plus rares productions de la nature ajouteront au prestige. Ces terrasses seront de plain-pied avec les appartemens de Son Altesse Royale. Trois cents becs de gaz verseront des torrens de lumière sur les parterres, ornés de statues de bronze, et sur les triples allées qui les accompagnent. Toute cette merveille doit, assure-t-on, se terminer très-prochainement.

Délivré désormais des impuretés de la prostitution, le Palais-Royal sera un endroit délicieux; une illumination perpétuelle y répandra partout un air de fête et de contentement honnête. La bonne compagnie viendra prendre possession de cet Eden ; elle y trouvera des distractions variées, une promenade agréable, des rafraîchissemens de toute espèce, et un abri prochain contre une averse imprévue. Le prince n'aura pas à rougir de ce séjour; il sera public encore, mais pour l'industrie seulement, et pour l'élite des citoyens.

Je ne traverse jamais le Palais-Royal sans m'émerveiller du luxe incroyable de ses boutiques, si pompeusement décorées du nom de *magasins*. Celles des joailliers, des orfévres, des horlogers sont éblouissantes ; les cristaux, sous mille formes, frappent l'œil de leurs étincelles; les porcelaines réjouissent la vue par la diversité de leurs contours, par la vivacité de leurs émaux. L'or, les fruits, les peintures historiques, les paysages concourent à la richesse et au décors de chaque pièce. Les assiettes de dessert sont d'un prix fou, ainsi que certains déjeûners et vases de cheminée ou de console. La mode, qui tend maintenant à se dépraver, veut des imitations du mauvais goût anglais. Ainsi, les théières, les pots au lait, les sucriers, les cafetières, les tasses même sont ridiculement écrasés, contrefaits, aplatis : tout cela est misérable de dessin, mais, en France, le point essentiel est la nouveauté; peu importe le reste.

Les tailleurs abondent au Palais-Royal. Berchut, ou plutôt Lafite, son successeur, est à leur tête; chez lui tout se vend au poids de l'or, et l'on n'est pas mieux habillé qu'ailleurs. Les redingottes, les habits, les gilets tout faits sont étalés avec une incroyable adresse. La coupe et l'étoffe en sont variées, afin de s'accommoder à toutes les fantaisies. On peut en cinq minutes être vêtu de la tête aux pieds; mais ce costume improvisé n'est jamais dans le dernier genre, et ce n'est pas parmi les tailleurs du Palais qu'il faut chercher les oracles de la mode : déjà les provinciaux ne s'y laissent plus prendre, et ce ne sont que les étrangers de passage ou les militaires en semestre qui s'adressent à de telles friperies. J'ai vu sous les galeries de bois des gilets à quarante-cinq sous; l'étoffe avait de l'apparence, et l'ouvrage n'était pas mal bâti. Dieu sait comme c'était cousu! Les tailleurs à bon compte vendent toujours à cinquante pour cent au-dessous du cours : c'est la règle au Palais-Royal, où tout est prodigieusement cher. A les entendre, on croirait qu'ils sont à la veille de faillir, et qu'ils jettent la marchandise au nez des gens, afin de frustrer leurs créanciers. N'en croyez rien, ils font d'excellentes affaires, et c'est vous qui en faites de mauvaises si vous les prenez au mot.

Le Palais-Royal est l'endroit de Paris où il y a le plus de restaurateurs; on peut y dîner à tout prix, comme aussi s'y faire servir ce qu'il y a de plus recherché dans la cuisine de tous les pays. A deux francs par tête, on fait un repas suffisant chez Urbain ou Richard; mais si l'on n'est pas réduit à la dure nécessité de faire des économies, on ne peut opter qu'entre Véry, Véfour et les Frères-Provençaux. Ces derniers vivent un peu sur leur vieille renommée : cependant il est juste de dire qu'ils possèdent le caveau le plus riche, la plus belle collection de vins fins qui existe peut-être dans le monde entier.

Les limonadiers, dont l'office est de satisfaire la sensualité, en offrant du café, des sorbets et des liqueurs agréables, tiennent aussi des restaurans. C'est principalement chez eux que se font les fins déjeûners, et les soupers amoureux en tête-à-tête après la fermeture des spectacles. Le café de Périgord est, sans contredit, celui où l'on fait la chère la plus délicate.

Il y avait autrefois un café célèbre dans les fastes du Palais-Royal par son luxe éblouissant et par la magnificence de son service. Situé au premier étage dans la galerie de Chartres, le café des Mille-Colonnes resplendissait de dorures, de glaces et d'argenterie; des marbres précieux couvraient les tables; de beaux cristaux, de riches porcelaines y contenaient les liqueurs de la Mecque et des îles; des statues étaient répétées à l'infini dans les miroirs qui lambrissaient les salles. Dans l'endroit le plus en vue, s'élevait un trône plutôt qu'un comptoir; les bois précieux, les bronzes élégamment ciselés, en formaient la matière. Un dais de velours rouge brodé d'or, garni de crépines, de glands et de franges d'or, était suspendu sur la tête d'une jeune et céleste nymphe choisie parmi les plus belles, pour figurer la reine du lieu. Le siége de son gracieux empire était environné d'une foule de soupirans. Souvent celui qui plaisait était le plus jeune et le moins riche. Heureux en secret, il jouissait en tremblant de son bonheur. Les règnes du comptoir des Mille-Colonnes n'étaient jamais de longue durée; des révolutions imprévues y mettaient fin rapidement. Tantôt la reine disparaissait pour suivre hors de France un étranger opulent; tantôt digne, par ses vertus, d'une meilleure fortune, elle en trouvait la récompense dans un hymen honorable. D'autres fois, une disgrâce inopinée renversait dans la fange celle qui s'asseyait sur la pourpre, et qui, rendue à son état primitif, s'y trouvait plus à son aise.

Il fallait voir la procession perpétuelle de ces badauds, de ces amateurs qui venaient là chercher des émotions nouvelles et des enchantemens dont ils ne se faisaient pas une idée. Ce café superbe n'existe plus; la caverne du jeu le remplace, et où retentissaient les accens de la joie et les quolibets plaisans, on n'entend plus que les imprécations de l'avidité trahie, ou le hurlement du père de famille qui vient de perdre son dernier écu.

Le café de Foy est le café à la mode; et si la bonne compagnie a déserté le rez-de-chaussée, elle abonde toujours dans les cabinets de l'entresol et dans les salons du premier étage. Les liqueurs, les glaces, tout ce que l'on prend dans cette maison est de première qualité; on y tient à contenter le public, et le public aime à y revenir.

Le café Valois, au moment de la restauration, fut adopté par les prôneurs de l'ancien régime; dès-lors on le connut sous le nom de *Café des Voltigeurs* ou des *Ultrà*. Cette réputation en fit long-temps une solitude, au sein de laquelle quelques vieux émigrés venaient dans l'hiver réchauffer à peu de frais les souvenirs de Coblentz ou rêver sur *La Quotidienne* des projets de contre-révolution. Aujourd'hui le nouveau propriétaire de cet établissement a eu le bon esprit d'écarter les consommateurs honoraires : les politiques cacochymes ont disparu, et le café Valois, d'où *Le Constitutionnel* n'est plus proscrit, a repris tout-à-coup un air de jeunesse et de bonne tenue qui assure sa prospérité.

Le café de la Rotonde doit toute sa renommée à sa situation en plein air. Placé à l'extrémité nord du Palais-Royal, contrarié depuis plusieurs années par l'intempérie des saisons, ses bénéfices doivent être d'autant moins considérables qu'il paie annuellement la somme énorme de trente mille francs pour exercer le monopole du service dans l'enceinte du jardin.

Le café de la Paix, dans l'immense salle du

théâtre Montansier, est un des plus connus : on y joue la comédie. Là se rendent des beautés faciles, qui trafiquent de leurs charmes et font du plaisir l'unique branche de leur commerce. C'est un réceptacle ouvert au libertinage ; pendant les Cent-Jours il le fut aux exagérations de cette époque : on lui avait alors donné le nom de *Café de l'Ile d'Elbe ;* car, vous saurez, mon cher ami, que les Parisiens ont un art particulier pour spéculer sur la politique et faire tourner à leur profit les affections ou les haines de la multitude. Ils sont à l'affût de tout ce qui intéresse, amuse ou indigne, et les signes de ralliement, les objets d'amour, d'estime ou de mépris ne tardent pas à être placés dans les boutiques sous des formes qui attirent l'acheteur.

Le café des Aveugles recèle dans ses souterrains la lie de la société : elle s'y rassemble chaque soir. Il a pris son nom d'un orchestre composé de Quinze-Vingts, qui jouent des symphonies, à la grande satisfaction de *dilettanti* dont les oreilles ne sont sensibles qu'à ce qu'il y a de plus grossier dans la musique. Cette population troglodite est ce qu'il y a de plus hideux. Je ne puis vous décrire ce qui se passe sous ces voûtes écrasées, où l'on respire un air épais et nuisible aux poumons, où s'entassent des foules d'ouvriers fainéans, d'escrocs subalternes, de créatures tellement dégoûtantes, qu'elles ne sont plus dangereuses que pour elles-mêmes. Je ne me suis jamais senti le courage de m'enfoncer dans les profondeurs de ce *Pandemonium* humain ; on prétend que les acteurs, dignes des spectateurs, jouent des scènes d'un comique immoral ou d'un pathétique des plus ridicules. Je sais qu'il y a un sauvage qui fait grand plaisir à l'assistance, en frappant sur des timballes des airs si bruyans, qu'ils retentissent sous les galeries de pierre.

Aux deux extrémités du Palais-Royal, des marchands de comestibles étalent, à l'envi l'un de l'autre, tout ce que les quatre parties du monde peuvent offrir de plus friand à l'appétit de la haute propriété. Corcelet est le premier du côté du passage du Péron ; madame Chevet, ou ses successeurs, ont leur domicile sous le Théâtre-Français. Corcelet tient plus particulièrement des liqueurs et des alimens secs, dont la conservation est facile. On trouve chez madame Chevet les monstres de la mer, les oiseaux et le gibier à poil, enfin tout ce qu'il y a de plus rare et de meilleur. Là sont aussi étalés les végétaux et les fruits dans leur primeur ; tout y est hors de prix, mais tout y est exquis et de première qualité. Ceux qui ne regardent pas à la dépense peuvent y satisfaire complètement leur gourmandise. Ce magasin, où sont étalés pêle-mêle les turbots, les saumons, les chevreuils et les sangliers; où la pêche de Montreuil est tout près du gigot de Pré-Salé ; où l'on voit les artichauts de Perpignan dans le voisinage des foies gras de Strasbourg ; des pyramides de Madère appuyées contre une masse d'ortolans, et des faisans tout parés non loin de l'asperge de Hollande ou du fin ananas ; ce magasin, dis-je, est environné, du matin au soir, d'une foule de curieux qui dévorent des yeux ces bonnes choses, dont ils ne tâteront pas. La pauvreté veut prendre une idée des mêts réservés à l'opulence ; elle en connaît la forme, et doit toujours en ignorer le goût. La faim, quelquefois cachée, ou plutôt se montrant sur un visage pâle et contracté, devient là un supplice pareil à celui de Tantale. J'ai vu des malheureux en guenilles, des hommes décorés d'un honorable ruban rouge, exprimer, par leurs regards, la torture que leur faisait endurer l'aspect de ces objets, dont un seul, vendu à leur profit, aurait suffi à le nourrir pendant tout un mois. Ils s'approchaient avec une sensation douloureuse, examinaient tristement le Turcaret, ou le duc et pair, qui, en gastronome consommé, était venu lui-même faire l'acquisition du plat d'honneur de sa table somptueuse, poussaient un soupir, et, s'éloignant désespérés, allaient, à voix basse, demander, sous les voûtes des portiques voisins, une faible aumône, souvent refusée par l'épicurien qu'ils avaient vu payer si généreusement les plaisirs de sa bouche.

Le confiseur Berthelemot, ou celui qui a hérité de sa gloire, car je crois que si son nom pare toujours son enseigne triomphale, il n'est plus lui-même le chef de l'établissement dont il fut le fondateur, jouit dans le Palais-Royal d'une suprématie justement acquise par l'excellence de tout ce qui sort de chez lui. Vous, qui n'êtes pas venu à Paris, ne pouvez, mon ami, vous figurer à quel point de perfection est parvenu l'art du bonbonier, ni sous quelles formes brillantes et jolies on manipule le sucre et tous les ingrédiens qui se combinent avec lui. Chaque fois que je passe devant la boutique de Berthelemot ou devant celle de Coste, son confrère, dans la rue Saint-Honoré, je ne puis m'empêcher de m'arrêter, pour admirer à mon aise ces fruits, ou vrais ou artificiels, revêtus de robes si variées et si élégantes. L'or et l'argent, des couleurs vives et fraiches, des substances exquises, des trompe-l'œil délicieux, des mystifications gourmandes, qui tournent toujours au profit de celui que l'on joue, des liqueurs transparentes et dont l'éclat rivalise avec celui des topazes, des saphirs, des rubis et des émeraudes, sont exposés sur des tablettes de cristal, et contenues dans des vases élégans de même matière. Là sont des fruits confits ou pralinés, des amandes, des pastilles de toutes formes et nuances. Le goût, l'odorat et la vue sont également satisfaits. Les merveilles de cet art presque nouveau, tant les progrès qu'il a faits sont immenses, sont dues principalement à Berthelemot. Ce n'est pas la seule obligation que lui aura la bonne compagnie. Il vient, pour elle, mais pour elle seule, d'ouvrir un salon charmant au-dessus de son magasin, décoré avec autant de goût que de simplicité. Là il sert des glaces excellentes, des sorbets délicieux, des sirops exquis. Le beau monde s'y porte en foule, et y revient toujours avec un nouvel empressement.

Il faut que les habitans du Palais-Royal soient gens pourvus de la meilleure santé possible, car j'y ai cherché vainement une pharmacie. Les médecins, néanmoins, y abondent, en la compagnie des charlatans, des pédicures et des dentistes. Parmi ces derniers, je citerai Désirabode, dont l'enseigne est faite toute entière avec des dents et des débris de mâchoires humaines : cela serait ridicule, si ce n'était horrible. Désirabode est le même dont le nom a retenti devant les tribunaux, à cause de la fantaisie singulière qui l'avait porté à offrir ses cartes d'adresse sous la forme d'un billet de banque. Plusieurs personnes s'y trompèrent; une actrice en renom y fut prise; des marchands qui les encaissèrent perdirent leur argent, et M. Désirabode ne put, dit-on, leur offrir en dédommagement que de soigner leur mâchoire *gratis* pendant un an.

Des artistes estimables, des peintres de portrait d'un vrai mérite exposent, au Palais-Royal, leurs productions supérieures à côté de la médiocrité la plus risible. Je citerai, au rang de ceux dont le public aime à employer le pinceau, MM. Chapon, Vaudechamp et Bilfelt. Le second, neveu du célèbre Jacques Delille, peint le portrait à l'huile avec autant d'habileté que de promptitude. Ses ouvrages exposés au salon sont du petit nombre de ceux qui fixent les regards de l'amateur. Il saisit la ressemblance avec un rare bonheur, et sait animer les figures qu'il reproduit.

M. Bilfelt, ancien officier, dont la vie aventureuse a tout l'intérêt du roman, M. Bilfelt, qui eut le malheur d'être témoin de l'assassinat du maréchal Brune, sans pouvoir le défendre ou le venger, peint la miniature avec autant de goût que de succès. On trouve ses cadres derrière le vitrage du café Corrazza. Cet artiste reproduit, trait pour trait, sur l'ivoire, la physionomie d'un modèle, toujours rendue de manière à être reconnue de tous. Il peint très-bien, et ferait mieux encore s'il le voulait. Je connais des miniatures de lui qui sont des chefs-d'œuvre.

J'ai remarqué que parmi la foule de négocians de tous genres qui habitent le Palais-Royal on ne trouve qu'un seul marchand de papier à écrire, encore est-ce un débitant de tabac, à l'enseigne *de la grosse pipe.* Il se voit qu'en ce lieu on trafique plus que l'on n'y pense.

Le jardin du Palais est garni de quatre kiosks à la turque de fort mauvais goût, malgré la richesse de leur dorure et l'éclat du vermillon qui les décore; deux sont des magasins de journaux; c'est l'arsenal d'où l'on tire cette multitude de feuilles éphémères qui font la pâture des désœuvrés de Paris ; nulle part on ne saurait se faire une idée plus nette de l'esprit public. Il faut voir comme *le Constitutionnel, le Journal des Débats, le Courrier, le Journal du Commerce* y sont demandés, tandis que la pauvre *Quotidienne* y est dans un délaissement absolu. Toute gazette anti-libérale y languit, et arrive au soir encore propre et sans maculature. Des deux autres kiosks, l'un est une succursale du café de la Rotonde; c'est une spéculation nouvelle : je souhaite qu'elle réussisse. Je ne sais trop comment vous signaler l'usage du dernier pavillon. Figurez-vous une division de huit cases en forme de guérite, ouvertes au public pour satisfaire un besoin léger, qu'on ne nomme pas. C'est un appareil prétentieux imaginé dans l'intérêt de la propreté. Des fontaines perpétuelles l'arrosent, et un globe lumineux l'éclaire pendant la nuit. Malgré ces précautions le but n'est pas atteint; la capacité des cuvettes est si mal calculée, que l'on ne peut s'en servir sans un notable dommage pour le vêtement, ce qui est fort désagréable lorsque l'on porte des pantalons d'été. Il faudrait creuser davantage la piscine inodore, et alors tout irait mieux. Je ne sais si je me fais comprendre, mais je crains de m'expliquer plus clairement. Les Français ont tant de délicatesse dans les mots, que, pour ne pas oser les prononcer, on laisse souvent en paix des abus très-nuisibles.

Il en est un que, grâces au ciel, on peut attaquer à haute voix. Ce sont les priviléges odieux accordés à ces maisons de jeux où l'on vole d'une manière régulière la fortune des familles ; où les malheureux qui les fréquentent perdent l'honneur, et ensuite la vie. Le Palais-Royal est infesté de ces tripots ; ce sont des coupe-gorge autorisés, moins à cause du revenu qu'ils donnent à la commune de Paris, que des sommes énormes qu'ils versent clandestinement dans des bourses particulières. Je me plais à croire que ces lieux, abhorrés de tous les honnêtes gens, ne sont pas établis dans les parties du Palais-Royal qui appartiennent au duc d'Orléans ; je suis certain qu'il ne les y souffrirait pas, et que par la suite, quand il rentrera dans la totalité de sa propriété, il se hâtera de purger son héritage de cette sentine de l'espèce humaine, de ce réceptacle de toutes les dépravations. Je n'ai pu, depuis que je suis à Paris, me résoudre à mettre le pied dans ces funestes enceintes ; je sais ce qui s'y passe, mais je ne l'ai pas vu par moi-même.

Tout ce qui peut troubler la paix des ménages; qui détruit la réputation des marchands, expose la probité des gens d'affaires, est rassemblé dans ces infâmes repaires. Là viennent se perdre et s'ensevelir la fortune du pauvre et du riche, la dot des filles, le bien des pupilles, le fruit du travail, les économies de la prévoyance. Le jeu est un requin insatiable, qui dévore tout et ne rend rien; il engloutit l'argent de tous ceux qui l'approchent; il ne leur laisse que le violent désir de terminer, par un crime, une existence abreuvée d'amertume, et que leur désespoir ne peut plus supporter. Ces maisons sont la peste de Paris. Les jeunes gens, les ouvriers, les domestiques, les femmes, tous y viennent se corrompre; c'est là que, dans la fureur d'une perte énorme, on médite le moyen de la réparer illicitement. Tel y est entré vertueux, qui en sort déterminé à voler. Plus d'un assassinat a été l'effet des chances de la roulette, et le gouvernement et la police tolèrent ces établissemens abominables. Une sainte indignation s'empare de moi chaque fois que j'aborde cette matière; je l'abandonne, et vais tâcher de l'oublier.

CHAPITRE XIV.

UNE FAMILLE CÉLÈBRE.

Napoléon Bonaparte. — Joséphine. — Eugène. — Hortense. — Louis, roi de Hollande.

Il y a un homme dont le nom est dans toutes les bouches, et l'image partout; un homme qui vivra dans l'histoire et qui remplit l'imagination des contemporains; un homme aimé, servi avec enthousiasme, avec passion, haï avec extravagance, avec rage; représenté, d'une part, comme le chef-d'œuvre de la création, de l'autre, comme le type du mauvais génie; d'un côté on vante ses moindres conceptions, on ne veut pas voir ses fautes, on voile ses crimes; car il en a commis; de l'autre on le charge de toutes les exécrations possibles, on invente des forfaits pour les lui imputer, et l'on voudrait flétrir son ombre, puisque la tombe le dérobe à la persévérance d'un couroux opiniâtre. Cependant le prestige qui s'attache à cet homme est tel, qu'à mesure que le temps s'écoule, ses ennemis, qui le détestent toujours, éprouvent involontairement une sorte de honte de la prolongation et de la véhémence de leur animosité: l'opinion publique leur impose; quand ils parlent de lui, ils n'environnent plus son souvenir de leurs outrages, c'est avec des ménagemens qu'ils l'accusent, et leurs plaintes n'ont plus le cachet de la fureur.

Cet homme a réuni tous les contrastes; on l'a vu doux et féroce, modeste et insolent, ami de la liberté et propagateur de la tyrannie, brave jusqu'à la témérité et faible jusqu'à la poltronnerie; c'était le dieu de la guerre quand il remportait des victoires, et un être sans énergie quand la défaite le frappait. Législateur, conquérant, administrateur, politique, financier, le premier dans la guerre, le plus grand dans la paix, il protégea les arts sans les aimer, les sciences sans les apprécier, la religion sans y croire; il parut tout connaître, parce qu'il jugeait avec sang-froid et recueillement; les lois les plus ardues étaient discutées par lui avec une rare sagacité, il se jouait des difficultés, triomphait des obstacles, et plus on le combattait, plus son caractère grandissait et enfantait des prodiges.

Il méprisait les hommes et ne témoignait pas une haute considération pour les femmes ; son règne ne fut ni celui des maîtresses, ni celui des favoris : il régna seul et sans partage ; ses ministres furent ses commis, ses courtisans des flatteurs et pas autre chose. Plus grand que les rois, car il avait du génie, il déshonora en eux la majesté du trône, qu'il cherchait tant à élever en lui. De simple sous-lieutenant il passa empereur comme par avancement, il se fit le successeur des Césars, et ce fut trop peu pour lui de n'être que celui des rois de France. Il ne voulut aucun intermédiaire entre Charlemagne et lui ; il se para de la pourpre impériale en attendant qu'il plaçât sur sa tête la thiare du souverain pontificat ; mais gêné dans ses habits de cérémonie, il n'en aimait que l'épée, cette épée qui avait fait sa fortune et qui ne garantirait pas sa stabilité. Insatiable et gigantesque dans la prospérité, il était presque un enfant dans la disgrâce. Il s'amusa à jouer aux titres, quand il ne devait plus se réfugier que dans sa gloire. Il prétendit être encore une majesté, quand il eut écrasé ses contempteurs, en redevenant le *général Bona-parte*, nom magique, nom qui retentissait dans tout le monde, et qui avait son écho dans chaque cœur.

On l'accusa de n'avoir aucune vertu privée, et il les possédait toutes; il était bon fils, bon époux, bon ami, bon frère, et il en donna mille preuves. Son intérieur était celui d'un honnête bourgeois; sur le trône, il conserva toutes ses anciennes affections, il donna des sceptres à ses proches, des principautés et le bâton de maréchal à ses vieux camarades, une constante austérité de mœurs, la haine du pillage, le mépris des fripons, le distinguaient dans tous les temps. Il possédait un esprit étendu, fin, délié et railleur; il savait profiter des circonstances, et lorsqu'il eut déclaré que la nation française serait esclave, il voulut au moins parer les chaînes qu'il lui donnait des palmes de la victoire et des merveilles des beaux-arts. Il éblouit par des succès inouis, par des entreprises immenses, par des fêtes, où l'on vit les rois et les princes se confondre avec la multitude prosternée. Au milieu de toutes ces splendeurs calculées il ne perdit jamais de vue le but qu'il s'était proposé, l'asservissement des peuples et l'anéantissement de la pensée; il rêvait une féodalité unique et dans son seul intérêt, il prétendait faire disparaître la nation pour rester seul et pour que ses successeurs régnassent sans entraves.

Il manqua de bonne foi, il se joua de ses promesses et viola tous ses sermens; chaque traité qu'il faisait n'était qu'une déception; il imprimait la terreur, parce qu'il n'avait pas hésité à répandre le sang le plus auguste; les larmes des mères, les pertes de l'agriculture, le désespoir général le trouvaient insensible. Obéissance passive et complète, voilà ce qu'il exigeait des hommes. L'état, c'est moi, disait-il: funeste idée qui lui devint fatale. L'état, en effet, se trouva être lui; mais lui, réduit à ses seules forces et abandonné par toute la masse, dont il s'était trop séparé, il reconnut alors avec dépit que ceux qui obéissent et se taisent ne font rien au-delà de ce devoir forcé.

Je l'ai vu de près, je l'ai étudié avec plaisir; j'aimais à deviner ce qui se passait dans cette âme extraordinaire; j'ai pesé ses vertus, ses vices, ou pour mieux dire ses défauts. Son orgueil ne se complaisait que dans de grandes choses; il aimait la flatterie et ne se fâchait pas de la vérité; il recherchait la noblesse ancienne et se montrait joyeux de la voir se presser autour de lui. Il éprouva toutes les allégresses d'un nouveau *gentilhomme*, quand la fille des Césars entra dans sa couche; on aurait dit que ce mariage valait mieux que toutes ses victoires, que la femme demandée par sa vanité assurait mieux la couronne sur sa tête que cette main puissante qui l'y avait attachée précédemment : ce fut son faible et l'une des causes majeures de sa perte; il se confia dans la tendresse de son beau-père, ignorant que les rois n'ont pas de famille, que peut-être même ne doivent-ils pas en avoir.

Napoléon Bonaparte est vivant dans Paris encore après sa mort. Il a dans toutes les parties de cette capitale laissé des marques ineffaçables de son passage sur le trône; on lui doit en grande partie les quais qui bordent la Seine, trois ponts et plusieurs édifices. Qui a fait décorer ce musée magnifique? c'est l'empereur; qui a terminé l'extérieur du Louvre? l'empereur; établi le Conservatoire des arts et métiers et le Conservatoire de musique? l'empereur; à qui doit-on l'église de la Madeleine? à l'empereur; qui a déblayé les Tuileries, restauré les palais et les temples? c'est encore lui : ses aigles, son chiffre ont été arrachés des lieux où il les avait fait mettre; mais le peuple y a attaché l'ineffaçable souvenir de ses bienfaits. Plus nous avançons, plus Napoléon grandit. On perdra la mémoire de ce qu'il a fait de mal; on ne gardera que celle de ses qualites : les monumens de son génie sont là ; on les trouve dans ces codes qui régiront à perpétuité la France et un jour toute l'Europe ; dans cette administration, civile, financière et militaire, si forte, si détaillée, et dont pourtant toutes les opérations sont d'une clarté admirable; dans cette machine de son gouvernement qui sous d'autres noms existe toute entière; dans cette terreur que la nation française inspire encore malgré ses malheurs, ses désastres et l'inhabileté de ses ministres, dans ce nombre d'édifices, de fondations généreuses, d'institutions favorables aux sciences et aux arts, dans cette impulsion donnée aux esprits, dans cette conception de la Légion-d'Honneur, faisceau unique qui récompensait avec tant d'éclat les services en tous genres rendus à la patrie. Certes, l'adorateur de la liberté maudira Napoléon Bonaparte ; mais il rendra justice à ce qu'il y avait d'éminent dans cet homme, et dira qu'avec lui a péri la gloire du siècle.

Vous ne sauriez croire combien le peuple français vénère la mémoire de ce grand homme; elle est sacrée pour lui : Napoléon est peint, gravé, ciselé, jeté en bronze, sculpté en meubles, coulé en plâtre de mille façons différentes ; il orne les tabatières, les garde-papiers, les pendules, les mouchoirs de soie, et jusqu'aux flacons d'eau de Cologne qui sont des Napoléon de verre. On le représente de profil, de face, en buste, en pied ou à cheval, assis ou couché ; grand ou petit, en or, en argent, en cuivre, en ivoire, en os, en terre : les gravures et les tableaux de ses batailles, de ses belles actions, tapissent les murailles des riches magasins, des boutiques simples et des modestes ateliers ; le savetier en pare son échope comme le financier son salon.

Voilà son chapeau, son épée, son habit, son aigle, en toutes sortes de matières, et une foule s'arrête pour les regarder. Jamais on n'a vu dans les Français une constance pareille et le sentiment triomphant de la légèreté nationale soumettre ainsi jusques au caprice de la mode. Tout ouvrage où il est parlé de Napoléon est d'un débit certain pourvu que l'on y fasse son éloge ; mais y est-il dénigré, personne n'en veut, pas même les ennemis de cet empereur-soldat : les productions de Walter Scott ont un succès prodigieux en France ; l'histoire de Napoléon du même auteur y est tombée à plat, parce qu'elle était défavorable au bien-aimé de la nation. M. de Bourienne a voulu naguères ternir la gloire du héros : on a dédaigné ses calomnies, et dès la première livraison ses mémoires, imprégnés d'une haine hypocrite, ont été flétris par l'opinion même des lecteurs qui les dévoraient. Il n'y a plus pour les Français de *Roland*, de *Duguesclin*, de *Bayard*; ils ne connaissent que Napoléon, ne se rappellent que lui et ne veulent entendre parler que de lui seul. Singulière puissance qui ne repose ni sur une suite d'aïeux, ni sur une famille en position de reconnaître tant d'amour ! Le prodige a disparu, tous ceux qui doivent le détester triomphent ; eh bien ! en leur présence et sans craindre de leur déplaire, le Français oubliant les torts de Napoléon Bonaparte, ne se souvient que du bien qu'il en a reçu et de la gloire qu'il lui doit.

Si cet homme extraordinaire est tombé, nul autre que lui n'est coupable de sa chute. Ce qui l'a perdu est son aveugle confiance en des êtres qui ne pouvaient que le trahir. Ne se figurait-il pas, parce qu'il s'était fait empereur, que les autres souverains le reconnaissaient sincèrement. A ce titre il les voyait comme ses collègues en dignité, et eux le voyaient comme un intrus dont la présence leur était insupportable ; plus ils s'humiliaient devant lui dans la terreur où ils étaient de sa colère, plus leur haine croissait ; elle s'augmentait encore de toute la supériorité de son génie et du sentiment de leur profonde infériorité ; aussi saisirent-ils l'occasion de le renverser. Ils le précipitèrent du trône avec une véhémence qui tenait de la rage, et ne songèrent pas que par une conduite contraire ils eussent consolidé le leur.

Napoléon était fait pour retremper la force morale de la royauté antique, pour la replacer sur cette base large que les progrès des lumières et l'étude de la philosophie lui ont fait perdre. Si son règne se fût prolongé, c'en était fait de la liberté de la presse et par conséquent de l'indépendance des nations. Les souverains n'ont pas prévu ce résultat, il leur a échappé que ce monarque parvenu corroborait leur autorité de toute la puissance de la sienne : ils n'ont aperçu que le désagrément de pactiser avec lui ; ils ont voulu en le renversant se mettre hors de Page, se reconstituer entr'eux, et pour se défaire d'un seul ils se mirent en présence de tous. Napoléon avait reconstruit la voûte de l'édifice de la royauté, mais il s'y était placé en clef indispensable, et, la clef enlevée, la voûte était en péril de s'écrouler.

Joséphine, la première femme de Napoléon Bonaparte, occupe dans le cœur des Français une place glorieuse ; on la nomme *la bonne Joséphine*, son éloge est tout dans ce mot. On se rappelle qu'elle ne voulut de la couronne que pour faire le bien ; qu'elle n'approuva jamais une rigueur, même nécessaire, et que son intervention provoqua souvent une indulgente pitié ; elle ne repoussa aucune famille malheureuse, elle intercéda pour tous les condamnés politiques ; le crime disparaissait à ses yeux dès que l'arrêt était porté ; elle ne voyait plus alors dans le coupable qu'un infortuné dont la faute était expiée, et qu'il fallait protéger dans sa lutte contre la mort. Joséphine avait la grâce française et l'abandon d'une créole ; une politesse aisée, une familiarité qui charmait sans laisser la pensée d'en abuser ; elle ignorait la valeur de l'argent, c'était là un défaut qui la rendait semblable à ceux qui sont nés sur le trône ; elle ne savait que donner, laisser prendre et point conserver ; ses défauts étaient ceux de son sexe, ses vertus celles du petit nombre. Qui se plaint d'elle? personne. Quelle voix s'élève pour l'accuser? aucune. On ne fait d'elle que des éloges, et ils ne peuvent être suspects : toute sa famille est en exil ou rentrée dans l'obscurité, elle n'est elle-même qu'une cendre insensible, et cependant on lui prodigue ce que la flatterie, l'ambition et l'avidité adressent aux puissans du jour. Elle fut l'étoile de Napoléon, elle tempéra la véhémence de son caractère ; elle qui le craignait tant lorsqu'il était tranquille, ne le redoutait plus quand il fallait lui arracher un acte de clémence ; sa faiblesse, sa timidité naturelle se changeaient en énergie en faveur d'une bonne action.

Son fils fut un héros digne des temps antiques, tout honneur et tout probité. Il demeura fidèle à l'homme qui avait répudié sa mère, et seul peut-être se retira sans tache des intrigues et des dernières convulsions de l'empire ; aussi fut-il plus grand lorsqu'il ne lui resta que son épée : sa gloire devint son diadème. J'ai vu de près le prince Eugène, je lui ai reconnu les vertus d'un monarque, la valeur d'un preux et la bonté d'un père. Il avait le sentiment des arts, le désir de s'entourer de toutes les célébrités de l'époque, et assez de discernement pour savoir où les trouver. Calme sur le champ de bataille, il cherchait la victoire par les combinaisons du génie, et l'affaire engagée laissait à sa valeur le soin de la décider. De combien de séductions ne l'environna-t-on pas au commencement de 1814 ! par combien d'intrigues chercha-t-on à l'éloigner des intérêts de la France, sous le prétexte d'assurer les siens! il ferma l'oreille aux offres les plus brillantes, préféra la paix avec sa conscience à une grandeur dont il aurait rougi. Sa chute ne lui enleva rien de sa réputation honorable, elle fit, au contraire, ressortir tout l'éclat de sa magnanimité et de sa noble conduite en tout temps : la Providence l'en récompense après sa mort; de puissans monarques viennent chercher des épouses et des brus dans ses filles, bien persuadés que d'un sang si pur et si glorieux il ne peut naître que des héros.

Sa sœur, heureusement douée des qualités qui font les princesses aimables, fut moins la reine de Hollande que celle des arts; elle les cultiva avec succès, et les protégea avec magnificence; on eût dit une Médicis, moins la cruauté et la perfidie des femmes de cette famille célèbre. Elle peint avec talent, compose des romances charmantes, auxquelles elle fait des airs qui sont merveilleusement en harmonie avec les paroles; simple femme de qualité, elle charmerait un cercle ; reine, elle eût donné l'impulsion du beau à ses sujets. Maintenant qu'elle est descendue du trône, elle en conserve les habitudes sans efforts, et dans sa retraite elle est presque souveraine, tant, par ses qualités aimables, elle exerce d'empire sur les cœurs. On lui rend volontairement des hommages, parce qu'on aime à la dédommager de ce qu'elle a perdu; elle est au rang de ces grandeurs que rehausse l'infortune, et qui reçoivent un nouveau lustre de la manière dont elles supportent l'obscurité.

Louis Bonaparte donna le spectacle singulier d'un roi qui, imposé à une nation, sait s'en faire aimer et s'immoler au bonheur de ses sujets; la cause de son abdication est unique, et glorieuse pour lui; jamais monarque héréditaire ne céda à de pareils motifs. Charles-Quint était las de commander, et ce ne fut pas par affection pour ses peuples qu'il se décida à les livrer à son fils, dont il connaissait les vices. S'il déposa la couronne, ce ne fut qu'au profit de son repos et de son égoïsme. Christine de Suède agit en folle, et mourut déshonorée à travers l'Europe qu'elle fatigua de ses extravagances. Victor-Amédée de Savoie abdiqua par lassitude, et ne tarda pas à s'en repentir. Il n'en fut pas de même du roi de Hollande. Napoléon voulait le forcer d'appesantir le sceptre qu'il lui avait donné ; de père il fallait devenir tyran. Louis préféra rentrer avec honneur dans la vie privée, à conserver un pouvoir qui le rendrait odieux. Il me semble qu'on n'a pas assez apprécié ce grand acte de magnanimité ; le monde oublia d'applaudir à tant de vertu.

Il y eut peut-être aussi quelque générosité dans l'abdication de Napoléon en 1814; mais Napoléon, contraint d'ailleurs par la nécessité à prendre un parti, stipula pour ses intérêts, et Louis, son frère, n'emporta de la Hollande que de l'amour et des bénédictions : tout fut noble et désintéressé dans sa conduite; celle de Napoléon eut un côté mercantile, excusable sans doute, mais qui n'existe pas moins. Louis ne mérite aucun reproche, il ne se montra jamais plus digne de la couronne que lorsqu'il y renonça. Je souhaite que ce prince puisse trouver dans ce que je vous adresse la preuve de mon respect, il sait mon opinion ; et dans l'hôte de Florence j'ai toujours vénéré le roi qui s'immola par le motif le plus sacré.

CHAPITRE XV.

L'AMOUR MYSTÉRIEUX, ÉPISODE DE LA VIE DU VOYAGEUR.

La rose effeuillée. — Une inconnue. — Rencontres fortuites. — Elle et lui au boulingrin. — Le portrait acheté. — Un tour au Musée. — Girodet. — Les catacombes. — Le flambeau éteint et la lanterne sourde. — Une déclaration. — Pressentimens funestes. — La porte de l'Opéra. — La catastrophe.

J'étais aux Tuileries par une belle matinée du mois de juillet; il avait fait, la veille, un temps superbe, le soleil était presque chaud, et déjà le Parisien, à demi-inquiet, redoutait les ardeurs de la canicule. Je me promenais, un livre à la main, dans une des contre-allées à proximité de la terrasse du bord de l'eau. Fatigué de ma lecture, vous le concevrez sans peine, je venais d'achever deux grands chapitres de *la Législation primitive* du vicomte de Bonald, et cherchais une distraction moins fastidieuse, lorsqu'à quelques pas de moi j'aperçus, assise sur un banc, une jeune femme tenant à la main une rose qu'elle effeuillait comme par un mouvement machinal, car on voyait que son idée n'était pas attachée à cette action. La mise de l'inconnue était simple : une robe blanche et un schal jaune ; à la couleur de cette portion du vêtement je crus avoir deviné la nuance des cheveux : je m'approchai ; ils étaient noirs, cela devait être, je conclus de même pour les yeux ; je me trompai : l'azur céleste n'a pas plus de douceur et d'éclat. Je m'assis en faisant un geste de politesse, qui me fut rendu avec autant de modestie que de grâce. J'oubliai M. de Bonald, vous en auriez fait autant ; je rêvais, comme l'inconnue, à toute autre chose qu'à ce que j'avais à la main, lorsque sur la page prétentieuse et somnifère vola une feuille de rose, je la retins à l'instant que le zéphyre la poussait plus loin.

« Madame, dis-je, voilà une épreuve de votre portrait qui va se perdre, ayez-en plus de soin, si vous ne voulez laisser cette peine à un autre. »

Ce *concetti* à la Pétrarque eut peu de succès, l'inconnue me regarda avec un mélange de dépit et de surprise, ses joues pâles se couvrirent d'un vermillon divin, elle se leva, me fit une révérence et s'éloigna dans l'épaisseur du bois. Qui fut déconcerté ? le comte Louis Rainier Lanfranchi, votre ami; il demeura immobile sur le banc, sans abandonner toutefois la feuille de rose, qu'il glissa, à son insu sans doute, afin de la conserver, entre deux pages de la *Législation primitive*. Il se mit ensuite à examiner la tournure de la femme qui le fuyait, tournure charmante ! cela va sans dire, on l'a toujours délicieuse à vingt ans, lorsque l'on possède une taille élancée au-dessus des proportions ordinaires ; lorsque les formes d'un corps à contours arrondis ne sont pas moins gracieuses qu'élégantes ; lorsqu'une petite bouche, un nez grec, de beaux cheveux, des yeux à embraser tous les cœurs, un pied mignon, une main blanche et potelée, composent l'ensemble le plus séduisant.

Je regardais donc la belle farouche ; chacun de ses mouvemens était une grâce, je l'eusse comparée à une nymphe, si la mythologie eût été moins vieille ; j'en aurais fait une sylphide, sans la crainte de me brouiller avec les classiques. Enfin elle était adorable ; mais qui était-elle ? mes sens et mon cœur à-la-fois s'adressaient cette question : une créature perdue? impossible ! elle aurait eu d'autres éclairs dans ses yeux et une démarche moins aérienne ; une vierge égarée? peut-être une jeune mère? oh, non, je ne l'aurais pas voulu. Cependant, tandis que je formais des conjectures, elle continuait à me fuir et gagnait l'escalier d'Ariane. J'allais la perdre de vue, c'était un malheur que je ne me sentais plus la force de supporter : je me lève, je dévore l'espace, je monte les degrés rapidement, me voilà sur la terrasse.... l'inconnue, où donc est-elle ? je la cherche de toutes parts, elle a disparu.

Il y a dans la vie des désappointemens pénibles, celui-là le fut pour moi : je me précipitai au hasard vers la grille du pont Royal, j'interrogeai, en passant, l'immensité du parterre, il n'y avait personne ; beaucoup de monde, pourtant, le garnissait, mais *elle* n'y était pas; *elle*, entendez-vous, Orlandi, *elle* et moi, déjà j'aurais voulu être *lui*. Je fus d'une maussaderie effroyable le reste de la journée ; le lendemain, la pluie tombait par torrens, je revins aux Tuileries, trouvant cette folie fort raisonnable, et l'espoir de *la* rencontrer très-naturel. J'étais seul sous ces sombres allées, j'attendis et ne vis rien : les jours suivans je ne manquai pas de parcourir le jardin dans tous les sens, je ne fus pas plus heureux ; je m'imaginai un instant que j'avais été dupe d'une illusion de ma vue au point de prendre pour réalité un mirage d'amour.

Un mois s'écoula, l'image s'effaçait dans mon cœur, et cela malgré moi, par l'effet seul du temps et par la loi de la nature ; il me prit fantaisie d'aller visiter un homme de lettres qui n'était pas alors important, car il ne travaillait point encore à un journal ministériel ; je m'achemine vers sa demeure, rue des Fossés-Saint-Victor : il était sorti. Je me rejetai dans le Jardin des Plantes. Les cabinets étaient ouverts ; je n'en approchai pas, la foule et l'odeur insupportable que ces cadavres d'animaux exhalent m'en détournèrent. Je me dirigeai vers le *Labyrinthe*. Je montai jusqu'au Cèdre du Liban ; puis, achevant ma course, j'arrivai au Pavillon de bronze, si élégant de forme et de construction. Je tournais le sentier qui serpente ; aux approches de la cime une feuille de rose tombe devant moi... une feuille de rose !.. ne voilà-t-il pas mon cœur qui se met à battre ! je ne marchais plus, je volais, certain que j'étais de revoir l'inconnue sous la lanterne qui couronne le boulingrin.

Elle y était, Orlandi, elle reposait sur le siége de bronze, et répétait comme aux Tuileries l'effeuillage de la fleur charmante dont la tendre nuance se confondait avec celle de ses doigts arrondis. Je me plaçai auprès d'elle osant à peine la regarder. J'avais sur moi la *Législation primitive*, je l'ouvris, et glissai la nouvelle feuille auprès de celle qui y était déjà; je ne parlais point, et pourtant je fus entendu. L'inconnue rougit et laissa tomber sa vue sur moi : qu'y avait-il de si sombre, de si doux, de si mystérieux, de si favorable dans ses yeux d'azur? En ce moment leur expression m'effraya et me ravit tout-à-la-fois.

Elle se leva, comme aux Tuileries, et partit. « Oh! me dis-je, je la suivrai... » Elle devina ma pensée, se tourna vers moi, me fit un signe; je demeurai immobile, le respect m'a toujours paru la marque la plus éclatante d'un amour pur. Cependant combien l'obéissance me coûta! Il fallut céder à ma vertu; je m'attachai à la balustrade avec une sorte de fureur, je versai une larme de désespoir, et puis je me mis à contempler mes chères feuilles de rose. La plaisante folie que celle de la tendresse ! que nous sommes faibles et sots lorsqu'elle nous saisit ! Je restai dans ce supplice pendant dix minutes, et lorsque je contemplai ensuite le soleil, je fus surpris qu'il brillât encore au milieu de la voûte céleste ; le temps m'avait paru si long, que je m'attendais à le trouver disparu derrière les bornes de l'horizon immense. Je descendis lentement la montagne, je ne regardai ni devant ni derrière ; je rentrai chez moi, et le jour suivant je ne retournai pas au Jardin des Plantes.

J'avais reçu la défense de la suivre : pourquoi cela ? que craignait-elle ? Mais en me donnant cet ordre elle avait éveillé mon espoir : on ne commande rien à ceux qu'on hait ou qui nous sont indifférens, un ordre en pareil cas est en quelque sorte un engagement d'être moins sévère en une autre occasion, c'est une sorte d'aveu... Je me berçais de ces chimères, et ne rencontrais plus l'inconnue ; j'en mourais de chagrin ; j'attendais tout de la fortune et rien de la raison. Un soir, je traversais le Palais-Royal ; l'air était chaud, je m'assis sur une chaise : l'aspect de l'orage avait chassé les promeneurs. J'étais presque seul : un jeune homme avec l'accoutrement et la mine d'un misérable s'arrête en face de moi, m'examine, puis m'adressant la parole :

« Monsieur, dit-il, ne voudrait pas acheter ce portrait que je viens de trouver ? »

« Un portrait d'homme ! répartis-je... »

« Non, monsieur, de femme ; et il n'en est pas de si jolie parmi toutes ces demoiselles qui *font le Palais*. — Elle est belle, m'écriai-je, oh ! ce doit être le sien... »

Riez, Orlandi, riez de mon délire, mais écoutez..... c'était le portrait de l'inconnue dans un médaillon garni d'un simple cercle d'or.

« J'en veux vingt francs ! me dit le drôle. — Vingt francs... le trésor de ma vie ! ! Je remplis de napoléons sa large main, et me hâtai d'emporter hors de ce lieu d'opprobre une image qui m'était chère. C'était une miniature divine, un Augustin dans toute sa perfection, le modèle l'avait inspiré. De retour chez moi, je m'enivrai du bonheur de contempler ce portrait, je le pressai sur mon cœur, je le couvris de baisers, et dans l'impuissance de m'expliquer autrement l'événement qui m'en avait rendu possesseur, je l'attribuai à la prédestination.

Cependant où était l'original de cette charmante copie? j'eus un instant la pensée de faire savoir par la voie des journaux que j'avais trouvé cette miniature, me flattant de parvenir ainsi à lever le voile qui me cachait mon inconnue; je ne tardai pas à renoncer à ce projet, il m'aurait privé de cette chère image; je la voulais à moi, j'étais bien décidé à ne m'en séparer jamais. Un autre tourment ne tarda pas à déchirer mon âme : à qui appartenait le portrait? A un mari, à un amant, à un père? Cruelle incertitude! elle faisait mon supplice, et néanmoins je tremblais d'en sortir.

Avec le temps ma passion devenait plus vive au lieu de s'affaiblir ; je mourais d'ennui dans les sociétés qui auparavant faisaient mes délices; je ne savais plus rendre les devoirs que je devais au monde, je n'appartenais plus aux autres ni à moi-même. Je ne vivais plus que par l'amour, et par le prestige des arts, auxquels je demandais des consolations qu'ils ne m'offraient que passagèrement. Girodet, que je voyais souvent, vint chez moi un matin : « Je vais au Musée, me dit-il, voulez-vous m'y accompagner?... — Volontiers, répondis-je; une séance avec vous dans ce lieu me vaudra une année d'études solitaires. »

Girodet aimait la louange, il sourit, et nous

nous acheminâmes ensemble vers le Louvre. Nous négligeâmes les antiques, nous n'en voulions cette fois qu'aux tableaux... Nous voilà dans la grande galerie, arrêtant nos regards sur quelques Poussins, admirant un *clair de Lune* de Vernet, et plus loin examinant avec attention des Wandick, des Rubens au-dessus de tout éloge. Néanmoins, Girodet ne s'attachait pas à contempler l'école flamande; elle manquait, selon lui, de noblesse et de grâce... « ses Dieux, disait-il, sont des garçons bouchers; ses Déesses sont sans noblesse, ce sont de grosses servantes hollandaises aux chairs fraîches, mais flasques. » Girodet n'aimait que la belle nature. Nous allions donc lui et moi vers les miracles de l'école italienne, vers les Titiens, les Albanes, les Carrache, les Guides, les Dominicains. Ici, tout est céleste, les formes, la couleur, le dessin : mais parmi ces peintures sublimes, celles de Léonard de Vinci, celles de Sanzio avaient pour nous un attrait particulier. J'étais immobile devant le Saint-Jean-Baptiste, ouvrage immortel du premier de ces peintres, et dont Girodet par une savante analyse venait de me faire connaître mieux encore les beautés étonnantes, lorsque cet habile homme me toucha sur l'épaule.

« *Ohimé*, s'écria-t-il en même temps, quel pinceau ! quelle couleur ! Venez voir une merveille. — Qu'est-ce? — Une jeune artiste qui copie d'une manière ravissante la tête de la *Belle Jardinière*... c'est un prodige de l'art ! — Je le suivis machinalement ; une toile énorme cachait la jeune fille, je fis un demi-tour et me trouvai face à face avec mon inconnue.... un cri faible m'échappa, je frappai des mains, elle tressaillit, me regarda, et cette fois encore son visage se colora rapidement.

— Ah ! vous connaissez mademoiselle, me dit Girodet avec une maligne froideur ? veuillez me présenter à elle, je brûle de lui dire qu'elle met trop de feu dans son dessin et dans sa couleur pour copier : qu'elle prenne la nature pour modèle, et la nature aura une digne rivale.

Ce propos me laissa le loisir de me remettre de mon embarras, et à l'inconnue celui de reprendre son ouvrage. Je balbutiai à Girodet quelques mots sans suite; il ne m'entendait plus : l'inconnue avait seule le privilége de l'occuper ; il s'était nommé, pour donner plus de prix à des complimens intéressés; la réponse qu'il reçut fut des plus modestes, et des paroles douces comme la rosée de mai et prononcées d'une voix argentine tombèrent sur mon cœur, qu'elles achevèrent d'enivrer : je me taisais, je me recueillais dans le bonheur d'une rencontre si imprévue, attachant mes yeux sur mon idole, qui se refusait à me confier un de ses regards. Elle se leva enfin de son siége, ferma sa boîte, qu'elle mit sous son bras, nous salua d'un *bonjour messieurs,* auquel je m'avisai de trouver une expression toute particulière, et s'éloigna. Girodet dans son enthousiasme vantait son talent et ne disait mot de la figure : je souffrais le martyre, j'aurais payé de la moitié de ma vie le bonheur de m'élancer sur ses pas ; je n'osai le faire dans la crainte de la compromettre.... je l'aimais.

Décidément, il y avait de la fatalité dans ces rapprochemens inopinés, qui cessaient aussitôt; il y avait du diabolique dans cette aventure qui se prolongeait trop pour ne pas achever de brûler mon cœur et d'égarer ma pauvre tête. Je me demandais quelle secrète puissance m'avait entraîné quatre fois aux lieux où je devais apercevoir l'inconnue ou bien conquérir son portrait charmant ?

Je crus sérieusement que le destin voulait se jouer de moi, et cette idée me jeta dans une sorte d'abattement : je ne sortais plus, ou bien j'allais sans but, sans espérance, et pour marcher seulement. Cet état dura plus d'une semaine. L'automne commençait, la nature expirante entrait dans l'ère de sa décrépitude; je languissais comme elle, lorsqu'un matin il me vint à l'idée de visiter les *Catacombes* de l'Observatoire ; cette fantaisie s'empara de mon âme avec tant de violence que je la pris pour l'instinct d'une sympathie miraculeuse. Au moment où j'arrivai à l'entrée de la cité des morts, une société nombreuse descendait l'escalier qui y conduit ; je la suivis sans me mêler avec elle.

Nous entrâmes sous les voûtes étroites, basses et ténébreuses où sont entassés les squelettes de dix générations. Je ne puis approuver la décoration sacrilége à laquelle on a employé ces débris humains ; ici, l'art et le goût sont des profanations ; on s'afflige de voir ces crânes, ces os, former des dessins variés, des guirlandes, des croix, des arabesques : il me semble qu'une piété éclairée, qu'un sentiment vrai, qu'un respect profond du passé auraient dû renfermer ces dépouilles funèbres dans le silence d'une tombe. Quelle horrible idée de ne les avoir réunies que pour en faire un spectacle ! je ne partageais pas à cet égard l'enthousiasme des autres visiteurs, dont la première surprise, qui aurait pu passer pour du recueillement, fit place à une sorte de gaîté affreuse: des éclats de rire s'élevèrent là où il n'eût fallu entendre que le sourd murmure de la prière. Je m'écartai avec indignation, mon flambeau à la main, et par un mouvement brusque je le renversai, il s'éteignit..... A peine je m'en aperçus, tant je me livrais à des réflexions solennelles : cependant le bruit des pas diminuait, je crus devoir appeler. Une voix douce et altérée frappa mon oreille.....

« Y a-t-il donc quelqu'un ici ? demanda-t-elle. »

En même temps des flots de lumière jaillirent d'une lanterne sourde qu'on dirigea vers moi ; j'en fus entièrement éclairé, tandis que la personne qui la portait resta enveloppée des voiles d'une profonde nuit. Mais je l'avais déjà reconnue, c'était elle qui se présentait à moi toujours d'une manière bizarre et j'ose dire surnaturelle : oh! pour cette fois, il me fut impossible de me contraindre, l'obscurité du lieu, qui ne me permettait pas de voir ses traits divins, fit taire le respect pour ne laisser agir que la tendresse.

« Oh! m'écriai-je avec impétuosité, c'est vous,

c'est donc vous que je rencontre là où la vie devrait être suspendue et l'amour se taire en présence du trépas! Vous m'êtes rendue par ce pouvoir étrange qui m'a donné à vous.... écoutez, je vous en conjure, et répondez à une seule question : Êtes-vous libre ? »

Elle garda le silence.

« Êtes-vous libre? répétai-je avec encore plus de chaleur.

» Que vous importe! répondit-elle en hésitant; d'ailleurs, qu'appelez-vous la liberté? — Avez-vous un époux? êtes-vous promise?... — A la tombe, me dit-elle, comme vous, comme le reste des mortels. »

Elle chercha à mettre dans ces paroles une sorte de gaîté indifférente, mais son inflexion avait quelque chose d'horriblement sinistre : j'en tressaillis.

« — Faites-moi une autre réponse... voyez combien je vous aime!... »

Un grand bruit se fit entendre : la société revenait.

« Adieu, me dit-elle, nous nous reverrons. » Elle cacha sa lumière, s'élança parmi le groupe de ses compagnes, et je demeurai seul un instant.

Nous nous reverrons!... Cette promesse aurait

dû enchanter l'amour, j'ignore pourquoi elle glaça mon âme. Les hommes, lorsqu'ils se quittent sans espoir de se revoir sur cette terre, savent pourtant qu'il est un lieu où ils doivent se retrouver un jour : mais quel jour que celui qui n'aura pas d'aurore et dont le soir n'arrivera jamais !

Moi aussi, je me mêlai à la foule évaporée, je sortis des *Catacombes* tout entier en proie aux passions tumultueuses qui se combattaient dans mon sein. L'inconnue partit avec ses amies. Je restai appuyé contre la porte, jusqu'au moment où j'eus perdu de vue la voiture qui l'éloignait de moi ; il me semblait que c'était pour toujours ; cette idée faisait mon supplice : il est des pressentimens si amers ! Enfin, je rentrai dans Paris plus abattu, plus morne que de coutume ; l'amour était devenu un poison qui me consumait lentement, je dépérissais à vue d'œil. Un tel état ne pouvait durer.

Mes amis, car j'en ai, Orlandi, et j'en ai parce que je les aime, ne tardèrent pas à découvrir la cause du mal. Ils en plaisantèrent d'abord ; ensuite il leur parut si grave, qu'ils s'occupèrent sérieusement de me guérir : ils me mirent en présence des chefs-d'œuvre de l'art, je ne témoignai que de l'indifférence; ils demandèrent des adoucissemens pour moi à l'étude des sciences, je travaillais sans comprendre les travaux auxquels je me livrais. Ils me conduisirent chez des femmes aimables, je bâillais en les écoutant; chez des femmes jolies... je regardais à la dérobée le portrait qui ne me quittait pas. Ils tentèrent de me rendre ambitieux, je cédai à mon concurrent la place qu'ils sollicitaient pour moi.

Sur ces entrefaites, un nouvel opéra, composé par un musicien de ma patrie, excitait l'enthousiasme de tout Paris; la foule des *dilettanti* se pressait pour en jouir. On fit la partie de voir cette merveille : j'acceptai. Les abords de la salle étaient encombrés de voitures qui se croisaient dans tous les sens; quelques piétons téméraires essayaient de se glisser entre les roues et les pieds des chevaux, des femmes avaient la même audace : en vain une garde prudente s'opposait à cette frénésie, elle ne pouvait maintenir le bon ordre; les rangs étaient rompus à chaque instant. Nous avancions lentement; tout-à-coup des cris aigus se font entendre : c'étaient de ces cris qui frappent de stupeur et d'effroi.... J'aperçois de loin la populace qui se presse; des flambeaux, des sabres brillent au milieu de la

multitude, la consternation est universelle; je ne sais quel trouble me saisit, d'où provient cette sueur froide qui me glace, quels sons déchirans sont venus jusqu'à moi, je m'élance vers l'endroit d'où ils sont partis.... « Je demande quel malheur est arrivé? — Un bien cruel, une femme vient d'être écrasée. — Une femme ! m'écriai-je.... » La foule s'écarte pour me livrer passage. Que vois-je ? un cadavre. . . . . .
. . . .
c'était mon inconnue.

CHAPITRE XVI.

DE LA SCULPTURE MODERNE.

Les arts et l'intrigue. — Idées sur la sculpture. — Le pont Louis XVI. — La façade du Palais des Députés. — Henri IV sur le Pont-Neuf. — Monument de Malesherbes. — Louis XIV et la Place des Victoires.

La sculpture n'a pas encore en France commencé son mouvement rétrograde, la mode ne lui impose point la nécessité du mauvais goût; loin même de rester stationnaire, elle suit une bonne route, elle copie la belle nature, et ne cherche les formes ni dans le maigre ni dans le laid. Les jeunes artistes, les sculpteurs consommés travaillent en conscience; ceux qui font mal agissent ainsi par impuissance, l'esprit de système n'y est pour rien; on pourrait en réunissant les talens qui se montrent avec avantage utiliser des ciseaux habiles, et ne présenter aux regards que des ouvrages propres à faire honneur à l'école du temps. Mais demander ici quelque chose de sage et de juste, n'est-ce pas demander l'impossible ? Paris est un pays si singulier ! dans les arts comme dans l'administration, à la ville comme à la cour, on n'y songe pas le moins du monde à fournir aux gens de mérite l'occasion de se montrer. On pense à ses amis d'abord, à ses parens ensuite, aux recommandés enfin. Michel Ange, sans l'appui d'une maîtresse, d'un confesseur, d'un prêteur sur gages, d'un cardinal insolent ou d'un juif millionnaire, languirait sur le pavé. Cent audacieux polissons usurperaient sa place, et nul ne se formaliserait du passe-droit ; il est tellement de règle que les choses soient ainsi, qu'il faut voir la surprise, l'embarras, l'indignation des Français lorsqu'un homme supérieur se plaignant d'être lésé en appelle au tribunal de l'opinion publique. Celle-ci débute par le siffler, c'est toujours sa première façon de répondre ; puis elle l'accable d'outrages, le honnit, le bafoue et le traite d'orgueilleux. Vous ne feriez pas plus entendre raison au premier ministre qu'à son dernier commis ; quiconque revendique un droit est un rebelle, la faveur est le seul titre dont il faille se targuer, et l'on n'y fait faute.

Ce préambule vous expliquera pourquoi les monumens publics ne sont ici confiés que rarement à ceux qui seraient les plus capables de présider à leur exécution. Pourquoi fait-on dans les ténèbres ce qui devrait être fait au grand jour? c'est parce que l'intrigue aime l'ombre, il lui faut des cachettes, du mystère : sans déception, sans mensonges, sans coups fourrés elle ne triompherait pas. J'ai dit que l'on compte aujourd'hui en France bon nombre de sculpteurs hommes de talent; mais où sont leurs œuvres, va-t-on me dire? de quel côté qu'on se retourne on n'aperçoit que des témoignages d'inhabileté.

C'est une bien grande vérité, du moins en ce qui concerne la sculpture publique. Je comprends sous cette dénomination celle qui est exposée aux regards du peuple, soit en plein air, soit à l'intérieur des édifices. J'ai vu dans les galeries du Musée les bustes des grands peintres; je crois à la ressemblance sous quelques rapports; mais la physionomie, l'esprit de la figure, que sont-ils devenus? Paul Veronèse, Le Titien, Le Poussin, L'Albane ne sont que de bons bourgeois de Paris ; ce sont des têtes d'épiciers que me représentent ces marbres désanimés.

Voici Vandick peint par lui-même, c'est de la vie et de la chair ; voilà Vandick sculpté, par je ne sais qui ; c'est du plâtre et de la mort, mais de la mort que n'a jamais précédée l'existence.

Je m'arrête sur le Pont Louis XVI, où le mauvais goût s'est déployé avec tout ce qui peut le caractériser. D'abord, je remarque ces piédestaux énormes dont chacun a dévoré une carrière tout entière : puis, cherchant dans les airs, je découvre sur deux files une troupe d'énergumènes dont quelques-uns ne ressemblent pas mal à des porte-faix qui se sont mis en tête de jouer le mélodrame. Quel est ce fantôme blanc qui paraît se courroucer ? c'est le *Grand Condé*, lançant au sein de la mêlée son bâton de commandement. L'action n'était guère du ressort de la sculpture, qui est un peu ataraxique de son métier ; quoi qu'il en soit, en la reproduisant M. David a fait preuve de mérite. M. David taille bien le bloc, et dessine correctement ; ses étoffes, ses chairs sont savamment traitées ; une composition mieux entendue ne lui aurait valu que des éloges.

Le connétable *du Guesclin* était laid, nous le savons ; toutefois on eût voulu que M. Bridan, chargé de faire sa statue, se fût moins attaché à rappeler complètement cette vérité historique. On peut mettre de l'idéal dans la laideur; un héros doit-il ne rien inspirer? Celui que je vois ici est privé d'âme : ce n'est pas le guerrier qui fut la terreur des Anglais, c'est plutôt une représentation gothique de quelque chevalier couché sur un tombeau. M. Bridan l'a mise sur ses pieds ; l'effort est méritoire, car le simulacre est lourd, très-lourd ; n'importe, c'est Du Guesclin, le blason et la légende nous l'apprennent.

M. Ramey père a été mieux inspiré dans *Richelieu* ; la pose est bien, elle est noble et simple à-la-fois... il y a de la dignité, de la finesse et de la force dans la figure. Richelieu tient les lettres-patentes d'institution de l'Académie française : celles-là lui font plus d'honneur que celles adressées à Laubardemont. L'idée est convenable ; les plis de la robe ont du moelleux, ils sont habilement dessinés. En somme, M. Ramey a fait plutôt bien que mal.

On n'ose regarder Sully, tant il a été maltraité. C'est la seconde fois qu'à cinquante pas de distance la sculpture lui fait ce méchant tour : le grand homme joue de malheur.

L'amiral *Duquesne* bombarde Alger (il y avait alors un ministère français). M. Roguier, à qui l'on doit cette statue, a tiré bon parti de son sujet ; il y a peut-être un peu d'embarras et de manière, mais au total l'ensemble a de l'élégance. La tête est expressive, on voit que le modèle a été étudié. Dans les arts, il y a profit à prendre de la peine.

Tourville, sorti du ciseau de M. Marin, offre des parties heureusement rendues. On peut lui reprocher un mouvement de hanche trop matamore, des formes trop fortes et pas assez détachées ; je voudrais à ces marins plus de simplicité, surtout à *Duguay-Trouin*, qui me fait l'effet d'un *Colin* d'opéra-comique de mauvaise humeur. Le bas de la statue est d'aplomb, le haut est tout-à-fait détraqué. Quand les sculpteurs français cesseront-ils de prendre des prévôts de salles d'armes pour modèles de leurs héros? Il leur faut un tortillage qui plaît au peuple, mais qui attriste le connaisseur ; ce n'est pas tout de couper le marbre avec hardiesse, il faut qu'une conception dirige la main. M. Dupasquier a oublié que dans l'exécution il est une partie qui n'est que secondaire.

Quant à M. de *Suffren*, attendu que je suis juste, je ne lui reprocherai pas de viser à l'effet : il est tellement enfoncé dans sa graisse, qu'il en fait mal à l'œil. M. Lesueur a pris l'obésité pour la grandeur, c'est une étrange irréflexion.

Bayard, le chevalier sans peur, n'est pas sans reproche dans sa statue. Ce n'est pas le désir de jouer sur les mots qui me fait parler ainsi, c'est le besoin de dire la vérité : sa physionomie est triste ; les artistes y trouveront peut-être des beautés, j'y consens; mais quand je me fais l'idée de Bayard, de l'Horatius Coclès français, je ne me figure pas un long corps droit et roide. Cette statue est le digne pendant de *Du Guesclin*, son vis-à-vis.

L'*Abbé Suger*, par M. Stoupp, est le résultat d'une pensée poétique. Il est drapé pittoresquement dans sa robe monacale : c'est une heureuse idée d'avoir placé près de lui ce sceptre, cette couronne qu'un grand homme soutient avec gloire quand un roi faible est incapable de les porter.

Non loin de là est un vieil et bon médecin de la rue Saint-Denis, excellent homme, qui a revêtu une parure à moitié militaire pour jouer son rôle dans une gaîté de carnaval. Ce grotesque est ce que certaines gens appellent la statue de *Turenne* : je leur en fais mon compliment.

Colbert est encore à poser. Je ne connais pas cette œuvre de M. Milhomme : les ministres qui viennent de se succéder au timon des affaires n'ont eu aucune impatience de voir apparaître la figure de ce grand administrateur; son souvenir les épouvante, et dans ses traits, même en marbre, ils craignent d'apercevoir la satire de leur nullité. L'ombre de Colbert est nécessairement accusatrice; l'impuissance de faire le bien ne supporte qu'avec dépit l'aspect de celui qui le fit toujours.

En avant de la colonnade qui annonce le Palais du Corps-Législatif, sont quatre masses de pierre, et non quatre statues, car ces formes sans grâce, ces physionomies sans expression, ne peuvent rentrer dans le domaine de l'art : ce sont L'Hôpital, Colbert, Sully, D'Aguesseau, ce sera tout ce qu'on voudra, hors quelque chose de supportable. En arrière est un fronton plus maladroitement travaillé encore; c'est l'ouvrage d'un écolier qui passe pour maître; j'ignore son nom, je n'ai pas voulu le savoir. Enfin, si l'on ne trouvait pas là une *Minerve* de Rolland et une *Thémis* de Houdon, on pourrait affirmer que, sur un espace des plus étroits, la fatalité s'est plue à rassembler tout ce qu'il y a de plus faible dans la sculpture moderne.

La statue équestre d'Henri IV sur le Pont-Neuf n'est pas, à beaucoup près, d'un style aussi déplorable que la plupart des productions que je viens de passer en revue. Le cheval est bien ; le cavalier, quoique d'un mérite inférieur, est un bel ouvrage. Ce monument en bronze fut élevé aux frais d'une souscription volontaire : Henri IV méritait cet honneur, et M. Lemot a eu la gloire d'être choisi, en raison de son talent, pour rendre à la France l'image du roi bienfaiteur que la rage des jacobins avait renversée.

J'ai examiné avec attention le monument funèbre élevé dans la grande salle du Palais de justice au vertueux Malesherbes. La forme générale manque de goût ; cette niche ornée de deux colonnes ressemble trop à la décoration d'un autel ; la statue du héros magistrat est froide, mais correctement dessinée. La France et la Fidélité, par M. Bosio, sont sculptées avec autant de science que de grâce.

Il me serait agréable de vanter la statue équestre de Louis XIV, qui, coulée en bronze par le même artiste, orne la place des Victoires ; mais avant tout il faut être vrai. Le cheval, massif et court, a de la pesanteur et pas de force ; le roi, ridiculement vêtu à la romaine, ne songe pas trop où il est, il pèse sur sa monture, et c'est tout. Sa taille a trop d'ampleur. Je n'approuve pas non plus le mouvement du groupe : un coursier qui se cabre sur un piédestal fait peine à voir, on craint que le roi ne se casse le cou et la bête aussi. Il est en sculpture des problèmes qu'il ne faut pas se proposer ; on ne gagne rien à les résoudre.

CHAPITRE XVII.

LES COURS DU DIRECTOIRE ET DE L'EMPIRE.

Composition de la cour du Directoire. — Cour de l'empire. — Les nouveaux venus. — Les anciens. — Affection de Napoléon pour la vieille noblesse. — Aspect de cette cour. — Son éclat. — L'empereur en était le censeur. — Représentation de Joséphine. — Cours des membres de la famille impériale. — Comment on y intriguait.

J'ai vu deux cours pendant le temps que j'ai habité Paris : celle de *l'usurpation*, celle de la légitimité, enfin de Napoléon et des enfans d'Henri IV. Les formes, les habitudes n'avaient rien de semblable : l'étiquette pouvait être la même, mais qui maintenant se soucie de l'étiquette ? Hors ce point de contact, figurez-vous les antipodes, c'est un fait que je prouverais. J'avais à l'avance pris ma part de celle du Directoire, mais en passant, à peine si j'en ai conservé un souvenir confus. Les cinq jacobins qui faisaient les rois se montraient gauches dans ce rôle brillant ; Barras seul, gentilhomme parmi ces plébéiens, avait meilleure mine ; mais il vivait depuis si long-temps en mauvaise compagnie que ses manières s'en ressentaient.

La cour du Directoire, car enfin il en avait une, était composée de fournisseurs avides, de faiseurs de projets, d'escrocs rarement habiles, de généraux sans mérite intriguant à Paris, tandis que leurs collègues remportaient ailleurs des victoires; de membres des Deux Conseils, de leurs parens, amis et maîtresses, de créatures éhontées, ou nobles ou roturières, ne valant guère mieux les unes que les autres; ce mélange de vices, de personnes dépravées et méprisées de toute la république, était encore grossi par les femmes de certains émigrés dont elles sollicitaient la radiation. Elles n'obtenaient pas toujours leur demande; mais soit qu'elles eussent ou non du succès, elles contractaient, de leur fréquentation de la cour directoriale, des habitudes pernicieuses, elles en rapportaient les élémens dans les provinces dont elles corrompaient les bonnes mœurs.

Celles-ci furent perdues entièrement. A cette époque la licence dégénéra en frénésie; l'absence des parens, des époux ou des frères morts en fuite ou aux armées, laissait les femmes abandonnées à elles-mêmes ; des séductions les environnèrent, et leur chute amena un scandale épouvantable : on vit des intrigues satisfaites aussitôt que nouées, des divorces entamés avec une légèreté sans pareille ; on passait des bras de l'amant de la veille dans les bras de l'amant du lendemain, et toujours légalement. C'étaient encore les vertueuses qui se conduisaient ainsi : les autres affichaient leur turpitude, s'en faisaient gloire et en tiraient du profit.

Tout alors était en vente, on pouvait tout acheter, les ambassades, le commandement des armées, le droit de les affamer, les places honorables ou lucratives, la sagesse prétendue et l'honneur du temps, dont on faisait bon marché; on ne se cachait ni pour le marché, ni pour la livraison ; le pillage était en permanence. Barras poussait à la roue : cet homme dont ses amis veulent faire aujourd'hui une sorte de Dieu, étalait le mépris de la probité ; on payait au poids de l'or ses faveurs ou sa justice ; il y avait dans son cabinet un tarif pour toutes les demandes. Quelques personnages étaient moins avides ; quelques-uns vivaient modestement, Gohier par exemple ; mais loin d'arrêter le mal, ils formaient des ombres au tableau, et on les prenait pour objet perpétuel de moquerie.

Napoléon Bonaparte, lorsqu'il arriva au trône, trouva autour de lui tous ces élémens de fange et de dissolution qui disparurent bientôt devant la sévérité de son caractère, devant cette volonté ferme que rien n'assouplissait. La race des courtisans reste toujours la même, soit que son sang appartienne aux descendans des chevaliers croisés ou circule dans les veines d'obscurs citoyens; son premier soin, en quelque lieu qu'elle s'établisse, est de se modeler sur le maître et de l'imiter en tout. Napoléon se montrant à elle réservé et austère, elle réforma ses habitudes; on la vit avec une célérité merveilleuse placer de la régularité dans ses actes, dans ses propos : ce changement de décoration eut lieu en peu de semaines. Napoléon, de son côté, chassa les plus infâmes parmi ceux qui aspiraient à se rapprocher de lui, les femmes trop affichées ou sans mœurs, les agioteurs, les accapareurs financiers sans charges, agens d'affaires, en un mot, toutes ces sangsues publiques dont la fréquentation ne procure ni honneur ni profit.

La cour impériale reçut ses instructions : elle devait être brillante et réservée; il fallait que chacun vécût en famille de manière à n'attirer les regards sur eux par aucun excès. On exigea d'eux l'alliance du luxe et de l'ordre, de la magnificence au-dehors et une prudente économie au-dedans : il fallut cacher ses dettes, ne plus avouer ses maîtresses ; tout acte de scandale était puni sévèrement. Napoléon ne se relâcha jamais de ces règles rigoureuses : il eut raison ; s'il eût cessé d'y tenir la main, le chaos du directoire aurait bientôt reparu. Il convenait que les alentours d'une couronne naissante la fissent vénérer en eux-mêmes ; le souverain n'aurait pu être respecté au milieu d'une cour avilie, les peuples d'alors l'auraient confondu avec ses flatteurs ; l'instinct de la royauté, inné dans Napoléon, lui faisait apprécier l'importance des formes graves que son génie enta tout d'un coup sur le tronc d'un arbre vicié. Il fallait éblouir les étrangers, et imposer silence aux railleries d'une nation moqueuse, habile à saisir les ridicules et à frapper de mort tout ce qui devient l'objet de ses plaisanteries. Napoléon le savait ; aussi, par les mesures qu'il prit dès les premiers sarcasmes lancés, la France voyant la cour nouvelle se présenter avec une tenue décente, avec des dehors dignes et pompeux, cessa de rire, et respecta ceux que la volonté d'un grand homme admettait aux honneurs de son palais.

Plus tard, et lorsque le changement eut été consommé, la cour impériale se montra sous un aspect imposant et singulier : c'était un mélange de neuf et de vieux, de femmes d'hier et de dames de haute noblesse, d'hommes nouveaux et de premiers barons chrétiens, de noms du jour chargés de palmes justement acquises, et de grands noms sans gloire personnelle. Il régnait parmi ce monde une étiquette guindée appuyée sur des manières qui ne l'étaient pas moins : demoiselles de comptoir, semi-vivandières, filles d'avocats, de notaires, de marchands, élevées bien ou mal, mais toujours sans résultat pour ce qui était grâces de bonne compagnie, attendu leur entourage de famille dont elles ne se débarrassaient pas. Les duchesses, les comtesses, les baronnes impériales manquaient d'aisance, parce qu'elles avaient peur de s'abandonner à leur nature. On reconnaissait d'où elles sortaient, car elles étaient fières de leur rang et de leurs titres, qu'elles n'oubliaient jamais ; leurs distractions (elles en avaient cependant) étaient plaisantes ; elles revenaient alors au point dont elles étaient sorties ; on les voyait se roidir pour arriver à la dignité.

Dans tout cela il y avait quelque chose d'empesé et de solennel à contre-sens qui sautait aux yeux; on était tenté de croire qu'elles jouaient la comédie, et que la place où on les rencontrait ne leur appartenait que pendant la durée d'une représentation théâtrale. Leur embarras était d'autant plus apparent qu'il y avait auprès d'elles des duchesses d'autrefois, déchues de leur splendeur, mais qui avaient conservé la grâce, l'urbanité, les gestes nobles, élégans et simples de la cour des rois. Ce contraste était frappant; les nuances, loin de s'adoucir, étaient tranchantes: de là provenaient des aigreurs réciproques, des haines déguisées, des mystifications, des railleries piquantes qui enfantaient des animosités de tous genres. Chaque âge féminin se détestait aveuglément. Il existait en ce lieu deux partis toujours en présence: l'un s'enveloppait de la gloire récente des époux; l'autre parlait des merveilles du temps passé, et montrait l'histoire de France remplie de l'illustration de ses ancêtres.

Les hommes cachaient mieux leur mépris mutuel. Napoléon, qui s'était créé lui-même, avait environné son trône de toutes les grandeurs modernes. Je dois dire, pour l'acquit de ma conscience, qu'il n'avait que l'embarras du choix. Chaque militaire qui venait aux Tuileries était un héros dont l'Europe connaissait les beaux faits d'armes. On ne se rappelait plus d'où il était parti, car il avait gagné légitimement sa place actuelle. Ses titres, fondés sur de grandes actions, avaient quelque chose de chevaleresque, de belliqueux et de grand qui enflammait l'imagination en commandant le respect. On comprenait qu'il valait mieux être qualifié duc de Montebello, d'Auerstadt, de Valmy, de Raguse et de Dalmatie, que duc de Gesvres, de Saint-Simon, de Fleury, de Luynes, etc. Ceux-ci devaient leurs titres à la seule faveur du prince; ceux-là les avaient obtenus en récompense des services les plus éclatans ; ils étaient écrits sur tous les champs de bataille de l'Europe : c'était le prix du courage, de la science de la guerre, et d'un sang versé à grands flots pour l'avantage de la patrie. Ces guerriers en imposaient, lorsque, verts encore, on les voyait courbés sous le poids de leur gloire et de nombreuses blessures, prouvant que leur fortune n'avait pas été acquise dans le repos.

Leurs manières primitives, et communes peut-être, avaient presque entièrement disparu par la fréquentation journalière de tant de nobles, de princes, de souverains étrangers que non-seulement ils avaient vaincus, mais qu'ils étaient parvenus à imiter dans leurs formes dignes et gracieuses. Ce n'est pas que parfois l'impétuosité de l'âme ne dérangeât cet échafaudage d'emprunt, que le duc de Dantzick ne se retrouvât souvent le maréchal Lefèvre; mais alors le souvenir de ses actions héroïques atténuait ces mouvemens désordonnés, et ne permettait aux témoins de la scène qu'un respect de vénération.

En un mot, c'était une cour très-imposante que celle de Napoléon. Là se réunissait une foule de grands capitaines, d'hommes d'état du plus haut mérite, de politiques habiles et profonds, qui négociaient avec autant de dextérité que si la puissance de leur maître n'eût pas été derrière eux pour les soutenir; de jurisconsultes à réputation universellement reconnue, et dont le concours de lumières a donné le meilleur code reçu par les peuples depuis les Romains; d'érudits supérieurs qui ont reculé les bornes de la science; de littérateurs recommandables, d'artistes de grand mérite, car toutes les notabilités possibles étaient appelées par l'empereur à composer sa cour. L'étiquette y était sévère, mais raisonnée; elle ne se fondait point sur le droit de la naissance, le plus absurde de tous, mais sur celui du mérite.

Napoléon n'aurait pas tenu le propos ridicule

de Louis xv, qui, pour repousser les prétentions légitimes de Voltaire, disait à je ne sais qui : « Si je l'avais fait souper avec moi, il aurait fallu » que j'y fisse souper aussi MM. de Montesquieu, » Rousseau, d'Alembert, Buffon, etc., » et le prince s'indignait à cette pensée. Un Richelieu, un Chaulnes! un Saint-Simon, à la bonne heure!

Napoléon avait des idées plus saines; la vertu, le talent, la bravoure formaient les élémens de sa cour; celui-là était toujours assez noble devant lui qui savait commander l'estime, ou occuper les cent bouches de la renommée. Il faisait plus que de recevoir les gens habiles, il les accueillait; ses propos n'étaient pas toujours jetés pour donner des ordres; ils prouvaient parfois son estime ou sa bonté. Il conversait familièrement avec ceux qui étaient dignes de cet honneur; il aimait à faire preuve de science, sans crainte de trouver l'occasion de s'instruire de ce qu'il ne savait pas. Je défie qu'on me cite un personnage dépourvu de hautes qualités, sans réputation civile, savante ou militaire, qu'il ait admis à sa familiarité; la nullité née n'avait aucun titre à y prétendre : ses habitués avaient tous leur genre de supériorité.

Sa cour ainsi composée, brillante de fond et non point de dehors, jetait un éclat dont on ne retrouvait le parallèle que dans le souvenir de celle de Louis xiv. Il ne se présentait, lui aussi, qu'environné de héros ou de génies immortels. Ce cortége valait bien celui que formaient ailleurs des chambellans, des gens de qualité, des valets sans grandeur et des favoris sans vertus; il y avait en lui autant de noblesse positive, et plus de célébrité. Cette cour, non moins que les autres, fit preuve de conduite et d'adresse; les savans, les guerriers s'y montrèrent fins, rusés, dissimulés même, non moins que de vieux courtisans blanchis sous le harnais; ils imitèrent ceux-ci dans leur conduite, prenant pour modèles ceux qui se mêlèrent à eux. Napoléon avait aussi un grand nombre de flatteurs féodaux qui préférèrent le repos de ses antichambres aux honneurs des camps, qui se firent enfin domestiques chamarrés, maîtres-d'hôtel, écuyers, etc., etc., plutôt que d'aspirer à relever, par l'éclat de la victoire, la splendeur de leurs noms, qui s'éteignait. Les royalistes-impériaux appelaient cette conduite faire de l'opposition; il me semble que c'était de la bassesse, et pas autre chose.

Ces grands seigneurs, qui se croyaient seuls dignes de se montrer aux Tuileries, éprouvèrent une étrange surprise de ne pouvoir rire des parvenus ; ce dédommagement manqua à leur condescendance honteuse; les nouveaux courtisans valaient personnellement mieux qu'eux : le désappointement fut complet. Mais si les hommes n'étaient rien, les noms restaient dans la pompe de leur réputation antique, et Napoléon avait la faiblesse d'aimer les noms. Il accueillit les transfuges de la royauté, il en fit des notabilités de l'empire, il leur en donna les titres, se flattant que leurs fils les illustreraient un jour. Cette fusion adroite réussit; bientôt tout marcha de bon accord, hommes du vieux et du nouveau régime : les premiers acceptèrent la noblesse nouvelle des seconds, et ceux-ci furent charmés de s'amalgamer avec les premiers; ceux-là enseignèrent les belles manières, ceux-ci épousèrent après les filles de leurs instituteurs, de telle sorte que l'on finit presque par ne faire qu'une seule famille.

J'aime à me représenter cette cour, où j'ai passé ma jeunesse; je me complais au souvenir de ces fêtes somptueuses que les rois de l'Europe grossissaient de leur foule adulatrice, où toute majesté disparaissait devant celle de Napoléon. Jamais on ne retrouvera tant de grandeur et de magnificence; les Tuileries étaient le chef-lieu du monde, et la couronne impériale étendait sa suzeraineté sur d'autres bien puissantes. Il y avait là des héros sans nombre, des illustrations de tous genres, des noblesses qui dataient de Charlemagne, et qui étaient fières d'un regard de l'empereur, des femmes spirituelles et jolies, enfin tout ce qui peut plaire aux yeux, toucher le cœur, et élever l'âme.

L'empereur se chargeait du rôle de censeur à l'égard de tous ces personnages ; il surveillait la familiarité et la pétulance des militaires, non moins que la disposition à la tendresse des dames, encore mal assises sur leurs tabourets ; il tolérait les intrigues cachées, et ne voulait pas de scènes publiques ; il fallait que le scandale n'éclatât que hors de la portée de ses yeux ; peut-être parfois se montrait-il indulgent, ou consentait-il à paraître trompé. Il était si absolu dans ses volontés, si violent dans ses colères, que je crois qu'il ne faisait l'ogre qu'afin de ne pas avoir souvent à sévir.

Joséphine le seconda merveilleusement : en prenant d'autres manières, elle se réserva de tempérer la majesté âpre du grand homme par la douceur, la bonté, la grâce ; elle-même, en changeant de fortune, devint digne de la nouvelle ; aux habitudes de l'ère du Directoire, elle substitua l'urbanité de l'ancien régime. Elle était simple et digne à la fois, affectueuse et respectable ;

si elle imposait moins, elle se faisait aimer davantage ; ce dédommagement la contentait. Elle tenait au luxe, c'était le premier penchant de sa vie ; aussi l'inspira-t-elle à sa cour. On la voyait en outre constamment occupée à tenir la balance égale entre les vieilles et les jeunes prétentions ; médiatrice entre les anciennes et les nouvelles duchesses, elle atténuait les vanités de la noblesse d'autrefois, et la susceptibilité de celle qui naissait : sa présence rapprochait les opinions, éteignait les haines, et donnait l'exemple de la concorde et de la paix.

Joséphine représentait bien. Les monarques étrangers qui venaient lui rendre hommage demeuraient surpris de la voir ce qu'elle était ; ils se la figuraient quelque peu bourgeoise, et presque embarrassée dans son manteau impérial, tandis qu'au contraire elle le portait avec aisance et majesté ; elle avait, comme son époux, un faible pour la noblesse de chevalerie ; elle traitait avec une distinction particulière les femmes de qualité qui se ralliaient à elle : celles du nouveau régime obtenaient la préséance ; dans les salons, les autres jouissaient de l'intimité : c'était ne point perdre au change.

La cour impériale était encore augmentée et embellie par la présence de la reine Hortense, des sœurs et belles-sœurs de Napoléon, des princesses ses frères, et de la foule qui se groupait autour d'eux.

Toutes ces majestés inférieures avaient leur maison, leur éclat, leurs courtisans; on passait l'année dans des plaisirs continuels, dans des fêtes sans nombre, et toutes plus somptueuses les unes que les autres; on allait de palais en palais, de châteaux en châteaux, d'hôtels en hôtels. Les grands dignitaires, les ministres, les maréchaux, les hauts fonctionnaires, savaient que l'empereur prétendait que l'on se divertit, ou qu'on en fît le semblant; qu'il convenait de paraître avec splendeur et pompe, afin que sa grandeur et sa magnificence remplaçassent celles de l'ancienneté.

Je vous assure que les désirs de l'empereur étaient exactement remplis; que tout cela avait bon air, et ne présentait dans son ensemble rien de ridicule ou de forcé. Cambacerès faisait le prince à ravir; d'autres l'imitaient très-bien : les rois du sang impérial avaient seuls mauvaise mine; c'était jouer de malheur. Au reste, tout ce monde ne songeait qu'à passer gaîment le temps; il fallait bien que ces courtisans dansassent, l'empereur ne laissant guère la facilité d'intriguer. Il y avait impossibilité, à cette époque, de cabaler pour renverser un ministre, soutenir les intérêts d'une puissance étrangère, ou repousser, en tout ou en partie, la constitution de l'état. La cour impériale n'en avait ni le moyen, ni la pensée. Napoléon était seul maître; il l'était avec sa supériorité, avec ce coup-d'œil d'aigle qui perce dans les replis du cœur, avec cette force morale qui ne laisse à aucun l'espérance de tromper ou d'éblouir. La foudre qu'il lançait ne tomba jamais au hasard; elle ne partait de ses mains que bien dirigée; il n'agissait que par lui-même, et non d'après les autres; nul n'inspirait ses décisions, aucun de ses actes ne fut dicté. Aussi les intrigues de cette époque, et autour de lui, n'avaient pour but que des objets minimes; tous se reposaient dans cette cour, nobles, prêtres, militaires, car il n'y avait là ni favori, ni maîtresse, ni directeurs de conscience, mais seulement des flatteurs et de hauts valets.

Ainsi beaucoup de grandeur et autant de somptuosité remplissaient les appartemens des Tuileries; on y rencontrait un mélange curieux de toutes les gloires, de toutes les opinions et des gens de tous les pays de l'Europe; une étiquette inflexible; plusieurs souverains réunis devant un seul maître; les traditions du passé fondues avec les formes nouvelles; un respect de tout ce qui est vénérable; des jacobins purs, avec les dehors monarchiques; des officiers étudiant la politesse, et cherchant à perdre la rudesse des camps; des hommes illustres assouplis autant que des nullités; enfin, un mélange de tout ce qu'ailleurs on ne trouvait que séparé composait les élémens variés de la cour impériale. On n'y était pas hypocrite par intérêt, mais par devoir; on y était bon citoyen, parce que la hache du bourreau aurait puni toute trahison; on n'y tendait qu'avec crainte et précaution des piéges à ses ennemis, et nul n'aurait osé troubler l'empereur dans ses affections ou dans ses projets.

CHAPITRE XVIII.

DE LA COUR DES TUILERIES DEPUIS LA RESTAURATION.

Ce qu'elle fut en 1814. — Comment elle était composée. — Elle manquait de gens habiles. — Les hommes. — Les femmes. — Elle devient riche. — Ses intrigues. — Ce que le clergé y fait. — Elle est sans influence sur la nation.

A la première restauration, la cour impériale disparut en un clin-d'œil ; une autre prit sa place, ou plutôt se reconstitua de débris anciens que l'émigration ramena, ou que les provinces fournirent. Celle de Napoléon avait été toute d'éclat ou de grandeur personnelle, celle des Bourbons, à son début, fut pauvre, et ne montra d'autre dignité que celle des noms ; il fallut opposer ceux-ci à des gloires vivantes, parler de la renommée des morts, afin d'effacer, s'il était possible, celle des héros qui se portaient bien. Pour mieux dire, il n'y eut point de cour en 1814, mais des réunions d'intimité au château des Tuileries. Toutes les prétentions y revinrent; on se faisait, contre des droits acquis par la victoire, des droits d'une infortune passagère et d'une fidélité contestable. Presque toujours, les services invoqués comme des titres à la faveur avaient été rendus au désavantage de la masse. Il fallait récompenser des amis, ce qui déplaisait à la nation. La position du roi était difficile : Henri IV s'en serait démêlé; Louis XVIII n'eut pas ce bonheur : de là provint la catastrophe de 1815.

Le souverain, dans Napoléon, était accessible à tout le monde; le souverain, dans Louis XVIII, disparut aux regards; il se trouva prisonnier, malgré lui, dans les traditions du passé. Il fallut qu'en ressaisissant sa couronne il reconstruisît les priviléges des grandes charges, que les titulaires exigèrent impérieusement. Napoléon avait cent chambellans, le roi n'eut plus que quatre gentilshommes de la chambre. Une étiquette mal combinée, reposant sur des bases que l'esprit du siècle repoussait, éloigna les hommes capables; il ne resta plus que les grands seigneurs. Ceux-ci tinrent à honneur de montrer à la France qu'ils étaient toujours polis; qu'ils avaient conservé leurs manières, leurs mœurs, leurs habitudes. Il est certain qu'ils entraient dans un salon avec plus de grâce, jouaient mieux avec une tabatière ou avec leurs manchettes que les insolens parvenus qui peuplaient la ci-devant cour; ils affectaient de traiter avec une politesse exquise et cérémonieuse ceux que le besoin de la paix appelait parmi eux, mais en même temps ils savaient les dégoûter par des offenses presque insensibles, si bien qu'ils finirent presque par rester entre eux.

La vieille cour, une fois dans le château, s'y établit comme dans son héritage, et ne tarda pas néanmoins à s'apercevoir que tout avait changé de face; que le temps passé n'était plus. Elle ne possédait pas la richesse territoriale; elle était pauvre, mesquine, allait à pied ou dans des voitures délabrées; les marchands ne lui faisaient pas crédit. En vain elle étalait le bon ton d'autrefois, la nation n'en tenait aucun compte et méprisait les frivolités : lui parlait-on d'aïeux célèbres, elle demandait des illustrations du jour; elle prétendait que les héros actuels devaient être mieux récompensés que les descendans des héros d'autrefois; on ne respectait plus un nom mais un homme, et le malheur de la vieille cour rajeunie consistait à n'avoir que des noms à offrir.

Je regarde comme une fatalité cette disette de gens habiles dont la restauration fut frappée. Il est à remarquer que, depuis 1814, l'ancienne noblesse, dans ses sommités, n'a pu présenter à la France un seul personnage digne d'entrer en lice avec les célébrités honorables de l'empire et de la république. Une longue paix avant 1789 avait mis obstacle à ce que des mérites imminens sortissent des rangs de la courtisanerie, soit dans l'armée, soit ailleurs. On est effrayé de la solitude de talens et de grands caractères au milieu de laquelle Louis XVIII se trouva lorsque les ex-serviteurs de la couronne de son frère se groupèrent autour de lui. Les gens titrés n'y manquaient pas, mais où étaient les gens capables? où trouva-t-on une tête en état de diriger les affaires à la manière des Sully et des Richelieu? Des courtisans, encore des courtisans, rien enfin que des courtisans. Il y avait là des fidélités très-respectables sans doute, mais, sans aucune renommée européenne : on ne voyait qu'inhabileté auprès du trône.

L'émigration fournit de nombreux élémens à cette cour; il en revint de petits grands hommes enrageant des malheurs dont ils étaient la cause, et fâchés contre l'Europe de ce qu'elle ne les avait pas fait rentrer plus tôt; ils se regardaient comme les seuls nobles, les seuls pairs, les seuls méritans : tout devait être pour eux, tout leur appartenait légitimement; leurs yeux presque éteints ne pouvaient supporter la gloire des armées impériales et républicaines. Ils appelaient leur jalousie, amour de la royauté, et dédaignaient des exploits qu'ils n'avaient pu égaler. L'émigration était d'autant plus exigeante qu'elle avait une haute estime d'elle-même. Il n'était pas un de ses membres qui ne crût la France hors des frontières lorsqu'il était lui-même à l'étranger, et qui, comme Sertorius, ne s'écriât cent fois :

Rome n'est plus dans Rome, elle est toute où je suis.

Plusieurs, allant plus loin, voyaient dans la nation un ramas de rebelles, de séditieux encore arrogans; ils demandaient leurs biens vendus, leurs droits, leurs priviléges; il leur fallait leur universalité, et jusqu'à la terreur que leur flamberge inspirait jadis aux manans de leurs villages. Ces gens de mauvaise humeur peuplèrent la cour du roi; il s'y joignit une quantité de nobles cachés dans l'intérieur, pendant les orages de la révolution, sous leur nullité ou dans la bassesse de leurs actes civiques, ou qui s'étaient traînés à plat ventre devant les proconsuls de la convention ou les fonctionnaires de l'empire; ils accoururent aussi reprendre leur place et demander le prix d'une fidélité long-temps et lâchement suspendue.

De vieilles femmes rapportèrent aux Tuileries la tradition et l'exemple des mœurs d'autrefois, et une aigreur de leurs infortunes récentes ; elles demandaient compte à la révolution de leur décrépitude et de ce qu'elles avaient passé le reste de leurs belles années dans la misère, l'exil et la peur. Ce fut leur véhémence qui sépara promptement les deux cours. Elles ne voulurent entendre à aucun accord avec la cour précédente ; elles honnirent surtout les femmes de celle-ci, à qui on reprocha leur naissance, leur famille, leur éducation, leurs manières ; on les bafoua si bien qu'il ne resta plus aux Tuileries que le petit nombre dont les maris, investis encore de hautes charges militaires, inspiraient quelque crainte, et que par conséquent on ménageait à demi.

La cour ainsi constituée fut chétive et sans splendeur ; elle se perdit au milieu de la foule des étrangers venus en France depuis la restauration : on lui prodigua les plaisanteries, les épigrammes ; elle laissa dire, et fit son chemin. Le clergé ne fut pas le dernier à réclamer son rang. Le clergé, sous Napoléon, remplissait les fonctions sacerdotales ; les évêques ne sortaient pas de leurs diocèses, ils envahirent le château dès le retour du roi, qui fut le triomphe de l'église et l'âge d'or des prêtres. Les cardinaux, les hauts dignitaires de l'ordre clérical recommencèrent leurs brigues, parce qu'ils connaissaient ce qu'ils avaient à faire, et chacun travailla entièrement à relever son autorité, ce que l'on fait toujours pour la plus grande gloire de Dieu.

Les choses demeurèrent ainsi jusqu'aux cent jours. Après cette époque désastreuse, la cour pouvait peu à peu regagner ce qu'elle avait perdu; elle mena sa barque de manière à redevenir riche; et, quand ceci fut consommé, elle travailla à se faire puissante. Or la puissance de la cour ne s'obtient que par l'abaissement de la royauté et par la misère du peuple. L'olygarchie est un monstre qui dévore les princes et les nations. La cour moderne entama une suite d'intrigues, de trames maladroites, qui, par leur persistance, firent un mal infini. La cour grandit dans l'opinion publique, parce qu'on vint à la craindre. On la vit s'essayant à briser le nœud sacré de la Charte, tâchant d'inquiéter le roi pour le déterminer à abolir lui-même l'œuvre de sa sagesse. Elle n'adopta rien de ce respect profond pour le souverain, de cette mesure parfaite, en usage au temps de Napoléon, de cette soumission entière à ses volontés; on s'éleva très-respectueusement contre la volonté de Louis XVIII, sous prétexte de défendre les vrais intérêts de ce monarque. Ce fut un diminutif de la fronde bataillant dans les salons et non dans les rues, et s'attribuant la victoire parce qu'elle était parvenue à entr'ouvrir la porte du cabinet royal.

Où l'obéissance réelle n'existait pas, on parlait néanmoins de fidélité passive ; on emprunta à l'hypocrisie religieuse le masque de feu monsieur Tartuffe, on s'en fit un voile contre le regard du roi. Ceux qui se prétendaient les plus dévoués entrèrent le plus avant dans la cabale, et l'on agita tout, quoiqu'on fût incapable de rien soulever. Les ressorts étaient sans force, les intrigues trop mal ourdies ; des pygmées entreprenaient une tâche de géant.

Ces attaques perpétuelles, mystérieuses, et la part que le clergé y prit ; le besoin renaissant d'accroître et de consolider des fortunes non encore affermies, détournèrent la cour des plaisirs bruyans. La santé du roi ne le portait pas à provoquer les fêtes, et loin du maître le courtisan n'aime pas à se divertir ; d'autres soins l'occupent. Madame la Dauphine, renfermée dans son intérieur, toute à ses souvenirs et à ses larmes, préférait de saintes cérémonies à des bals joyeux. Son auguste époux, cherchant à ramener les partis, et à les fondre dans une seule opinion, parcourait, à cette intention, les provinces du royaume. Le jeune couple qui venait après eux ne pouvait à lui seul animer une cour que les circonstances voulaient grave et sensée; aussi dansat-on peu sous le dernier règne; on s'en dédommagea par des intrigues et des complots. Les Tuileries ne brillèrent donc pas de la splendeur que Napoléon y avait amenée; tout contribua à cette éclipse, soit les causes que je viens d'exposer, soit celles que la prudence me commande de taire; car je sais où finit la liberté d'écrire, et où commence le respect dû aux chefs d'un gouvernement.

Enfin il y eut dans cette cour débutante des prétentions sans nombre que rien du présent n'appuyait. Elle ne se donnait de l'importance qu'en se rejetant dans le passé, d'autant plus téméraire qu'elle était éminemment faible. Elle tenta de ramener les Français vers des institutions dont ils ne voulaient plus, et elle s'y essaya sans moyens suffisans pour marcher avec succès dans cette route, et sans bras assez robustes pour renverser les obstacles que la nation lui opposait.

Cette cour a pris maintenant un autre aspect; elle est bien assise, elle est triomphante; elle avance vers son but, sans trop se flatter de l'atteindre. Ce qui la désespère, c'est qu'on ne veut pas lui tenir compte du passé, et qu'on lui demande des actes honorables, tandis qu'elle s'obstine à renvoyer aux actes de ses aïeux; elle est paresseuse, parce qu'elle est vieille. La nation est jeune de force, et la cour est décrépite; elle voudrait achever sa conquête sans se fatiguer, elle sent que cela est impossible, et c'est de cette persuasion que vient sa colère. On serait assez disposé à s'accommoder avec elle, à la laisser autour du roi, mais à la condition qu'elle prendrait l'esprit du siècle, qu'elle réglerait ses dépenses, ne dévorerait plus les revenus de l'état, s'instruirait des lois nouvelles, tâcherait de valoir par elle-même, renoncerait à ses préjugés, et serait enfin la cour du roi selon la Charte. Elle veut, au contraire, être la cour d'autrefois, celle du bon plaisir, des abus, des dettes, du fanatisme, des lettres de cachet, du mépris pour le mérite sans titre : il lui faut la fortune publique, tous les honneurs, toutes les charges, des serfs et non des citoyens : elle se considère comme une nation à part, ce sont les Francs rêvant l'asservissement des Gaulois, folie qu'elle n'obtiendra jamais. Elle usera sa force factice avant le terme naturel de sa vieillesse, et un beau jour, où elle aura cru donner le dernier coup de collier, elle sera jetée par terre, écrasée du poids de la nation, qui élevera sur le pavois de Pharamond un roi chéri, délivré des vampires qui le dévorent.

Autrefois, dans la cour des rois de France, on méprisait la roture, les financiers, les gens de robe, les administrateurs, les officiers de fortune ; on le leur témoignait sans aucun ménagement ; maintenant on les craint, ce qui fait qu'on les flatte. Il ne sortira pas de la bouche d'un courtisan une parole offensante qui puisse être entendue ; loin de là, il se montrera poli, affectueux, constitutionnel s'il le faut, quitte à se dédommager dans l'intérieur du château où l'on est véritablement entre soi. Plus la cour va, plus elle s'isole. En 1814, elle admit des gens dont elle ne voulait pas : la nécessité l'exigeait, on se soumit ; mais depuis on tâcha de ne plus se mésallier. On se séquestre, et on devient tellement inconnu au reste de la France, qu'aucune personne honnête entre celles qui ne vont pas au château ne saurait nommer les familles ducales et moins encore celles qui ne sont pas titrées. Savez-vous pourquoi ? c'est que dans ces familles il n'y a plus que des noms. Le peuple ne garde dans sa mémoire que le souvenir des actions brillantes de l'époque et des grands services contemporains rendus au royaume. Or, comme la cour est étrangère à cette gloire, on l'ignore, on l'oublie, et par suite on la dédaigne. Quand Napoléon se montrait environné de la sienne, le dernier bourgeois de Paris était instruit de ce qu'avaient fait les Lannes, les Murat, les Bernadotte, les Masséna, les Cambacérès, les Daru, les Chaptal, les La Grange, les Laplace; que voulez-vous qu'il sache des d'Aumont, des Duras, des Polignác, des Rohan, tous honnêtes gens sans doute, mais qui n'ont pu ou n'ont su faire parler d'eux? Ce sont à ses yeux de grands seigneurs sans lauriers militaires, sans gloire, sans illustration personnelle, enfin des êtres de raison. Il ne les hait ni ne les aime ; il les voit avec indifférence, comme des inconnus que l'on rencontre sans y faire attention, et auxquels on ne songe plus dès qu'ils sont passés.

C'est à cette cause permanente des malheurs du temps qu'il faut attribuer l'indifférence du peuple pour la cour; il n'admire que la somptuosité des équipages, sans s'occuper de ceux qui sont dedans. En demande-t-il par hasard les noms, on les lui dit, et ces noms ne lui apprennent rien; ils ont pu être fameux autrefois, mais leur splendeur s'est entièrement dissipée sur la tête de ceux qui le portent aujourd'hui, tandis qu'aux noms de Masséna, de Macdonald, de Kellermann, son attention est éveillée; il porte sur ces héros un regard avide, et court un peu plus loin pour revoir encore ces braves, l'épée et le bouclier de la patrie. La cour ne veut pas admettre cette vérité pénible; elle prétend que le passé doit répondre du présent; elle accuse les Français d'ingratitude, comme si ses pères avaient servi le peuple pour lui : pas un n'y songea ; ils voulaient de l'argent, la faveur du monarque, la célébrité. Que viennent-ils demander maintenant à ceux que l'on comptait pour rien? Je crains que la cour ne soit mécontente de la part qu'on lui fait; elle le sera jusqu'au moment où les jeunes gens qui en font partie se seront rendus utiles et agréables à la nation. Alors, couronnés des lauriers de la gloire, on les vénérera, car les temps sont passés où l'on comptait les hommes, non par eux, mais par leurs ancêtres. Cette façon de les classer était commode à la paresse de quelques-uns, celle d'aujourd'hui l'est à l'avantage de tous.

J'ai raisonné ici dans une hypothèse générale; je ne me suis point occupé des exceptions à faire ; je sais qu'il y en a. La cour actuelle possède des gens de mérite et de grandes vertus : ils y sont en petit nombre, et je n'ai pas dû prendre la partie pour le tout.

CHAPITRE XIX.

SUITE DE LA COMÉDIE FRANÇAISE.

Le comité. — Ses réglemens. — Sa conduite envers les auteurs. — De la politesse des comédiens. — Mmes. Duchesnois. — —Paradol. —Valmonsey. — Bourbier. —Bourgoin. —Levert. Dupuis.—Hervey. — Demerson. —Dupont.—Desmousseaux.— Mante. —Despréaux.

L'administration de la Comédie-Française est un chaos qu'on ne saurait débrouiller, un labyrinthe dont on ne sortirait pas, lors même qu'on tiendrait en main le fil d'Ariane. Nul n'y commande. A entendre les sociétaires, il n'y a ni règle, ni loi, ni maître, ni autorité; pressez-les, attaquez-les, soudain il naît de toutes parts des autorités, des maîtres, des lois, des règles; on rappelle jusqu'aux règlemens de Louis XIII. Si bien que lorsque les provinces, les corporations, les communes, la nation, le roi lui-même, ont perdu leurs priviléges anciens, ceux de la Comédie-Française auraient été seuls maintenus. Cette prétention absurde me rappelle un vers d'une comédie :

Mes aïeux ont sauvé leurs titres du déluge.

Or, quelles sont les chartes qui régissent ce théâtre ? nul ne les connaît en masse, et chacun en exhibe un fragment toujours applicable au cas et toujours au détriment de celui qui réclame. Je défierais Tribonien de sortir de cet antre victorieusement ; on vous renvoie de Pierre à Paul, de Jean à Jacques. En certaines occasions le commissaire du roi est un géant et un dieu redoutable, et en d'autres ce n'est qu'un nain dont on se moque : le comité d'administration a tantôt l'omnipotence d'un jury légal, et tantôt prétend que ses mains sont liées, non moins que celles d'un ministre du roi par la Charte constitutionnelle, quand le ministre n'a pas un intérêt particulier à la transgresser.

Ce comité si fort et si faible, ou plutôt si fourbe et si retors, fait le désespoir des auteurs et de tous les débutans qui ont du mérite ; le mot de justice lui est en horreur et le talent qui commence lui est odieux : ses règles réelles sont le caprice, l'intrigue, enfin tout ce qu'on veut, hors l'équité. On ne se le rend favorable que par une continuité de bassesses indignes d'un homme d'honneur ; le plus lâche, le plus rampant a du crédit auprès de lui ; il aime à humilier le génie et à exalter la sottise ; l'esprit, la supériorité littéraire l'offusquent : plier devant les hommes qui le composent, plaire à la seule femme qui en fasse partie, voilà le moyen de réussir et de se faire jouer souvent aux Français.

Je n'entrerai pas avec vous dans la série des outrages, des humiliations, des dégoûts dont sont abreuvés des gens de lettres dans l'antre de la Comédie-Française, ceux qui ne sont jamais venus à Paris ne me comprendraient pas. Pour s'exposer à tant d'affronts, il faut une dose d'orgueil comme celle de M. A..., ou un amour effréné de la célébrité. J'ai vu des auteurs honorables pleurer de rage en me racontant ce qu'ils avaient eu à souffrir. Et moi, pour toute consolation, je me moquais d'eux, les accusant de me faire des récits sans véracité ; il ne m'était pas possible d'imaginer que l'impertinence pût aller aussi loin d'une part, et la patience s'étendre autant de l'autre.

Vous penserez peut-être que les membres de ce comité sont individuellement ce qu'ils sont en masse? détrompez-vous. La plupart sont honnêtes et presque polis ; je dis presque, parce qu'ils ont en général la politesse superbe et froide des chefs de bureaux dans les ministères. Ils reçoivent bien, mais avec le désir évident d'éconduire bien vite; votre présence les embarrasse, car ils craignent de s'engager ou de lâcher un mot dont on pourrait profiter. A part cela, les complimens, les paroles dorées ne manquent pas ; ils accompagnent jusqu'à la porte de l'antichambre, jusque sur l'escalier, ils serrent la main, ou vous appelle *cher ami*. J'ai appris qu'un acteur des Français, dans son aimable gaîté, fournissait sa part d'une conversation en récitatif de grand opéra.

Dieu donc vous préserve, et moi aussi, de nous trouver, pour notre intérêt dramatique, en présence des comédiens français! il vaudrait mieux se livrer aux travaux les plus pénibles, que de leur apporter un ouvrage quelconque. Ce ne sont là, cependant, que les douceurs de leur commerce; les grandes tribulations commencent lorsque la pièce est en répétition : alors les furies du tartare ou les démons de l'enfer, comme on voudra, s'attachent, sous la figure de ces *messieurs* et de ces *dames*, à torturer un pauvre auteur. On m'a conté à ce sujet des choses si étranges qu'elles dépassent toute imagination. Les persécutions, les supplices sont si permanens, si variés, que c'est à en perdre la tête : le saint le plus patient s'y damnerait.

Ces *messieurs*, me direz-vous, sont donc bien tracassiers et ces *dames* bien malicieuses? Elles sont pourtant charmantes, si leurs portraits ne sont pas menteurs. Oui, mon ami, elles sont charmantes. La tragédie a pour remplir ses principaux rôles l'éternelle demoiselle Duchesnois, qui débuta à vingt-cinq ans en 1800 : c'était alors et c'est encore une grande fille fort bien faite, à la voix sonore et douce, et à quelques inspirations de sensibilité que lui fournit son cœur : mais dans trente ans d'exercice de son emploi, elle aussi est restée stationnaire; une singulière difficulté à comprendre l'a arrêtée dans sa carrière. Maintenant ses qualités disparaissent et ses défauts augmentent. Ce n'est pas que parfois elle ne retrouve des éclairs de son talent, elle enlève alors les applaudissemens. Elle joue dans la perfection le rôle de *Phèdre* et celui d'*Ariane*; elle a des momens superbes dans *Marie Stuart*, et elle est admirable dans la *Jeanne d'Arc* de M. d'Avrigny. Elle pourrait être utile à la Comédie-Française, mais la persuasion qu'elle a de sa supériorité sur ses rivales, ses forces qui s'épuisent, sa déclamation toute de l'ancienne école, sa haine pour la tragédie romantique qui a son beau côté, nuisent à ses qualités. On ne peut la conseiller, elle n'entend pas les observations qu'on lui adresse.

Après mademoiselle Duchesnois, vient madame Paradol; trop jolie en vérité pour une actrice tragique, elle a des qualités précieuses qui la font chérir tendrement de sa famille et de ses amis. Jamais reine ne fut plus majestueuse : elle est sublime dans *Sémiramis*. Elle a le bon esprit de dédaigner les larmes continuelles : elle joue avec franchise et rondeur; sa voix est sonore, ses gestes bien entendus, mais parfois trop brusques; elle débite à merveille quand elle s'écoute, et avec trop d'impétuosité quand elle s'abandonne aux mouvemens d'un rôle passionné. Il est impossible de mieux rendre qu'elle ne fait *Athalie*, *Agrippine*, *Cléopâtre*, *Emilie*, *Hermione*. Sa beauté charme, et son talent entraîne.

Un beau corps, une figure sévère et froide avec des traits d'une pureté remarquable, une voix sourde et saccadée, des gestes durs et parfois à contre-sens, des intentions de profondeur sans réflexion, un art d'occuper la scène sans la remplir; voilà ce qu'on peut dire de madame Valmonsey, qui a le tort d'être une bonne actrice, sans que le public s'en aperçoive. Madame Valmonsey a une jolie main, une chevelure magnifique, une tournure noble, et parfois d'heureuses inspirations; mais habituellement elle ne peut mettre son âme en dehors, et tout en voulant paraître chaleureuse, elle glace le spectateur.

Deux mots sur la jolie et toute intelligente mademoiselle Bourbier, un seul sur madame Tousez, confidente qui n'est pas sans mérite, et j'aurai fini avec la tragédie..... j'aurai fini, que dis-je! est-il possible que j'oublie mademoiselle Brocard et madame Menjaud, et surtout mademoiselle Bourgoin ? Celle-ci a été la plus folle, la plus agaçante, la plus jolie femme de son époque : elle est encore charmante, vive, espiègle, hardie, pétulante; elle a dans le caractère le feu qui brille dans son regard. Elle plaisait tant, qu'on la trouvait actrice parfaite. Jamais princesse ne fut plus adorable ni plus adorée : le public était à ses pieds comme Orosmane à ceux de Zaïre. De l'esprit, de la grâce, assurèrent les triomphes de mademoiselle Bourgoin.

Le moyen d'être sévère avec la sylphide Brocard? Comment, à l'aspect de cette tête divine, de ces beaux yeux, de cette belle bouche, de cette peau si éclatante de blancheur, deviner une âme de glace? Elle a une voix si flatteuse, des regards si doux! Mais là s'arrête l'éloge. Il faut ajouter : travaillez plus encore, essayez d'acquérir, par votre opiniâtreté, un vrai talent dramatique, en harmonie avec les dons que la nature vous a départis.

Cette nature, combien elle a été injuste envers madame Menjaud! elle a placé une âme grande et forte dans un corps frêle; elle y a mis de l'intelligence, de la finesse, de la vigueur, et l'a privée en même temps des moyens physiques nécessaires au développement de ces rares qualités. Madame Menjaud est bien dans presque tous ses rôles; elle joue divinement celui du page *Chérubin*, et au fond de mon cœur retentit encore le cri terrible, le cri déchirant que la présence de la mort lui arrache dans le *Cid d'Andalousie*.

Le nom de mademoiselle Leverd se présente le premier à moi quand je passe de la tragédie à la comédie. Est-ce parce que cette actrice a un talent assez souple pour jouer les deux genres? Elle aurait eu de grands succès dans le premier si elle s'y fût livré de bonne heure. Quelques essais heureux l'ont prouvé. Elle a obtenu de justes applaudissemens comme actrice comique; et chaque jour elle fait un pas de plus dans les profondeurs de cet art: elle a de l'âme, c'est beaucoup; de l'intelligence, ce n'est pas moins; elle échauffe la scène et sait en même temps exciter le rire; elle n'escamote point les larmes où il faut pleurer, car elle a aussi des larmes que son cœur lui fournit; enfin elle sent ce qu'elle dit. Dirai-je qu'elle est belle? à quoi bon? Elle est excellente actrice; cela vaut mieux. Sa taille, qui se perd, la dépare; celle de mademoiselle Contat était plus forte, et elle fit les délices de la scène jusqu'à ses derniers momens.

Mademoiselle Dupuis n'est pas moins gracieuse que spirituelle; elle joue les *grandes coquettes*, mais avec plus de manière que de vérité; souvent elle manque l'effet par trop de soin à le chercher : son aisance n'est pas toujours celle de la bonne compagnie; elle a néanmoins beaucoup de talent. Elle plait au public par une certaine minauderie, et par le piquant avec lequel elle lance le trait.

Madame Hervey, agréable actrice, et qui fit les beaux jours du Vaudeville, apporta au Théâtre-Français, dans les rôles de *jeune mère*, la maturité d'un talent tout de sensibilité et de réflexion : elle dit bien, sent ce qu'elle dit, phrase le vers à merveille, et ne recueille pas toujours les applaudissemens qu'elle mérite.

J'ai vu mademoiselle Devienne, soubrette consommée, et je vois après elle avec plaisir mademoiselle Demerson. Celle-ci a autant de naturel que de vivacité et de mordant; lorsqu'elle fait les *servantes* de Molière, elle est parfaitement dans l'esprit de ce rôle : franchise, naïveté, rondeur, rien ne lui manque, et sa figure expressive peint encore bien ce que sa bouche dit avec intelligence. Son émule, mademoiselle Dupont, possède une partie de ses qualités ; sa gaîté naturelle est entraînante ; elle fait rire aux éclats, parce qu'elle rit elle-même de bon cœur : ses yeux brillans pétillent de gaîté et de malice.

Mademoiselle Desmousseaux a pris bien jeune encore les rôles de *vieilles femmes* : elle les remplit avec un art consommé. Elle a l'intelligence de son père et les inspirations de la nature. C'est encore une de ces actrices envers lesquelles on n'est pas juste, et que le public vulgaire n'apprécie point à leur valeur.

Il faudrait varier les formes de l'éloge, et il est bien difficile de dire combien sont jolies mesdemoiselles Mante et Despréaux. La première n'a pas réalisé les espérances de ses débuts : il est à désirer que la seconde ne s'arrête point après le premier pas.

CHAPITRE XX.

MACÉDOINE POLITIQUE.

La persécution-Laurentie. — Intrigues-Martignac. — Retrait de la loi départementale et communale. — Effet qu'il produit sur la Chambre des députés. — M. le marquis de Lanfranchi annonce sa résolution de ne plus retourner à Pise, sa patrie.

Je crois vous avoir mandé combien peu je comptais sur le nouveau ministère, chargé du soin de succéder à celui si *déplorable* dont la sagesse du roi délivra la France l'an passé. Je ne comptais guère, avec ma vieille expérience, que sur des gens honnêtes sans doute, mais non pas assez forts pour soutenir à eux seuls le poids du combat contre une cour qui, hors ses sommités, ne veut pas de la Charte. Une gauche extrême qui demande, au delà des dernières mesures, des palliatifs, une loi bonne touchant la liberté de la presse, une autre non moins louable sur le matériel des élections : voilà tout ce que l'on a obtenu jusqu'à ce jour de ces Excellences fort embarrassées de leur position. Tout cela n'atteint pas le but, et l'avenir m'intimide ; je ne sais ce qui se prépare : je crains ce que je n'aperçois pas.

Le parti fanatique vient de jouer une parade extravagante qui aurait été risible dans sa fureur exagérée, si le danger de sa suite n'eût été incalculable. Vous savez que, depuis 1814, des jésuites, des ultra-montains et le parti prêtre se sont mis à la tête de l'instruction publique ; elle leur appartenait, en dépit de la clameur générale ; et, soit par les petits séminaires, soit par les écoles privilégiées, ils s'étaient affranchis du joug universitaire. Les fonctionnaires, qui savaient combien ils plaisaient à des personnages éminens, leur confiaient l'éducation de leurs fils.

La jeunesse française était infectée de maximes anti-nationales qui tendaient toutes à lui faire détester les lois de son pays, et à ne respecter le roi qu'après le pape ; on l'endoctrinait au profit de la superstition, on la façonnait pour l'esclavage, on la préparait à devenir la très-humble servante de l'Église et de la noblesse.

Cet acte patent de félonie envers la royauté et le peuple frappait tous les yeux : des plaintes s'élevaient de toutes parts; on demandait que les jésuites étrangers fussent renvoyés et les séminaires rendus à leur destination primitive, celle de préparer au sacerdoce par des études purement théologiques, sans mélange d'éducation mondaine. On ne put jamais obtenir cet acte de justice du ministère *déplorable* : son alliance était trop intime avec les assassins de Henri IV, pour qu'il se décidât à les écarter. Le ministère Martignac s'est décidé à cette mesure juste et sage. Tout à coup un cri de douleur, de rage et d'insolence s'est fait entendre; la *Quotidienne* a jeté feu et flamme. L'un de ses rédacteurs, M. Laurentie, qui dans un de ses ouvrages, a qualifié les massacres de la Saint-Barthélemi *de rigueurs salutaires*, a pris la défense des jésuites, de l'ultramontanisme, dans une série d'articles furibonds, et dont le premier était un crime : jamais, depuis quinze ans, on n'avait attaqué la majesté royale avec plus d'audace et de déchaînement; le roi était comparé à Néron, à Dioclétien persécuteurs. Cela fut une bagatelle pour M. Laurentie; et cependant le parti qu'il représente avait tant de force qu'on n'osa le poursuivre, et que l'impunité fut assurée à son attentat.

La religion était outragée, égorgée, anéantie; les prêtres étaient en fuite ou livrés aux bourreaux; une pauvreté affreuse frappait le clergé : on en donna pour preuve les cardinaux français insultant impunément les divers ministères, et le malheureux prince de Croy, archevêque de Rouen, qui recevait à peine deux cent mille francs du trésor royal. *Le pauvre homme !* s'écriaient ces Orgons, il est vraiment à plaindre. M. Laurentie mentait avec tant d'impudence qu'on s'y trompa : il eût été si aisé de le convaincre d'imposture ! Chacun voyait les prêtres riches ou du moins aisés, respectés, et qui pis est redoutés; on environnait l'Église d'hommages, de pompe et de luxe; les titres, les dignités, les décorations pleuvaient sur ses membres; leur crédit était grand à la cour et gigantesque dans les provinces. La plainte était donc fausse, la persécution imaginaire, et l'état de bien-être réel. Il fallut cesser ces jérémiades ridicules; elles tombèrent, et l'on n'en parla plus.

Cet acte de vigueur épuisa les forces du ministère; il ne lui en resta plus pour tenir ferme dans la suite; bientôt même il se divisa. Le comte de la Ferronnays, par prudence, ou véritablement pour cause de maladie, se retira et alla chercher le repos ou la santé sous un autre ciel. Alors MM. de Martignac et de Portalis imaginèrent de prendre à eux seuls le timon des affaires et de succéder ensemble à M. de Villèle ; le Bordelais fin et rusé n'eut pas de peine à séduire le Provençal qui n'y voit goutte : or, pour gouverner en paix, il n'y a qu'un moyen, c'est de s'entendre avec la cour, et la cour veut l'ancien régime. Pour la satisfaire, on trompa le roi ; on lui proposa une loi constitutive, des conseils de département, d'arrondissement et de commune : cette loi en apparence favorable aux intérêts locaux était une déception complète et toute à l'avantage de la noblesse et du clergé ; c'étaient des chaînes cachées sous des fleurs.

Cette belle œuvre qui devait servir de piédestal au vicomte de Martignac était à peine élaborée, qu'elle fut apportée toute chaude à la Chambre des députés, où d'abord on commença par en renverser toute l'économie.

M. de Martignac, quand il vit son travail ainsi réformé, faillit en mourir de dépit ; tous ses rêves d'orgueil s'étaient évanouis. Le pauvre homme en perdit la tête à la première attaque : ce ne fut plus le ministre d'un grand royaume en présence du premier corps de l'état, mais un auteur de vaudevilles, M. Chazet par exemple, exaspéré par un éclat et demandant vengeance à l'univers entier.

M. de Martignac débuta par déclarer que si la loi ne passait pas dans son entier, soudain elle serait retirée. Une chambre ne peut croire à la folie d'un ministre tant qu'une décision médicale ne l'a pas constatée; elle n'imagina pas non plus qu'on voulût la réduire au simple rôle de jeter dans l'urne des boules favorables à tout projet ministériel : en conséquence, sans s'arrêter à la menace, elle passa à la discussion, et débuta par supprimer les conseils d'arrondissement, véritable superfétation administrative. Le côté gauche de la chambre admettait cette proposition, sans se trouver en nombre suffisant pour la faire passer. Elle aurait donc été rejetée, si l'on eût de toutes parts joué franc jeu. Mais l'extrême droite ne voulait pas de l'ensemble de la loi, qui lui était odieuse, car elle consacrait un principe populaire, et elle ne veut de principe que pour l'aristocratie; dirigée donc par le comte de La Bourdonnaye, elle se leva en masse avec le côté gauche, et ce secours inattendu décida du rejet des conseils d'arrondissemens.

J'étais dans la salle de la Chambre des députés le jour de cette séance mémorable, et j'étais placé de manière à bien voir ; je remarquais à ce résultat inattendu la colère douloureuse de M. de Martignac : il fit un bond involontaire sur son banc, et appela près de lui le garde des sceaux ; ils causèrent et sortirent ensemble de la chambre, chacun entendit ce que signifiait cette sortie menaçante. Moins d'une heure après, ces deux ministres reparurent, apportant l'ordonnance royale qui retirait l'ensemble du projet de loi. Jamais coup ne fut porté avec plus de violence et de maladresse. La fureur mesquine des deux ministres se montra dans toute sa petitesse, et l'on vit clairement combien était superbe l'orgueil gascon de M. de Martignac. Il déchira lui-même le voile brillant qui dérobait sa nullité : on vit qu'il faut plus que des phrases et une bouche mielleuse pour faire un homme d'état.

Depuis ce jour, une langueur d'irritation, une tristesse de découragement paralysèrent les travaux de la chambre. Les ministres eux-mêmes n'étaient plus à leur aise : ils voyaient qu'en accédant à ce coup d'état ils s'étaient rendus solidaires de l'impopularité qui frappait MM. de Martignac et de Portalis. On ne fit plus rien dans cette session. On vota le budget de confiance ; l'on eut tort : tout me porte à croire que les espérances présomptueuses de M. de Martignac lui profiteront peu ; que la cour ne lui saura point gré de son dévouement égoïste, et qu'il se sera séparé sans fruit de la nation. Je vois dans les sociétés que je fréquente, force choses que le gros des observateurs ne devine pas ; les intrigues n'ont jamais été plus animées dans le château ; on s'y démène avec une activité effrayante ; on veut autre chose que ce qui est actuellement.

Le ministère vient de clore la session ; il a je crois creusé sa tombe : ce ne sera pas lui, certainement, qui accompagnera le monarque l'an prochain à la cérémonie de l'ouverture des chambres. Puissé-je me tromper ! dans l'intérêt de la France, que je regarde comme ma nouvelle patrie.

Oui, mon ami, c'est avec une douleur profonde que je vous révèle cette triste résolution. Le séjour de l'Italie me serait désormais insupportable ; je ne pourrais y vivre sous une domination étrangère, au milieu des ossemens de mes ancêtres, qui tous combattirent et moururent pour la liberté. L'Italie, depuis que la domination autrichienne la foule de son poids despotique, m'offre l'aspect d'un vaste cachot où l'on étouffe, malgré les beautés qui la parent et le beau ciel qui la vivifie. Que sommes-nous maintenant ? des hommes ? non, des esclaves. Que nous est-il permis ? de boire et de manger, de nous livrer à la débauche ou à la passion du jeu : mais proclamer notre opinion, chercher la protection des lois, répandre les trésors de la pensée, nous élever à la hauteur de notre origine, dédaigner la superstition, repousser la tyrannie, être des citoyens probes, libres et sages, c'est ce qui nous est interdit. On nous passe les vices, on nous défend les vertus; nous pouvons sans contrainte nous faire mépriser de nos compatriotes, nous ne serons pas autorisés à nous en faire estimer. Protection au lâche, à l'infâme, persécution au magnanime et au généreux : quand nous demandons la gloire, on nous présente des chaînes; quand nous invoquons la liberté, c'est le supplice qui nous répond.

De la nation la plus spirituelle, de la nation qui conserva le plus long-temps le feu sacré des beaux-arts et de l'indépendance, qui écarta sans cesse le pouvoir sacerdotal, et qui, mieux que toutes les autres, sut ne voir dans les prêtres que des citoyens, on veut faire une nation de muets, d'ignorans et de sybarites; on éteint l'étincelle du génie de peur qu'elle ne rallume la flamme de la liberté; on veut ramener l'Italie à la barbarie pour qu'elle ne s'indigne pas de sa captivité. Et je consentirais à me soumettre à de telles entraves! et j'envisagerais sans épouvante ou sans fureur l'Autrichien stupide qui nous écrase, qui nous veut inculquer son respect aveugle pour un pouvoir odieux! tant de longanimité ne peut être mon partage; l'exil vaut mieux que l'avilissement, l'exil est riche en illusions d'avenir. Il n'en est plus pour l'habitant de l'Italie : il veut peut-être sa délivrance, mais il la rêve avec effroi; il se craint lui-même; il a peur de sa propre trahison, tant l'inquisition politique lui a enseigné à se méfier de tout. Qu'un ennemi vous dénonce, vous êtes perdu; soyez railleur, on vous traîne en prison; devenez franc-maçon, vous montez à l'échafaud.

Je souffre de quitter ma ville natale, mon berceau, mes parens et ceux qui me sont chers; de renoncer à ces belles campagnes que je foule en esprit encore, et avec délices; de ne plus monter lentement sur cette tour de marbre, penchée, et qui est l'emblème de la chute prochaine de l'Italie; de ne plus entrer dans ce *Campo-Santo* où la mort parle si éloquemment à l'âme mélancolique; de ne plus voir ce fleuve, cet *Arno* superbe roulant ses ondes limpides au fond de nos quais majestueux! Pise, cité sacrée, il y a long-temps que la désolation remplit ton enceinte! Reine de la Méditerranée, la jalousie, l'ambition sacrilége de tes propres enfans ont brisé ta couronne; tu avais subi le joug d'un maître, mais au moins ce maître était Italien; il parlait ta langue, il avait tes mœurs, il connaissait ta gloire, et il la respectait.

Maintenant l'étranger qui domine sur toi et sur l'Italie te méprise, parce qu'il ne peut t'apprécier. Il ignore ton histoire, dédaigne tes grands hommes, et abhorre l'éclat des sciences et des arts; sous sa main de fer, tu acheveras de disparaitre. Mais toi, tour d'Ugolin, monument effrayant d'une vengeance patriotique, reste la dernière debout sur nos débris, et, tant qu'il existera un Pisan, tu lui rappelleras la haine de la tyrannie, et comment on doit châtier les oppresseurs!

CHAPITRE XXI.

UNE SOIRÉE CHEZ MADAME ***.

La maitresse de la maison. — MM. de Lacretelle. — Casimir-Bonjour.—Hugo.—Alfred de Vigny.—Jules Lefèvre. —E... D...— Delatouche. —Jules Jeannin. — Nodier. — Soumet.—Viennet. Bayle. — Delacroix. — Lormian. — Mesdames Bauwer. — Paniais. — MM. de Perseval-Grandmaison. — De Rességuier. — Jouffroy. — Ducis. — Charlet. — Koreff. — De Saint-Chamans.

J'ai passé la soirée d'hier chez une femme aimée de tous ceux qui la connaissent, et qui mérite leur attachement ; elle est aussi bonne que belle; et autant spirituelle qu'elle a de talens variés. Laissez dire la méchanceté; vous savez combien elle est menteuse ; c'est surtout vis-à-vis d'elle qu'il faut faire comme le malade imaginaire avec les comptes d'apothicaires, en rabattre d'abord la moitié, et disputer ensuite sur le reste; et qu'en demeure-t-il, lorsque l'on a tout débattu? pas grand'chose, presque rien, rien, au fond, si l'on s'obstine à tout balancer. Or, cette dame charmante, qu'on a maltraitée parce qu'elle est aimable, que je ne nommerai point par attachement et respect, réunit autour d'elle une société nombreuse, où l'on rencontre tous gens bons à connaître, et d'autres qu'on est bien aise d'avoir vus. Hier, par exemple, son cercle était presque complet, il y avait foule; et ce matin, il me prend fantaisie de vous nommer quelques-uns de ces enfans des arts et de la littérature que j'y ai rencontrés : je débuterai par un membre de l'Académie française, M. de Lacretelle, brouillé pendant un temps avec le public, non à cause de son talent incontestable; mais par suite de son opinion, qu'il ne manifestait pas assez. Un coup d'éclat, une résistance généreuse dans l'Académie française en 1827, contre le ministère déplorable, l'ont rétabli dans une position qu'il n'avait pas perdue, mais d'où l'on écartait tous ceux qui n'expliquaient point franchement leur pensée. Les Vandales du porte-feuille, surpris de son énergie, le dépouillèrent de sa pension et de ses charges; il ne fléchit pas, et éleva sa voix en faveur des Grecs : c'était vouloir se brouiller avec les catholiques de la congrégation.

Il causait hier avec un littérateur qui, jeune encore, a déjà enrichi la scène française de plusieurs bonnes comédies, *les Deux Cousines*, *le Mari à Bonnes fortunes*, *la Mère rivale*, etc. M. Casimir Bonjour a trop de titres pour entrer de prime-abord à l'Académie française; il se repose sur eux du soin de l'y conduire, et dédaigne l'intrigue, qui lui en ouvrirait la porte. L'un de ses émules, M. Delaville, a autant de politesse que de talent : homme du monde, homme de lettres, il brille dans un salon et se fait applaudir au théâtre. Sa jolie comédie du *Roman* étincelle de traits piquans; on arrive à la dernière scène sans apercevoir le vide du sujet, et le plaisir que la pièce a procuré ne permet pas de demander compte à l'auteur du fond léger sur lequel il a brodé cette comédie.

Je rencontrai un Polonais que j'avais vu à Rome, nous nous sommes presque embrassés : Vous êtes pour moi, m'a-t-il dit, une bonne fortune; je suis venu étudier à Paris la nouvelle littérature; on m'assure que ses coryphées affluent chez madame ***; je me suis fait présenter à elle, mais je ne puis lui dire, comme les vieux Troyens à Hélène : « Nommez-nous les chefs des Grecs, et » désignez-les à notre curiosité. » C'est à moi, répliquai-je, à prendre ce soin; la fortune nous sert à ravir. Ceux que vous cherchez sont ici en majorité; vous les reconnaîtrez à leur mine grave et soucieuse. Ils s'observent, s'écoutent parler, se maintiennent dans une représentation perpétuelle, tant ils s'imaginent que le monde est pour eux tout yeux, tout oreilles. Ils ne voient pas qu'ils ont beau lui répéter sans cesse leurs noms, il ne veut en retenir que deux ou trois à peine.

Ce jeune homme moins pâle que frais, aux yeux grands et incertains, est M. Victor Hugo, roi actuel du romantisme; celui auquel il sourit mélancoliquement est le prince héréditaire du genre, le comte Alfred de Vigny, qui a mis tant de poésie dans son roman de *Saint-Marc*; c'est une production remarquable, où il y a de l'observation, du goût et du génie; un commencement et une fin, mais pas de milieu. — Point de nœud, par conséquent. — Non, l'invention d'un tout plein et entier n'est pas facile; des scènes détachées peuvent être le résultat de beaucoup d'esprit; il faut être plus habile encore pour conduire un ouvrage depuis son début jusqu'à sa fin.

M. Jules Lefèvre aborde ceux-ci. Chaque fois que je vois ce jeune homme si pâle, je me rappelle, avec un rire fou, un vers de Lormian à son sujet :

Le clocher de Saint-Marc est tombé sur ma tête.

— Qu'est-ce que le clocher de Saint-Marc? — Un poëme de M. Jules Lefèvre. Voici M. Soulier de Belesta ; il apporte un recueil de poésies assez faible, et une tragédie de *Roméo et Juliette*, qui vaudra mieux. Cet homme qui passe auprès de nous a trop d'esprit pour ne pas faire bientôt quelque grosse sottise. Il désire avoir du génie, et, pour s'en passer, il se fera extravagant ; il pourrait écrire purement et avec goût, il se créera une poésie toute de mots, bizarre et rocailleuse; il tendra à ramener l'art vers l'enfance, il n'y réussira pas. M. E... D... court au ridicule comme si c'était vers la gloire; il cherche les sifflets par spéculation. Son œuvre ne se vendra point, mais elle lui vaudra la croix de la Légion-d'Honneur, afin que M. de Martignac se montre protecteur éclairé de belles-lettres, comme il est tuteur zélé des communes. Celui-là est M. Delatouche ; esprit, malice, malice, esprit, blanc bonnet, bonnet blanc ; c'est la même chose. Dieu nous préserve de tomber sous sa plume enjouée et épigrammatique! Nous en serions étrangement accommodés.

Je vous présente M. de Sainte-Beuve, qui admire Ronsard parce qu'il écrit du même style ; qui pourrait bien faire, et qui déraisonnera en vers, sans avoir non plus trop de bon sens en prose. Il frappe dans la main de M. Jules Jeannin. C'est ici du romantisme de Journal. Ce dernier a publié *l'Ane mort* et *la Femme guillotinée*. *La Quotidienne* en a fait l'éloge, M. Jules Jeannin y fournit des articles. *Le Figaro* en a dit des merveilles; cet homme de lettres en est un des rédacteurs; ultra et libéral selon la feuille à laquelle il travaille; il se pourrait qu'il ne fût ni l'un ni l'autre; il a fait un mauvais ouvrage, sans aucun plan, sans création, dont le style, péniblement travaillé, est une pretintaille clinquantée. On ne trouve là ni caractères, ni art de composition; l'ignoble et l'horrible y tiennent lieu de dramatique; sa gaieté est cadavéreuse : c'est le cauchemar, moins le talent, qui crayonna le fantastique Smarra.

Voulez-vous voir l'auteur de ce dernier et fol ouvrage? Il est appuyé contre la cheminée et cause avec l'habile sculpteur Gayard. M. Charles Nodier joint à du génie des connaissances profondes; il a du goût, et pourtant ne veut pas en avoir, car il donne dans le travers de ceux qui prétendent qu'on doit s'en passer. Érudit et poëte, il est non moins homme d'honneur et de bien. Il est de ceux qui se grandirent en luttant honorablement contre Napoléon; il y a en lui quelque chose du caractère antique, du caractère de ces Grecs, de ces Romains qui cultivaient les sciences et les arts, et qui mouraient pour leur patrie; il aurait fini à Rome ainsi que Lucain, et n'aurait pas flatté comme Sénèque. On jouit de ses talens, et on vénère sa personne.

Mon Polonais m'arrêta ici : « C'en est assez, me dit-il, sur le parti romantique; j'aime mieux que nous finissions avec lui par des éloges que par des critiques. Passons aux auteurs qui n'ont point pris de parti. »

» — En voilà un qui flotte entre deux extrêmes, qui est romantique dans ses paroles et classique dans ce qu'il écrit; qu'on voudrait croire franc dans ses admirations pour le nouveau genre, mais dont le style élégant et pur dément la sincérité des éloges qu'il donne. M. Soumet a dans son âme le feu sacré, son vers est poétique; il a de la sensibilité et de la profondeur, mais il ne peut voler avec ses ailes, il lui faut un appui avec lequel il s'élève bien haut; son caractère est noble; il est pieux sans forfanterie, et aime ses amis quoiqu'il les néglige; et ceux que parfois il oublie, ne s'éloignent jamais de lui. Bon fils, bon père, il suit la route de l'honneur; elle a été celle de la fortune; le fait est rare, je le signale.

» Je vous présente M. Viennet, député et poëte; il a une rudesse de verve qui vaut mieux peut-être que des phrases sonores; il attaque avec indignation les travers, les vices et les crimes; on peut ne pas aimer son talent, on doit en estimer l'emploi ; il n'a jamais flagorné la tyrannie, il a combattu le despotisme et la superstition ; il y a de la vertu dans ses vers, et son indignation est bien souvent de la poésie.

» Voici venir M. Bombey ; il est gros et il a de l'esprit ; c'est pour démentir le proverbe. M. Bayle est auteur d'*Armance* ou *les Salons de Paris*, roman dont le héros est dans une position singulière et l'héroïne encore plus. M. de Stendal, gentilhomme sans doute, et fanatique de Rossini, dont il a écrit la vie, a voyagé en Italie, et en a parlé avec autant d'originalité que de goût.

« Mais, me dit mon Polonais, vous me parlez de trois hommes, je n'en vois qu'un. » — Aussibien, répondis-je, c'est une trinité littéraire que je vous présente : MM. Bombey, Stendal et Bayle sont le même individu qui, par fantaisie, calcul ou besoin, se cache sous deux noms d'emprunt, quoiqu'il pût paraître honorablement sous le sien ; il a besoin d'être vrai et sincère ; c'est un caprice qui n'appartient pas à l'époque, et auquel on ne peut se livrer qu'en se déguisant. Il ne veut pas rencontrer dans le monde, où il lui plaît d'aller, des visages de mauvaise humeur et des regards qui le gourmanderaient de sa franchise : il est donc MM. Bombey et Stendal pour ceux-là. Sa malice spirituelle a ses franches coudées sous un titre pseudonyme ; et, sans attirer sur soi des haines rigoureuses, il a le plaisir de ne pas dissimuler sa pensée.

» Je vois auprès d'une des croisées un artiste, habile peintre s'il l'eût voulu, et qui n'est que peintre bizarre, parce que cela lui a convenu davantage. M. de Lacroix est le chef du romantisme en peinture, le champion du laid, l'ennemi du beau ; il fait des spectres et des brigands de toutes les figures qu'il dessine ; les couleurs qu'il jette sur une toile semblent être des échantillons de marchand, et point le résultat du travail de l'artiste ; il revient au point de départ de Boucher par une route différente : Boucher affadissait, lui exagère. La confusion est pour lui de l'ordre, le maniéré de la nature ; il la voit toujours tortionnée et jamais en repos ; il remplace le génie par le calcul ; il cherche péniblement l'effet qu'il veut produire, et ne le rencontre jamais dans une inspiration dont il se défierait. Il a tant d'esprit qu'il en est dangereux ; ses sophismes sont parés de beaucoup d'éclat ; il n'a pu être vrai, il s'en passe ; il est singulier : ceci lui convient. Il a eu le malheur de former une école et d'égarer un homme de mérite, le jeune Sigalon. Le commun de ses disciples sont des gens qui sont persuadés que l'on peut être peintre sans étudier la nature, ainsi qu'il y en a qui se croient poëtes sans imagination et sans pureté.

» Que j'aime mieux M. Steuben, Russe de naissance, que la France et l'Italie envient, et dont le goût exquis connait néanmoins l'art de suivre une route non battue. Il est assis sur ce sopha avec le brillant Heim et ce Gudin, dont le pinceau fougueux imite la nature sans chercher à l'embellir.

Le Polonais prend la parole: « Voudrez-vous, me dit-il, visiter le Musée du Luxembourg; vous me paraissez un *dilettante*. » — Je suis.... j'étais Italien, répliquai-je; les beaux-arts, s'ils ne me consolent pas de mes infortunes et de l'oppression de ma patrie, m'aident au moins à en supporter l'amertume; oui, nous irons ensemble au Luxembourg; et vous, Orlandi, à qui je n'ai décrit qu'à moitié ce que ce palais renferme de chefs-d'œuvre, vous aurez le procès verbal de course, qui achèvera de m'acquitter de ce que je vous dois sur l'état actuel de la peinture en France. Aujourd'hui je me maintiens dans le salon de la dame qui en fait si bien les honneurs. Elle recevait en ce moment madame de Bauwer, auteur de quelques jolies comédies; et madame Paniais, qui fait des romans pour améliorer les mœurs du peuple, et dont les écrits sont empreints de ses vertus privées.... Je regardai en ce moment M. Bombey; il riait; sa gaieté me gagna, elle enfanta chez moi la malice. Je dépéçai deux ou trois auteurs subalternes dont je vous épargne les noms, car vous ne connaîtrez jamais leurs ouvrages. Ma critique était épuisée, lorsque je dis au compatriote de Kociusko.

« J'aperçois un académicien qui vient de doter la France d'un poëme épique, fruit de vingt ans au moins de travail et d'étude. M. Perseval-Grandmaison, en digne patriote, a choisi un sujet français, la bataille de Bouvines. Si des créations neuves, attachantes, pittoresques, sont du génie, il y en a dans cette production supérieure. Le chant de l'*Interdit* est l'un des chefs-d'œuvre de la littérature moderne. M. Perseval cultive aussi la peinture; il fit partie de l'expédition d'Egypte, et je suis étonné qu'il ne chante pas ce sujet.

» Le comte Jules de Rességuier cause avec lui; il a l'élégance d'un petit maître, et l'esprit qui tient lieu de génie; il assiste au conseil d'état, fait des vers fort agréables; n'est ni classique, ni romantique, mais entre deux; il tient à l'un par son goût, à l'autre par sa sensibilité; et, comme il est bien avec tout le monde, nul ne se soucie d'être hostile envers lui.

Madame Gay, et sa belle et poétique fille, vinrent augmenter l'éclat de cette société; madame Lebrun y parut aussi, le peintre Gérard s'y montra en éclair. Nous y entendîmes M. Jouffroy, l'un des rédacteurs du *Globe*; c'est un philosophe, un professeur consommé, dans un âge où d'ordinaire il reste tant à apprendre. Il est de cette école de doctrines qui pourrait bien avoir raison; il cherche la vérité, sauf, provisoirement, à se contenter de l'apparence; il parle posément, avec facilité, dit bien, car il s'écoute et se juge avec sévérité. M. Ducis, dont les jolis tableaux sont des idylles charmantes; M. Charlet, dont les lithographies sont des épigrammes; le savant médecin Koreff, et jusqu'à M. de Saint-Chamans, qui trouve le peuple français une nation féroce, passèrent en revue devant le Polonais enchanté. Tout à coup il me dit : « Et du maître de la maison, que vous semble? » — Nous sommes chez lui, répliquai-je, et ceci interdit l'éloge ou le blâme. Se taire en pareil cas, c'est se respecter; c'est un devoir imposé par l'indépendance de l'opinion personnelle et par les convenances, dont l'homme d'honneur ne s'écarte jamais.

CHAPITRE XXII.

UN HOMME DE BIEN.

Des écrivains fauteurs de l'absolutisme. — M. de Lafayette avant la révolution. — Pendant la révolution. — Sous l'empire. — Depuis la restauration.

Le parti furibond qui veut l'asservissement de la France ne garde dans sa rage ni mesure ni discrétion ; il saisit la boue à pleines mains pour salir ceux qu'il déteste ; mais comme son bras vieilli n'a plus de force, et que sa maladresse est extrême, la boue n'arrive pas au but voulu, et le parti qui la jette en demeure seul souillé. Il est vraiment pénible, pour tout esprit sage, de lire chaque matin, dans deux feuilles héritières du père Duchêne, les horreurs que des écrivains, dont la honte est payée à tant la ligne, vomissent contre la vertu et les grands talens. Parmi ces rameurs de la galère ultramontaine, il n'y a ni considération pour la vieillesse, ni respect pour aucun beau nom ; ils sont comme la vipère, lâches et vils ; ils infectent le tronc du laurier dont ils ne peuvent flétrir les branches. Je voudrais vous faire lire, en vous cachant le nom de l'objet de leur haine vénale, ce que débitent, soir et matin, la *Quotidienne* et la *Gazette* contre l'homme le plus probe qui existe ; vous vous figureriez entendre tonner contre Robespierre ou Trestaillon, non ; il s'agit de Lafayette. L'excès de cette infamie est ridicule, je le sais ; mais parfois elle indigne. Il est affreux qu'on la tolère, et que, de façon ou d'autre, on ne la punisse pas.

M. de Lafayette a un grand tort ; il est l'homme immobile de l'époque, le dieu terme de la liberté et de la vertu ; ses opinions depuis cinquante-quatre ans n'ont pas varié, ni sa droiture fléchi ; il reçut de la nature des idées justes, une magnanimité de héros ; il aima le peuple, lorsque les grands seigneurs n'en parlaient qu'avec mépris ; il compta la nation pour quelque chose, lorsque la cour prétendait être tout. Élevé dans les préjugés héréditaires de sa caste, il n'en conserva aucun ; il préféra être Français plutôt que marquis, sa qualité de citoyen le toucha plus que son titre de gentilhomme. Il assura l'indépendance de l'Amérique ; il frappa au cœur l'Angleterre, notre perpétuelle ennemie, à l'âge où ses compagnons vivaient avec des courtisanes, faisaient des dettes qu'ils ne payaient point, appelant cela vivre noblement; il était bon mari quand les mœurs autorisaient le libertinage parmi les époux.

Il méritait une gloire dont les rayons ont conservé tout leur éclat. L'Amérique le salua du nom de *libérateur*, et plus de quarante ans après elle lui a prouvé sa reconnaissance ; elle l'a reçu, cette nation libre, comme en Europe on reçoit les souverains, avec la différence qu'ici les transports ont quelque chose d'officiel, que les acclamations y sont d'étiquette, et que l'hommage des villes est si bien forcé, que Louis XI et Henri IV ont été fêtés de même, et qu'on leur a parlé également de soumission et d'amour.

Là bas, au contraire, on était libre d'accorder ou de refuser les marques d'attachement et de respect; rien ne fut commandé, tout partit du cœur et des souvenirs. C'était l'ami, l'hôte de tout un peuple; on n'avait à lui parler que d'amitié et de gratitude, on était libre dans l'accueil. Aussi, combien il fut sincère et admirable ! Quelle récompense valut jamais celle-là ? L'histoire ne présente pas un fait pareil ; ni une manifestation d'un enthousiasme aussi pur, si dégagé de flatterie.

M. de Lafayette, dès la première assemblée des notables, épouvanta les courtisans ; il leur tint un langage qui n'était pas le leur, il montra des sentimens inconnus dans l'Œil-de-Bœuf de Versailles ; et ceux qu'il fit rougir de leur bassesse, ne lui pardonnèrent pas sa franchise sévère. La voix de la France entière le porta au commandement suprême de la garde nationale de toutes les provinces ; un ambitieux aurait tourné cette grandeur populaire au profit de ses intérêts ; lui n'y vit que l'avantage commun, que l'honneur de veiller à la sûreté générale ; et, parce qu'il ne fut pas le duc de Guise de la ligue, ceux qui le haïssent doutèrent de sa capacité. On n'en accorde dans les révolutions qu'à ceux qui se soulèvent, et point à ceux qui conservent.

M. de Lafayette demeura pur ; il fut ce qu'il devait être, l'homme de confiance de la nation qu'il ne trahit point, et pour laquelle il ne renversa pas la monarchie.

L'injustice des reproches amers qu'on lui adresse sur son repos pendant la nuit du 5 au 6 octobre 1789, est prouvée ; il fit, en cette circonstance, tout ce que la sagesse humaine peut faire ; et s'il céda forcément au besoin impérieux de la nature, il ne fut pas le seul qui dormit dans cette nuit fatale ; quelqu'un, bien autrement auguste, goûta un si profond sommeil, qu'il ne sut que le lendemain à son réveil, et bien avant dans la journée, le péril que sa famille avait couru.

M. de Lafayette connut la fuite du roi, et la favorisa de tout son pouvoir. Si le roi fut arrêté, à qui la faute? à personne, pas même à Drouet, mais au roi lui-même, à sa funeste manie du bien-être, à son indécision, à ses retards, à son défaut de prudence, à son manque d'énergie; il ne sut, pendant toute la route, qu'être un voyageur qui veut jouir de tous ses aises, lorsqu'il aurait fallu être un monarque qui se sauve, et qui doit s'affranchir à tout prix des obstacles qu'on lui oppose. Ceci résulte de toutes les pièces écrites sur cette catastrophe. Qui, plus tard, tenta de sauver Louis XVI? qui entreprit de conduire une armée à son secours? Ce fut l'homme que maintenant on outrage; il fit preuve de dévouement et d'amour, lorsque la France était vide de défenseurs de Louis XVI. Lorsque l'émigration, sous prétexte de sauver la monarchie, avait complétement abandonné le monarque, les défenseurs du trône ne manquaient pas; le seul Lafayette se montra le défenseur de celui qui l'occupait encore. Singulière destinée! les éloges sont pour ceux qui cherchèrent la France où elle n'était pas, le blâme et les injures pour celui qui se montra Français, et qui combattit en France pour le roi ; et pourtant, dans les maximes que professent ceux qui le dénigrent, où est le roi, là aussi est la France.

La générosité de cet effort fut inutile; M. de Lafayette dut fuir: on lui devait des éloges, on le jeta dans les fers. L'Autriche, qui hait toute grandeur exempte de servilité, se chargea de satisfaire la haine de ceux que toute vertu civile importune ; elle pesa sur un homme de bien, qu'elle rendit en tremblant à la volonté d'un héros qu'elle redoutait.

M. de Lafayette rentra en France au 18 brumaire; Bonaparte comptait en faire un de ses partisans : il ne put en obtenir que de la reconnaissance; il lui offrit des titres et des honneurs, pour le décider à se montrer son sujet. M. de Lafayette s'opiniâtra à n'être que Français, il refusa d'être courtisan, même d'un grand homme. Celui qui avait paru à la tête de tous les citoyens, et par leur volonté libre et spontanée, rentra dans la retraite. Cincinnatus, en lui, reprit la charrue. Il formait des vœux pour l'indépendance de la patrie, et néanmoins il ne conspira pas en sa faveur. La vie du libérateur de l'Amérique est toute en dehors. Il est de ces gens qui ne savent qu'être vertueux, dût-on ne pas les prendre pour habiles.

La restauration ramena la famille royale; la liberté parut en France pour la première fois à la suite de Louis XVIII, la liberté sage, et fondée sur un pacte non équivoque. M. de Lafayette la reconnut, et consentit à se placer parmi ceux qui aideraient à la consolider. Il la salua avec cette joie qui fit tant palpiter son cœur, quand autrefois il en avait vu briller l'aurore. Mais cette liberté déplaisait à ceux qui trouvent du profit à être esclaves; ils s'indignèrent de lui voir un tel défenseur, et dès ce moment il plut un déluge d'outrages, de clabauderies, de calomnies infâmes, d'épigrammes de harpies, de scélératesses sans mesure sur l'homme sans tache, sur celui dont les paroles furent toujours les mêmes, et dont la conduite n'a jamais varié. Les jacobins, devenus des Marat blancs, s'unirent dans cette rage à ces fuyards de périls, qui allèrent chercher un lieu sûr pour y faire montre de courage, tandis que Louis XVI était dans le château des Tuileries.

L'amour que la France témoigne à celui qui ne rêva que son bonheur; ces triomphes publics d'un simple particulier, ces populations saluant de leurs *vivat* non ordonnés celui qui autrefois leur commandait dans l'intérêt de la chose publique, sont les griefs énormes qui servent de base à des accusations extravagantes et à des fureurs dont l'atrocité n'est pas effacée par le ridicule.

CHAPITRE XXIII.

SECONDE VISITE AU MUSÉE DU LUXEMBOURG.

La peinture en France. — DAVID. *Brutus; Portrait de Marat.* — GIRODET. *Scène du Déluge; Naufrage de la Méduse.* — HORACE VERNET. *Massacre des Mamelucks.* — COIGNET. *Marius sur les ruines de Carthage; Saint Étienne visitant un Malade; Numa Pompilius.* — STEUBEN. *Pierre-le-Grand sur la barque; le Serment du Rutli; Enfance de Pierre-le-Grand.* — DELAROCHE. *Jeanne d'Arc; prise du Trocadero; Mort de la reine Élisabeth; Duranti conduit au supplice.* — THÉODORE GUDIN. *Marines et paysages.* — PAULIN GUÉRIN. *Fuite de Caïn.* — MM. ROBERT, SCHENETS SCHEFFER, DUBUFFE, DECAINE, Mme. HERSENT.

Mon Polonais, que je ne nommerai pas, parce qu'il veut l'indépendance de la Pologne comme je veux la fin de l'esclavage de l'Italie, n'oublia pas ce que je lui avais promis. Il aime les arts plus par réflexion que par sentiment ; il sait de quel maître est un tableau ; c'est là sa science ; il admire le faire, et songe peu à la pensée ; aussi passe-t-il pour connaisseur ; les brocanteurs le redoutent et le ménagent ; ils se moquent de moi qui vais sans disserter, qui ne distingue que mal l'école à laquelle appartient le peintre, mais qui vois autre chose, sur une toile, que de la couleur, du dessin, et de la convention. Nous nous rendîmes ensemble au Luxembourg ; en cheminant, nous causâmes : « L'ère actuelle, dis-je à mon Polonais, est la seconde de la peinture en France, la première a fini lorsque le goût des arts se corrompit ; celle-ci date à peu près de la révolution, elle est née à cette époque où l'on nomma la liberté anarchie, et dont on se contenta si bien, tant on était las du vieux régime. De grands maîtres parurent ; David est le premier, il dessina comme l'antique ; il fut profond et même coloriste, dans les détails surtout. Vous dirai-je que son contour trop pur a presque de la sécheresse ? que souvent je vois une médaille où je cherche un tableau ? Ce peintre, célèbre à tant de titres, est un de ceux qui font penser ; on s'arrête devant ses œuvres ; on les regarde d'abord, puis on médite. Qui ne songe à la magnanimité horrible de ce premier des Brutus ? Qui ne devient Romain, qui ne consulte son cœur pour savoir ce qu'il faut faire à l'appui de la liberté, et quelles bornes la nature doit opposer à l'amour de la patrie? Voilà les questions que fait naitre le tableau de *Brutus*, auquel on ramène ses fils morts. Et sa femme, et ses filles, et lui-même, mon Dieu! que la beauté du faire, tout éminente qu'elle est, disparait devant la profondeur de l'expression! Il y a là plus que de la vie, car la brute vit aussi, il y a de la pensée, de l'homme, de l'homme intellectuel; avec tout son courage, ses faiblesses et ses passions.

» J'ai vu le portrait de Marat, et maintenant je connais ce monstre; heureusement qu'il est là frappé de mort; cependant, il vivait il y a quelques minutes, et demandait trois cent mille têtes! Que la laideur du crime est affreuse! que sa simplicité a quelque chose d'atroce! Ce portrait est le *nec plus ultrà* du genre; ceux de Vandick de Rubens, de Raphaël même sont la parfaite image de leurs modèles; mais celui de Marat n'a point été pensé, sa tête épouvantable renferme les crimes qu'elle enfanta, ceux qu'elle projetait encore; il semble s'exhaler de ce portrait une odeur infecte; comme si ce misérable était devant nous, on croit la sentir; le cœur se soulève. Il est impossible que la magie de l'art puisse aller au-delà.

» David, qui traitait supérieurement un sujet

composé de peu de figures, n'est pas aussi heureux lorsqu'il en place un grand nombre sur sa toile; il y a de la confusion, du fouilli dans les seconds plans : il veut y être chaud, il n'y est qu'embarrassé; ce défaut s'aperçoit dans *les Sabines*, dans l'admirable *Léonidas*, dans la *distribution des aigles au Champ-de-Mars*; et lorsque, comme dans le tableau *du Sacre*, il lui a fallu être symétrique, il est devenu froid.

» Girodet, dévoré de jalousie contre toutes les gloires, et que la splendeur de la sienne ne rassurait pas, a, lui aussi, manqué toutes les compositions vastes qu'il a traitées. Je n'aime ni ces héros français, reçus dans le Palais des Nuages par les héros d'Ossian, ni *la Révolte du Caire*. Les masses s'y pressent à perdre respiration ; ceux qui, dans ce tableau, ne mourront pas d'un coup de sabre, seront certainement étouffés. Mais, dans un sujet simple, son génie triomphe; voyez son *Endymion*, son *Atala*, ses suites délicieuses de *l'Énéide*, d'*Anacréon*, des *Amours des dieux* : c'est un chantre, il est divin ! comme on reconnaît le maître ! C'est un des plus grands peintres, non-seulement de cette époque, mais de toutes les époques; au reste, il cherchait souvent l'extraordinaire, il aimait à blesser les yeux. Je lui reprocherai toujours le charlatanisme de sa *Scène du*

Déluge; c'est le problème résolu de la réunion de toutes les contorsions possibles au corps humain. Assurément c'est bien peint; la couleur est bonne, le dessin pur, l'expression satisfaisante; mais l'aspect général? Faut-il une combinaison singulière pour exciter la compassion? n'y a-t-il pas mieux à faire, lorsqu'on veut représenter une famille luttant contre la furie des eaux? Ce n'est pas mon cœur qui souffre devant cette scène, ce sont mes yeux. Cela ne parle ni à mon imagination ni à ma sensibilité; c'est du dégoût, de l'extravagance; et si je réfléchis, je trouve, au fond, cette composition puérile : Girodet n'attendait point ce résultat.

» Les défauts de ce tableau sont d'autant plus frappans, qu'il est placé en face du *Naufrage de la Méduse*, de Géricault. Ici on retrouve un grandiose de pensées qui plaît; les passions sont toutes soulevées; le désespoir y est représenté dans ses diverses nuances; ces infortunés meurent; on voit la mort devant leurs yeux; eh bien, tout est simple, sans exagération, sans hyperbole, sans dégénérer du vieux genre. Ce n'est point par un effet pyramidal que le peintre a cherché à émouvoir, il n'y a point là de surabondance; la composition est sublime, parce que Géricault n'a pas visé au bizarre. »

Tandis que je parlais, mon compagnon me regardait avec surprise. « Est-ce que nous verrons au Luxembourg, ces tableaux dont vous me faites l'éloge et la critique? — Non, lui répondis-je, leurs auteurs sont morts; on ne les trouve plus là, leur place est maintenant au Musée du Louvre; mais j'ai voulu vous faire connaître les défunts avant les vivans.— Pourvu que ceux-ci soient *vivaces*, me répliqua-t-il avec un esprit de calembourg presque français.... »

Je continuai : « L'école actuelle doit être divisée en deux parties bien distinctes, les peintres maîtres, et les peintres élèves; les premiers ne sont pas tous supérieurs aux autres, il y en a parmi les seconds que je ne troquerais pas contre les premiers; je citerai parmi ceux-ci MM. Gros, Guérin, Gérard, Lethiers, Ingre, les Vernet, Hersent, Heim, etc.; et dans les autres tous les talens qui se sont développés depuis vingt années, et dont les ouvrages sont au Luxembourg.

» Pour ne point me répéter, je ne dirai rien des tableaux dont j'ai parlé dans mon premier chapitre sur la peinture en France. Nous nous occupâmes d'eux d'abord, et puis je dis au Polonais : Voici *le Massacre des mamelucks*, par Horace Vernet; ce dernier est un artiste dont la fougue extraordinaire, l'immensité des travaux rappellent l'inépuisable fécondité des peintres anciens ; grandes et petites toiles, sujets héroïques et de fantaisie, paysages et genre, histoire ancienne et moderne, la chevalerie et l'empire, tout est de son domaine ; il traite tout avec une facilité égale, une impétuosité sans bornes, et une variété inconcevable ; c'est le peintre du peuple, celui que les Français connaissent le plus, parce qu'il s'est surtout attaché à représenter des scènes contemporaines, dont les souvenirs sont dans tous les cœurs ; les batailles de Rivoli, de Marengo, d'Austerlitz, de Wagram, de Montmirail, l'attaque de la barrière de Clichy, les adieux de Fontainebleau ; il n'est pas une page de notre histoire, pour laquelle il n'ait trouvé des couleurs sur sa palette.

» M. Horace Vernet a des admirateurs qui n'entendent rien en peinture, qui voient dans ses tableaux l'intention ou les sujets sans s'inquiéter des talens de l'artiste. Il y a de la couleur, du brillant et du vrai ; son dessin est pur, ses expressions de tête ne sont qu'indiquées : il compose avec art, mais pas toujours avec réflexion ; les préliminaires de la *bataille de Bouvines*, par exemple, présentent le cas singulier d'une toile immense, où il y a beaucoup de monde, et qui pourtant est vide ; on cherche où peuvent être les gens qui y sont. Le cheval blanc d'un simple gendarme attire d'abord les regards ; c'est le personnage capital de la scène. Où est le roi ? On le découvre enfin, à force de chercher. Des groupes ne sont pas des masses. C'est, en résultat, une toile d'étude et un tableau à refaire. Cela n'épouvantera pas M. Horace Vernet, vu sa facilité extrême.

» Quatre jeunes peintres d'histoire dominent selon moi sur leurs compagnons ; ils doivent cette supériorité inconstestable à une suite perpétuelle de progrès : ils ont bien fait d'abord, et ne se sont point arrêtés au premier ouvrage majeur ; tandis que d'autres, d'un très-grand mérite, n'ont pas été au-delà du début qui les a fait nommer peintres par cette voix publique qui ne se trompe jamais.

» MM. Coignet, Steuben, Delaroche et Gudin me paraissent former le *quatuor* que j'ai annoncé. Le premier unit à un rare talent de composition, une exécution non moins remarquable ; c'est un génie sage, pur et élégant ; il ne néglige ni le dessin, ni la couleur ; il s'attache à bien faire, et le succès couronne ses efforts. Que son *Marius assis sur les ruines de Carthage* est d'un bel effet ! Comme ce soleil couchant éclaire convenablement la scène ! Ce héros, qui doit devenir un monstre, exprime avec feu les paroles célèbres qu'il prononça dans cette circonstance ; le licteur témoigne, par sa surprise et sa contenance, combien il est étonné de porter un tel ordre à ce grand général. Je citerai, parmi les derniers ouvrages de M. Coignet, son *Saint Étienne portant des secours à un malade*, et sa belle figure de *Numa*, dans les salles du Conseil d'état. Cet artiste excelle dans tous les tableaux de genre, et doit acquérir une haute réputation.

» J'aime le talent de M. Steuben, il est positif; M. Steuben réfléchit; cela se voit aux sujets qu'il traite. Que son serment du Rutli est imposant! Comme l'énergie simple est admirablement représentée dans ces trois paysans de la Suisse, qui jurent la liberté de leur patrie et qui tiendront leus sermens! Il est nuit; la lune, de sa lumière vaporeuse, éclaire la scène, et ajoute à ce qu'elle a de grand. Voyez-vous, au milieu d'une onde courroucée, sur une faible barque dont le mât est brisé, Pierre-le-Grand saisir le gouvernail de cette main vigoureuse qui régénéra l'empire de Russie? C'est bien là le héros dans la force de l'âge; vainqueur des élémens non moins que des préjugés de sa nation : maintenant admiré, ce prince, jeune encore, enfant même, est en butte à la révolte des Strélitz; sa mère l'a transporté au fond d'une église, aux pieds d'une Vierge, dont elle implore le secours et dont elle menace la superstition des séditieux. Qu'elle est belle, cette femme! Combien la maternité tremblante éclate dans ses traits de reine! Et les Strélitz, ils sont là: deux ont poursuivi la Czarine; mais, au moment de commettre le crime, ils se sont sentis frappés de cette terreur mystérieuse que la royauté inspire à ses plus ardens ennemis : le fer meurtrier arme encore leurs mains, mais déjà l'un d'eux recule saisi d'horreur, l'autre tombe la face contre terre; de l'habitude de l'esclave il fait l'acte de son repentir. Et l'enfant empereur ! de quelles expressions me servirai-je pour rendre le mélange sublime de son effroi et de sa majesté; il a l'épouvante de son âge et l'indignation de sa grandeur à venir ; c'est un héros naissant aux prises avec la faiblesse : ces mains crispées, cette figure si expressive, le mouvement de son corps, le double sentiment qu'il laisse voir, et puis la fierté du pinceau, le charme du coloris, la vérité du costume, tout séduit, tout enchante; c'est mieux que Salvator-Rosa, ce n'est pas au-dessous de Rubens. Il est possible que cette opinion ne plaise pas à tout le monde ; peu importe : je fais la mienne de ce que j'éprouve; et dans les sciences, les arts, la politique et la littérature, c'est moi que j'interroge, et non les autres.

» Après MM. Coignet et Steuben vient M. Delaroche, qui compose non moins bien qu'il donne de la vie à ses groupes; sa *Jeanne d'Arc prisonnière* était déjà un bon ouvrage; sa *Prise du Trocadero* en fut un meilleur; il se tire des difficultés en habile peintre. Ces groupes sont variés et ne se nuisent pas; il y a du monde, et pas de confusion; cette nuit est bien éclairée, et ce feu de l'artillerie est exprimé avec beaucoup de chaleur. Monseigneur le Dauphin est très-bien représenté; sa pose est pleine de noblesse et de grâce. C'est, de tous les tableaux où on l'a peint, le seul dans lequel cet excellent prince soit représenté convenablement. Il y a de la poésie dans cette *Élisabeth expirante*, qui voudrait abandonner la vie sans renoncer à sa puissance : elle lutte contre la mort, et désire emporter sa couronne dans la tombe; l'orgueil et sa haine contre des sujets audacieux qui s'occupent de son successeur et de nouveaux hommages, éclatent sur son visage déjà cadavéreux; elle sait que le fils de sa victime lui succédera, et qu'elle ne doit attendre que des malédictions du nouveau règne!

» C'est une pensée grande que d'avoir jeté cette superbe reine devant son trône, sur le plancher; voilà comme elle sera bientôt devant celui dont le trône est impérissable; toutes les grandeurs disparaissent devant le sien, et en sa présence il n'y a que l'égalité. Regardez ces hommes, ces femmes qui environnent Élisabeth, c'est bien là de la douleur de courtisans! Comme elle est officielle, et selon les règles de l'étiquette. Ces gens-là ne prennent point la peine de rentrer dans leur naturel; dès-lors, pourquoi quitter un masque qu'ils reprendront dans quelques jours?

» *La mort de Duranti*, premier président du parlement de Toulouse, assassiné par les ligueurs en 1589, est l'œuvre capitale de M. Delaroche. La vérité historique y est étrangement blessée; ce furent les moines qui livrèrent ce digne magistrat à ses bourreaux, et aucun d'eux ne prit sa défense. Pourquoi ne pas les montrer tels qu'ils furent? Convient-il d'excuser le fanatisme? c'est un tort que je reproche au peintre; peut-être le lui a-t-on imposé. Duranti n'avait qu'une fille, et j'en vois plusieurs; ceci ne touche en rien à l'ensemble de cette belle peinture; le reste est tout à louer : le matériel de l'art est entier; je ne sais y faire aucune critique importante, et je me rappelle toujours ce tableau avec plaisir.

» Joseph Vernet était né peintre de marine, M. Gudin a reçu pareillement ce don de la nature. Son premier ouvrage a été un pas de géant; il s'est lancé dans la carrière avant de s'essayer à la parcourir. Que ses eaux ont de transparence ! Que ses vagues sont animées ; on croit les entendre mugir, quand elles retombent sur la grève. Ses ciels sont divins ; tantôt légers, tantôt pesans, suivant le calme ou la tempête ; ses nuages trompent par leur vérité ; je voudrais seulement que la scène fût plus étendue, qu'un grand cadre ne renfermât pas un coin de tableau ; je ne me fais point à cet océan si rétréci.

» Les paysages de M. Gudin sout en général sans reproche. Il rend la nature avec fidélité, dans sa grandeur ou dans sa pauvreté locale ; il déploie autant de magnificence dans *un coucher du soleil*, qui n'a pour accessoires qu'une cabane chétive et une grève sans roches escarpées, que dans la vue du passage des Échelles, où les plans offrent des effets gigantesques, soit de masse, soit de profondeur. J'espère, pour l'intérêt de l'art, que des éloges mérités ne trompent point M. Gudin ; il ne bornera pas sa gloire d'artiste à la gloire qu'il a déjà, il continuera de bien faire et d'étudier. Raphaël étudiait la nature à trente-six ans, la veille de sa mort, comme le faisaient Claude Lorain et Joseph Vernet, tandis qu'ils traçaient les derniers chefs-d'œuvre de leur longue vie. »

Je venais de terminer tout d'une haleine cette

allocution, quand je m'assis sur un banc de vieux velours ; le Polonais m'imita. Nous étions en face du *Caïn* de M. Guérin. « A qui appartient ce tableau ? » me demanda-t-il. Je lui dis le nom de l'auteur. « C'est, ajoutai-je, une inspiration homérique, un coup de bonheur comme il en est peu. Il y a dans cet ouvrage un fracas naturel qui n'est pas du cliquetis ; il est vrai, sans pour cela cesser d'être terrible. Ce ciel en feu, ces convulsions éthérées annoncent bien la colère de Dieu ; le désespoir de Caïn, la douleur de sa belle famille, le triomphe de ce hideux serpent, tout verse dans l'âme une émotion de chagrin et de regret ; on croit être soi-même acteur dans ce que l'on regarde : c'est la victoire de l'art. M. Paulin Guérin a trop tôt quitté la peinture historique pour le portrait, dans lequel il excelle. Nous tâcherons de voir celui de l'abbé de La Mennais ; je le place, par anticipation, auprès de celui du *Marat*, de David. Je n'en saurais faire un meilleur éloge.

» Examinez *le Lévite d'Éphraïm*, de Couderc ; le *Saint Étienne lapidé*, d'Abel de Pujol ; *Diane et Endymion*, de Langlois ; *le Massacre des juifs*, de Heim ; *Zénobie au bord de l'Euphrate*, de Blondel ; *les Restes de Phocion ensevelis sous un foyer*, de Meynier ; cette jolie *Pandore*, d'Alaux; cette *Mort des enfans de Brutus*, de Lethiers; ce *Duguesclin, enfant,* de Laurent; *L'anneau de Charles-Quint*, de Revoil; ces Intérieurs d'une vérité magique de Granet; et ceux presque aussi beaux de Bouton : tous ces tableaux sont des chefs-d'œuvre, et ne sont pas les seuls qu'on doive à leurs auteurs. Mais arrêtons-nous un instant devant le *Retour de la fête de Notre-Dame de l'Arc*, dû au pinceau de M. Robert. Il débute comme d'autres finissent. Il y a là de la vérité comme dans l'école de Flandre, et de la grâce comme dans celle d'Italie. Contemplez ces *Femmes grecques* de M. Scheffer l'aîné; c'est un mélange de *romantique* et de *classique*; il n'est l'un que pour échapper à toute la sévérité de l'autre.

» Son frère Henri fait aussi de petits tableaux délicieux de sentiment et d'expression; *l'Incendie du village* est une composition qui réalise toute la poésie de la peinture.

» M. Schenetz, leur digne émule, suit la même route. Ce sont des artistes qui veulent faire à leur manière, et qui font bien. Je ne trouve ici aucun tableau de M. Roqueplan. Tant pis! il vous charmerait. Je voudrais y rencontrer un portrait historié de Dubuffe, quoique l'effet y soit cherché avec prétention, il n'en est pas moins agréable. Il y a encore un jeune peintre qui a de la couleur au bout de son pinceau, mais dont le dessin pourrait être plus correct : c'est M. Decaine. Que vous semble de ces *Fleurs*, de Vandaël, et de ce *Louis* XIV *bénissant le jeune Louis* XV, en présence de la marquise de Maintenon? n'est-ce pas un charmant tableau, et d'une femme qui fait honneur à l'école moderne? Son illustre époux, M. Hersent, est un de nos peintres auxquels je crois le plus de talent, et, pour vous en donner la preuve, je vous procurerai la vue de son *Gustave-Wasa* et d'une autre peinture enchanteresse représentant *Daphnis et Chloé*.

CHAPITRE XXIV.

LA FAMILLE ROYALE.

Grandeur de la troisième race des rois de France. — Louis XVIII. — Le duc de Berri. — Le prince de Condé. — Charles X. — Monsieur le Dauphin. — Madame la Dauphine. — Madame la duchesse de Berri. — Monseigneur le duc de Bordeaux. — Monseigneur le duc d'Orléans. — M. le duc de Chartres.

La maison royale est vieille en France ; c'est la plus ancienne, et, sans contredit, la plus auguste de l'Europe ; son existence a précédé celle de toutes les familles nobles du royaume, qui, d'ailleurs, lui doivent leur éclat. Le premier personnage connu de cette grande race était un héros ; il apparaît dans l'histoire comme duc de France, et je ne vois rien en lui du boucher que signale notre Dante. D'où venait Robert-le-Fort ? nul ne le sait : à entendre les flatteurs, ou les généalogistes, ce qui est la même chose, il descendrait des chefs de la seconde race, qui seraient eux-mêmes un rameau de la première. Ceci nous importe peu. Nous savons donc que cette famille remonte au neuvième siècle; il y a donc neuf cents ans qu'elle est française, et que ses intérêts sont liés à ceux de la nation. Elle monta à diverses reprises sur le trône, avant de s'y asseoir tout-à-fait en la personne de Hugues-Capet, 987. Quel fut le droit de celui-ci? le droit qui élève les grands hommes, le génie.

Il y a huit cents ans que les Capets règnent, et presque toujours a l'avantage de la nation : ils ont affranchi les communes, et en totalité les campagnes; ils ont combattu la féodalité jusqu'à son anéantissement; ils ont réuni en un seul faisceau tant de provinces diverses, de mœurs, de langages et de lois. Ils ne séparèrent jamais leur cause de celle de la patrie, et la patrie les soutint avec amour. On compte dans cette famille un nombre considérable de rois dignes de porter le sceptre; elle régna, par ses branches, à Constantinople, en Hongrie, en Pologne, en Angleterre, dans les Pays-Bas, en Italie, en Espagne et en Portugal; tant de couronnes furent la récompense de ses vertus et de sa loyauté. Les peuples, quand les trônes de leurs rois étaient vides, s'accoutumèrent à venir en chercher dans la descendance de saint Louis, parce qu'il n'y eu avait pas de meilleure, de plus grande et de plus respectable.

Une longue suite d'erreurs, des femmes étrangères auxquelles s'allièrent nos princes à défaut de filles du sang français, amenèrent la révolution que tous voulaient en 1789; le roi même, la noblesse, le peuple, ainsi que la magistrature, à l'exception du clergé, qui prévoyait ce qu'elle lui coûterait. Louis XVI fut atrocement assassiné par des hommes qui, ne pouvant être ses juges, se firent ses bourreaux ; ils voulaient tuer le roi, et non le condamner. Dans quel but demandaient-ils sa mort ? Ils ne le savaient pas eux-mêmes; ce fut un coup de rage, et non un crime de réflexion. A la mort de cet excellent prince, la couronne échut à un enfant prisonnier qui eut le titre de roi, sans en avoir la puissance, et qui disparut à tel point de la terre, que ses ossemens ne se trouvèrent plus. Cette grandeur enfermée dans un cachot, et que l'on éteignit par une perpétuité d'attentions à la détruire, échut par droit de succession à un homme dans la maturité de l'âge et dans la force de la raison.

Louis XVIII, contre l'usage, avait été bien élevé; sa mémoire étonnante lui tenait lieu d'esprit, il s'amusait à vouloir paraître savant, afin sans doute qu'on ne s'aperçût pas de son ambition; il rêva la possession du sceptre lorsque la fécondité de sa belle-sœur l'enlevait à jamais à sa main, et quoique sa chimère fût sans espérance de réalité, il se préparait déjà à le porter dignement. Avec de l'instruction, de la politesse, et l'envie extrême de plaire, ce prince n'était pas aimé. On le redoutait, parce que sa conduite n'était point franche, et qu'il ne voyait dans les autres que des instrumens propres à le conduire à son but secret. Ce but qu'il voulait atteindre, il n'espéra pas le saisir environné de ténèbres, et en dehors de la marche de l'esprit humain; il comprit de bonneheure qu'il fallait faire à la liberté des peuples, des concessions qui répugnaient à ses préjugés.

Louis XVIII était, j'en suis convaincu, le plus chaud partisan du despotisme; mais son sens droit ne lui permit pas de croire à la possibilité d'être despote à la fin du dix-huitième siècle, et à plus forte raison, au commencement du siècle suivant. Il fit donc le sacrifice le plus pénible qu'un homme puisse faire; il se sépara de son idole, et se montra parmi ceux qui travaillaient à l'avancement de la civilisation.

Sa conduite à l'assemblée des notables fut celle d'un partisan des lumières; il parut franchement constitutionnel en présence de l'assemblée nationale: il fit preuve de sagesse et de courage pendant son exil, et jamais il ne fut plus digne de son titre de roi que lorsqu'il eut à en disputer la majesté. Pendant qu'il était aux prises avec sa propre infortune, et l'orgueil insolent des étrangers, sa résistance fut digne et mesurée; sa réputation s'accrut; on apprécia sa capacité, et l'on rendit justice à ses intentions. Il fut sublime dans sa correspondance avec Napoléon Bonaparte : deux lettres simples établirent ses droits, et toute la grandeur de gloire du conquérant s'éclipsa un instant à l'aspect de cet exilé, qui réclamait avec modestie le patrimoine de ses pères.

Le début de Louis XVIII, en 1814, fut loyal et sans obscurité, il accorda la liberté en avance d'hoirie; il ne régnait pas encore, de fait, que déjà il avait rendu la France indépendante. Sa Charte fut l'acte de son génie, le fondement impérissable sur lequel il assit la royauté nouvelle. Ce qu'une lutte de tant de siècles n'avait pas accompli, il le termina par un effet de sa volonté; il vit l'impossibilité de continuer l'ancien régime, il créa une constitution neuve pour un état qui l'était aussi. Ce n'était plus le royaume de son frère, la république de Marat, l'empire de Napoléon, mais une terre vierge et vigoureuse, à laquelle il fallait une semence qu'elle ne dévorât pas, mais qui pût croître et prospérer. Il vit ce qu'il fallait, il navigua selon la mer, la voile tournée selon le vent.

Au milieu d'un dédale inextricable d'intérêts divers, il suivit une route dont il ne se détourna point : il était roi dans le conseil, et roi en face du peuple; son urbanité fut exquise, il protégea les arts qu'il aimait, les sciences qu'il savait comprendre. Sévère par essence, il ne sut pas toujours faire grâce à propos; on s'adressait rarement à son cœur avec succès, quoiqu'il tînt à paraître sensible. Il fit beaucoup de bien, sans en obtenir la juste récompense; on ne l'apprécia pas convenablement tant qu'il vécut : on peut aujourd'hui le mieux connaître; son nom est inscrit par la postérité parmi ceux des rois législateurs.

La famille royale, depuis sa rentrée en France, a fait des pertes douloureuses. La plus pénible sans doute, puisqu'elle ne fut pas la conséquence des lois de la nature, mais bien le résultat d'un crime atroce, est celle de monseigneur le duc de Berri, malheureux prince digne d'une meilleur destinée, calomnié par ses ennemis, et qui ne put trouver les circonstances propres à conquérir cette haute estime qui ne s'accorde qu'à des actions d'éclat, qu'à la manifestation d'un grand caractère, et que par conséquent on ne peut obtenir lorsque la force des choses s'y oppose.

Le duc de Berri avait des qualités privées qui le rendaient cher à ceux qui l'entouraient; il avait le goût des beaux-arts, et paraissait aimer l'état militaire, quoique, en 1815, on eût évité de lui donner un commandement; il avait l'amour des Français pour le beau sexe; plus de chaleur que de galanterie. Il était franc, loyal, généreux, et conservait autant d'humanité dans le cœur que de violence dans le caractère.

Le prince de Condé l'avait précédé dans la tombe, laissant la mémoire d'un héros sur le champ de bataille, mais moins habile dans les travaux du cabinet. Peu aimé avant la révolution, il s'était rendu recommandable par la grandeur avec laquelle il soutint son infortune; tout fut noble et grand dans cette partie de sa carrière. Il ne rapporta en France qu'un corps usé par les fatigues et les douleurs de l'exil. Ce n'était plus que le reste de lui-même; il avait survécu à sa raison.

Je voudrais m'arrêter au portrait de ces trois princes; un sentiment de respect et de convenance m'interdirait de vous faire connaître plus particulièrement les autres membres existans de cette royale famille. Néanmoins, comme je sais l'intérêt que vous leur portez, et le désir que vous avez que j'esquisse leur caractère, je vais entreprendre de traiter un sujet difficile, où je veux être vrai, c'est-à-dire ni flatteur ni partial.

Charles x eut la jeunesse d'un prince; il fut aimable, impétueux, séduisant; il plaisait par ses manières chevaleresques, par ses paroles gracieuses, par tout le charme répandu sur sa personne, à part les qualités de son cœur. Chéri des hommes, idolâtré des femmes, tant d'avantages lui firent oublier que tout n'est pas dans le plaisir, et il ne suivit pas ses frères aînés dans les études sérieuses auxquelles ils se livrèrent. Il connaissait le prix de l'amitié, et ignorait celui de l'argent; il était pauvre, tandis que des sommes énormes sortaient de ses mains : toutes ne s'égarèrent point; il en revint une partie au malheur et à l'indigence. Il se déclara contre les principes de l'Assemblée constituante avec une franchise qui l'honora; aussi dut-il être le premier à sortir de France, où il n'y avait plus de sûreté pour lui. L'émigration le voulait pour son premier chef; mais, satisfait du second rôle, il laissa au comte de Provence la direction suprême des affaires, au prince de Condé celle de la guerre. Cet effort de modestie coûta à sa juste ambition et à sa valeur. Il monta sur le trône avec le désir de continuer le règne de son frère. Il s'empressa de jurer le maintien de la Charte ; mais il plaça sa confiance en des hommes que la nation voyait avec inquiétude ; elle ne l'en aima pas moins ; elle lui connaissait un ardent amour de son bonheur et de sa gloire, et elle lui tint compte de tout, même de ses erreurs, qui partent du désir de mieux faire. Il apporte dans les relations de sa vie privée une douceur, une simplicité tempérée de majesté. Doux, poli, affable, il craint de refuser; et quand il refuse, c'est avec tant de regret, qu'on se retire sans songer à se plaindre. Qui n'a retenu ses mots heureux, ses reparties spirituelles ? Il possède au plus haut degré une piété sincère, croit fermement que ceux qui l'entourent ne cherchent point à le tromper ; il leur suppose ses intentions droites, car il ne voit peut-être pas assez hors d'eux. Il était destiné par la Providence à consommer la réunion de tous les partis. Plaise à Dieu qu'il vive assez pour accomplir ce résultat si important à la stabilité du trône et à la paix de la France! La taille du roi de France est superbe; elle est encore noble et aisée; sa figure, charmante dans sa jeunesse, est maintenant sillonnée de rides ; il est blond, et sa lèvre a quelque chose de celle des princes de la maison d'Autriche. Il est voûté légèrement, et se balance dans sa marche ferme. Sa santé est parfaite. Il trouve, au milieu des soins qu'il donne à son royaume, le loisir d'un exercice qui lui plait ; la chasse lui procure une activité salutaire, et il a de commun avec deux grands monarques, Charlemagne et Louis XIV, de porter la couronne après sa soixante-onzième année.

Le Dauphin, son fils, est de petite taille, maigre et faible à l'extérieur; il a les vertus de sa famille, et la valeur héréditaire chez elle. Nous l'avons vu, comme Henri IV, malheureux d'avoir les Français à combattre, et clément comme lui après la victoire. Il traversa l'Espagne moins en conquérant qu'en pacificateur ; il ne put lancer le foudre qu'il tenait, mais il se montra indulgent envers une résistance qui n'était pas sans motifs, et triompha des passions haineuses et du fanatisme des partis. Il parut plus empressé de ramener à Ferdinand VII de dignes citoyens, que de châtier les fauteurs de la rébellion. Le Dauphin fit sans doute le bien en Espagne : car il en emporta l'amour de ses habitans, et les reproches de ceux pour lesquels il venait de vaincre. Il n'a fait preuve, en France, que du désir de voir s'effacer les menaces diverses de l'opinion : *union et oubli* est ce qu'il commande ou ordonne. Fils soumis, sujet fidèle, il respecte toujours les choix de son père, lors même qu'il ne les approuve pas. En 1815, des forcenés lui demandèrent du sang ; il leur répondit en prenant la défense des opprimés. Enfin il oublie les offenses, et n'a de mémoire que pour les services publics ; il trouve ses plaisirs à pardonner, et l'amour des Français est la seule conquête qui lui soit agréable.

Je ne puis voir qu'avec un respect douloureux et un frémissement involontaire Madame la Dauphine, dont la jeunesse fut mise à de si grandes épreuves, et qui passa les plus beaux jours de sa vie dans les cachots, l'infortune et les larmes. Elle vit la fureur révolutionnaire dévorer son père, sa mère, son frère et sa tante ; elle échappa à la mort par la lassitude des bourreaux ; et, chassée de France, elle regarda cet exil comme un bienfait ; elle alla chercher sur un sol étranger d'autres malheurs, d'autres injures, celles qui pleuvent sur les têtes royales lorsqu'elles implorent un asile lointain ; elle fut malheureuse durant toute cette époque de sa vie, où elle développa des vertus sublimes ; et lorsqu'elle rentra dans sa patrie, la frivolité française aurait voulu trouver de la gaîté sur ses lèvres, du contentement dans ses yeux, et se courrouçait d'une tristesse légitime, d'une mélancolie permise à de cruels souvenirs. Madame la Dauphine ne devait pas aimer les fêtes; elle dédaignait les pompes de la cour impériale, un éclat étranger n'aurait rien ajouté à la grandeur de la fille d'augustes monarques; il lui était odieux de se trouver en face des assassins de ses proches; et où n'en rencontrait-elle pas? Il y en eut un qui osa profiter d'une catastrophe nouvelle, et devenir ministre de son oncle!!! Cette princesse, qui se montre si indifférente à tout ce qui plaît tant à son sexe, combien ne fit-elle pas preuve d'énergie, de courage et de magnanimité, lorsqu'elle lutta dans les cent jours à Bordeaux, pour la défense du sceptre de sa famille. Elle égala les héros, et il y en eut qui rougirent devant elle: car s'ils avaient sa bravoure, ils ne possédaient pas sa fidélité : tout croula ; elle seule résistait encore; elle céda et ne fut pas vaincue: la gloire fut pour elle, la honte pour les autres. Elle partit au milieu des vœux d'une ville affligée, et l'homme dont le retour pesait sur la France laissa échapper un cri d'admiration et d'envie au récit d'une conduite aussi héroïque.

Madame la Dauphine va peu au spectacle, mais elle visite souvent les hôpitaux, prosterne sa grandeur devant le roi du ciel, et trouve dans la prière la consolation du passé, et des espérances pour l'avenir. Enfin, femme par le sexe, homme par le caractère, on trouve en elle le courage de Henri IV et les vertus de Marie Thérèse.

Par un contraste convenable, Madame, duchesse de Berri, unit à une énergie non moins complète, le désir de plaire en se montrant, et l'amour des arts qu'elle protége, autant par goût que par devoir. Vive, légère et bonne, elle tient de la France et de l'Italie. Elle a pris à tâche d'enchanter les cœurs, elle les entraîne quand elle parle, elle les touche quand elle supporte l'excès de son malheur en fille de roi et en mère de prince. Elle a tout ce qu'il faut pour être agréable à sa nouvelle patrie, qui veut que l'on soit aimable, que l'on lui plaise par de hautes qualités, par des frivolités gracieuses; qu'une princesse puisse donner tour à tour des lois et des modes, présider aux apprêts d'une fête, s'occuper de parure et d'administration. Dans son intérieur, Madame, duchesse de Berri, est la meilleure des maîtresses; elle est adorée de ceux qui la servent. Avec son caractère, il est impossible de ne pas se concilier le respect et l'amour.

Son fils, le jeune duc de Bordeaux, à qui de si hautes destinées sont promises, s'annonce, à ce qu'on assure, comme doué des plus heureuses dispositions. Il est à déplorer que l'étiquette de la cour n'ait pas permis que cette première espérance du royaume soit élevée dans un collége public avec des enfans de son âge, qui ne fussent pas ceux de ses courtisans; il aurait vu des hommes, tandis qu'il ne verra que des grands seigneurs; ce qui n'est pas tout-à-fait la même chose. Il aurait appris que hors la cour, il y a du mérite, des vertus civiques, et du dévoûment au trône. Il se serait convaincu lui-même que ce n'est pas de la masse de la nation qu'il doit se défier, mais bien de ceux qui la calomniant, lui peignent peut-être sa naissance au-dessus de la loi, cette loi comme une extrême dépendance, et qui l'excitent à la briser un jour; il aurait appris que la nation veut rester ce qu'elle est, et qu'elle ne veut ni du pouvoir absolu, ni des jésuites, mais la Charte et les Bourbons. Ce jeune prince a perdu ses deux premiers gouverneurs, MM. les ducs de Rivière et de Montmorenci. M. le baron de Damas, qui l'est aujourd'hui, faisait partie du ministère déplorable. Cela suffit pour donner une idée de la marche que doit suivre l'éducation de monseigneur le duc de Bordeaux.

L'évêque de Strasbourg, M. Tarin, précepteur, appartient, par ses principes, à l'école de Loyola; il voit hors de la France un pouvoir qui commande à la France; il accorde au souverain pontife le droit de disposer des couronnes : ce n'est point là ce qu'il faudrait au prince son élève, il y a des vérités à lui apprendre qu'un tel maître lui taira, et des avis à lui donner qui ne seront jamais émis.

Ces deux princes et le roi forment à eux seuls ce que l'on appelle *la famille;* viennent ensuite deux branches de la maison de Bourbon : l'une, la plus éloignée du trône, est représentée par monseigneur le duc de Bourbon, fils du prince de Condé, et père de l'infortuné duc d'Enghien, assassiné dans les fossés de Vincennes par une puissance inconnue, car aucun des meurtriers en chef ne veut avoir commandé ce coup; il y a sur cet acte criminel un voile noir et sanglant que l'on ne lève pas, et quelque chose de mystérieux qui épouvante, car on cherche encore le vrai coupable sans jamais le rencontrer.

Le duc de Bourbon seul, noble débris d'une race de héros, resté sans postérité, a voulu disparaître de son vivant; on ne le rencontre dans aucune cérémonie publique; son nom se trouve seulement dans *l'Almanach royal,* et sa demeure est presque inconnue du peuple. Le silence qui l'environne et qu'il recherche, cette solitude qui dérobe tant de grandeur, ces larmes qu'il dévore en secret, ces regrets sans consolation, provoqués par la perte qu'il a faite, inspirent le respect et la vénération.

M. le duc d'Orléans, que tant de nœuds rattachent à la nation française, qui habite au milieu d'elle en simple particulier, qui a combattu dans ses rangs, et dont l'exil est pur de toute action contre elle, voit les regards s'attacher sur lui. Affable et bon dans le repos de sa famille, auprès de sa femme et de ses enfans, on le cherche plus qu'il ne se montre; un concours de voix s'élève pour faire son éloge, et célébrer ses belles actions. Il joint à la dignité de son rang cette urbanité qui en tempère l'éclat : il sait être homme, et n'en est que plus respecté; il sut se suffire par ses talens, lorsqu'il fut contraint d'aller chercher un asile chez l'étranger; là, il se fit honorer des ennemis de sa maison, et força la haine à se changer en estime. De retour parmi les Français, il ne s'interposa pas dans les affaires publiques. Son silence, commandé par de hautes déférences, prouva du moins qu'il ne prenait point de part aux projets que voulaient accomplir des ministres imprudens. Il fuit les partis, et n'a d'autre ambition que celle de faire bien. Il reste en exemple aux princes, et en modèle aux citoyens. Le sang des héros coule dans ses veines; on s'en aperçoit sur le champ de bataille, comme au conseil : mais le simple particulier se fait reconnaître dans un ordre admirable, dans une économie magnifique, dans une imposante observation de la loi et des mœurs au sein de ses affections privées. Ainsi, quoi que le ciel lui réserve, il est disposé à se confondre parmi les citoyens, ou à monter avec éclat où ceux de sa race ont coutume de s'asseoir chez tant de nations et depuis tant de siècles.

Il y a dans le duc de Chartres, son fils, la réunion d'un physique charmant, et des qualités les plus estimables. Il est beau comme Louis XIV, il a son âme, sera galant comme lui; mais il possède ce que d'infâmes ministres refusèrent à cet illustre roi, une éducation parfaite, une connaissance approfondie des droits et des devoirs de son rang. Le duc de Chartres sait que s'il est une des sommités de la nation, il doit donner l'exemple du bien et non du mal; que de graves obligations lui sont imposées, et qu'il y a plus à faire qu'à commander; qu'il faut se rendre vénérable, jeune ou vieux, et que, bourgeois ou prince, il faut être aimé de tous.

Il me semble qu'il y a dans l'avenir de cette

jeune grandeur quelque chose de tellement relevé, que, plus que toute autre, elle a eu besoin d'une éducation forte, qui la maintienne dans la position que Dieu lui réserve peut-être, et que ses amis souhaiteront toujours.

CHAPITRE XXV.

L'OPÉRA.

De la musique.— Décadence de l'Opéra. — M. Lubert. — Ce qui est bien. — Ce qui peut être mieux. — De ce qui est injuste. — Le vicomte Sosthène de La Rochefoucauld. — Madame Cinti. M. Nourrit. — Mesdames Noblet, Montessu, Taglioni. — Opéras et ballets nouveaux.

L'Opéra, que les provinciaux et les étrangers appellent encore le grand Opéra, est le premier théâtre de Paris par son importance. Abandonné depuis longues années de la bonne compagnie, il est redevenu à la mode, et maintenant la foule y abonde chaque soir. A l'époque où on le dédaignait, il ne présentait pas moins de magnificence, et certainement on n'y jouait pas plus mal. Les Français se sont obstinés à croire, pendant plus d'un siècle, qu'ils avaient une musique à eux (j'entends par musique le chant et l'harmonie unis ensemble); ils prenaient pour cela, ces bonnes gens, des glapissemens et des cris, des sons durs, désagréables, et pas de mélodie. La musique étrangère, celle de Gluck et Piccini, firent une révolution utile et agréable ; il y eut des insensés, ou plutôt des sourds, qui luttaient en faveur du vieux genre. On se dit force injures, on se battit même. Je ne sais pourquoi on oublia de s'adresser au parlement, dans le but d'en obtenir un arrêt contre la musique chantante, comme on en avait sollicité et obtenu contre la philosophie d'Aristote et l'inoculation.

Apprenez, mon ami, que toutes les extravagances sont traitées sérieusement en France. Le type de la nation est de faire des folies avec une gravité extrême, et d'appeler le pouvoir à soutenir la déraison. La musique allemande et italienne triomphèrent ; les musiciens français étudièrent ce nouveau genre, s'en pénétrèrent, et parvinrent à faire bien, grâce à Dieu. Le préjugé national ne m'aveugle pas au point de me faire trouver mauvais ce qui s'écarte de notre manière. Je reconnais sans peine que, depuis Grétry, les Français eurent une musique harmonieuse, et dont le charme surtout mérita les éloges des étrangers. Grétry fut célèbre ; Méhul marcha sur ses traces, que suivirent aussi, plus inégalement, Dalayrac, Monsigny, Boïeldieu et quelques autres. Le bon goût fut maintenu, il est vrai, par des Italiens qui vinrent chercher fortune en France. Le jeune *Della Maria*, si tôt enlevé aux arts; Sacchini, dont l'opéra d'*OEdipe* est le vrai chef-d'œuvre de la musique française; Nicolo Isoard, Spontini, tous gens d'un mérite non moins grand que les nationaux Lesueur, Catel, etc.

L'opéra-comique, si supérieur à nos pièces italiennes par le plan, l'arrangement des scènes, et l'art avec lequel l'ouvrage était traité, s'embellit encore d'une musique charmante, parfaitement en harmonie avec les paroles.

L'Opéra fut en général moins heureux ; soit que le public ne fût que de glace envers ce superbe établissement, soit que la force du préjugé national agît encore et y maintînt quelque chose de l'ancienne routine, il est de fait que, depuis l'opéra d'*OEdipe*, de Gaillard et de Sacchini, il faut descendre à celui de *la Vestale*, de M. de Jouy, pour les paroles, et de Spontini, pour le chant, si l'on veut trouver un ouvrage qui réunisse tous les suffrages, tant pour la partie du poème que pour celle de la musique. Cependant, entre ces deux pièces, il y en a de fort estimables et de très-dignes d'éloges, mais tout n'y est pas également à applaudir, et j'en donne pour preuve que, dans le monde, on ne cite que ces deux poèmes, lorsque l'on veut donner un exemple de la perfection.

Le gouvernement et le peuple tiennent à l'Opéra; on dépense des sommes énormes pour l'entretenir dans un état de splendeur perpétuelle; aussi ne peut-on rien voir de pareil dans aucune autre ville de l'Europe. Le luxe des costumes, des décors, le nombre des figurans, la perfection des ballets, la petite armée d'exécutans qui garnit l'orchestre, le soin avec lequel on y appelle des artistes habiles, prouvent le désir que l'on a d'amener cet établissement vers la perfection. Mais d'un autre côté, et par une bizarrerie particulière à la France, ceux mêmes qui ne négligeaient rien pour contribuer à la gloire de l'Opéra, fuyaient cette salle immense, et allaient ailleurs chercher le plaisir. Une solitude complète, causée par l'absence de la bonne compagnie, glaçait l'Opéra. Il était abandonné aux étrangers, aux amateurs des départemens, et aux billets donnés, qui ne pouvaient encore que peupler à demi ce grand désert.

Peut-être une administration ignorante contribuait-elle à cette défaveur? Ceux qui étaient chargés du commandement suprême, ou manquaient d'habileté, ou étaient trompés par des subalternes avides qui exploitaient l'Opéra dans leur intérêt personnel, et non pour l'agrément du public. Quelle que fût d'ailleurs la cause de cette décadence, elle était réelle, et frappait tous les yeux. L'Opéra périssait quoiqu'il coûtât beaucoup. Ce fut au moment où sa chute paraissait inévitable, que M. Lubert fut nommé directeur suprême de cet établissement trop somptueux. M. Lubert est un homme de petite taille, mais d'une volonté ferme. Il voulut que son directorat fût une dictature, et prétendit être maître absolu où ses prédécesseurs avaient grand'peine à être chefs. On réunit en ses mains toute l'autorité, si bien qu'il donna de la pesanteur à son sceptre, et que par-là il se fit respecter. Il est bon musicien, il a de l'ordre, de l'énergie, du goût et de l'adresse; il écoute les avis, et ne fait qu'à sa tête; son gouvernement est un despotisme pur, tel qu'il le faut à un établissement de ce genre. Les formes constitutionnelles ne conviendraient pas aux trois classes d'enfans qu'il régit, les acteurs, les danseurs et les musiciens. Vouloir espérer de ceux-ci quelque chose de raisonnable, et les conduire par le bon sens, les procédés et la complaisance, ce serait chercher la pierre philosophale : tout ce qu'il y a de capricieux, d'inconstant, d'irréfléchi, de maussade, de vanité, d'amour-propre, d'orgueil, de puérilité, de bouderie, de sottise et de folie dans la cervelle humaine, agit principalement sur celles qui composent la nation de l'Opéra. Dieu même ne les gouvernerait pas, s'il ne les traitait un peu à la diable; il faudrait qu'on le crût presque méchant, pour qu'on lui obéît. Ce n'est pas que M. Lubert n'emploie dans ses relations avec ses sujets toutes les formes d'obligeance et d'urbanité ; elles lui sont trop familières pour qu'il les néglige; mais en même temps il veut être obéi.

Depuis son administration, tout a changé de face sur cette terre classique d'insurrection et de mutinerie; il y règne un ordre admirable; chaque partie du service concourt à l'avantage du tout ; un choix heureux d'ouvrages lyriques, des ballets amusans et bien montés, des voix flatteuses qui ne crient plus, mais qui chantent; oui, vraiment, du chant à l'Opéra, en place des hurlemens ou des cadences chevrotantes. La musique de Rossini a ramené la bonne société, et la foule avec elle ; maintenant la salle est pleine à chaque représentation, les loges sont louées, et les billets *gratis* ne remplissent plus de leur pauvreté la caisse des recettes. Voilà ce que l'on doit à un bon choix. Les hommes capables ne manquent pas en France, mais bien la volonté de les employer.

Il ne faut pas croire que ces améliorations patentes soient du goût de tout le monde ; ceux qui feraient mal trouvent qu'on a tort de bien faire, et le prouvent clairement à tous leurs amis. Puis viennent les envieux, les concurrens, les partisans des individus froissés en intérêts comme en amour-propre ; ceux, enfin, qui, imprégnés de vieux ridicules, déplorent de voir compromettre la dignité de l'Opéra....

La *dignité* de l'Opéra ! N'est-ce pas à lever les épaules ? Pourquoi ne pas dire aussi la *majesté* ? Figurez-vous une centaine d'ordures morales et de débauches physiques ; des mœurs ! Dieu sait comme ; des habitudes pires encore, voilà pour qui on veut de la dignité, à moins que ce ne soit pour la salle elle-même. Dans ce cas, de la mauvaise musique, de sottes pièces, des chanteurs selon l'ancienne méthode, seraient de la dignité ! Ne trouvez-vous pas cela plaisant, et n'en rirez-vous pas avec moi ?

M. Lubert, en homme de sens, ne voit qu'une chose, la prospérité de l'Opéra, et l'argent qu'il peut rapporter. Or, pour parvenir à ce résultat, tous les moyens sont bons ; toute pièce qui amusera sera reçue, dût-elle faire rire, et rire aux larmes, car vous saurez que, jusqu'à lui, il était presque passé en règle qu'on ne devait que pleurer à l'Opéra. On ne s'en tenait pas là ; on bâillait à se démonter la mâchoire ; l'ennui était le manteau de cette dignité extravagante. Cependant, tout n'est pas bien encore, mais tout est complétement mieux qu'autrefois. M. Lubert rétrécit le cercle de ses préférences ; il ne veut presque qu'un seul auteur et qu'un seul musicien. Celui-ci est Rossini, le dieu actuel de la musique en France, en attendant que son successeur vienne. M. Lubert écarte trop les ouvrages qui ne sortent pas des fabriques Scribe et Jouy. Je lui demanderai, par exemple, pourquoi il ferme opiniâtrément l'entrée de la scène lyrique à l'*Alexandre à Babylone*, de M. Lormian, dont Lesueur a fait la musique. Certes, à part M. Sosthène de Larochefoucauld, qui a annoncé à l'auteur que son poëme était mal écrit, personne ne s'avisera de contester à celui qui a fait *Omasis*, et traduit avec autant d'éclat que de pureté Ossian et Le Tasse, le mérite du style, ni celui d'un grand talent musical au compositeur des *Bardes*. Pourquoi l'*Ulysse à Corcyre*, de M. Zimmermann, est-il écarté? D'autres talens ne pourront-ils se faire connaître? Pourquoi le comité de lecture n'est-il plus qu'une déception où l'on refuse par feu de file tout ouvrage que le directeur n'a pas accepté à l'avance. C'est une injure grave faite à la littérature, et contre laquelle on devrait protester. Certainement, je suis le premier à rendre justice à M. Lubert, et je le prouve; mais je voudrais qu'il fût plus impartial, et qu'il crût qu'il y a d'autres talens en poésie et en musique que ses intimes et ses protégés.

Je sais bien qu'où M. de Larochefoucauld domine, on ne peut attendre beaucoup de justice et d'impartialité; que le directeur des beaux-arts, esclave de ses bureaux, où l'on n'accueille que la bassesse, et d'où toute indépendance est repoussée, ne pourra jamais que nuire aux progrès des beaux-arts. Ces choses me sont connues, et peut-être ailleurs les traiterai-je à fond, si j'ai trop de matière pour trouver jour à m'en occuper ici. Il est temps qu'une voix qu'aucune considération n'a fait fléchir porte la parole dans ce camp ennemi de la littérature, qui ne veut que des flatteurs et des ilotes, et qui a trouvé le moyen, par des ordonnances contresignées Larochefoucauld, de montrer le roi aux hommes de lettres, non en généreux protecteur qu'il est, mais en prince qui ne jette qu'à regret une chétive pitance, qu'il sera toujours prêt à supprimer.

La prospérité présente de l'Opéra est incontestable; elle est due à la seule administration de M. Lubert, et tout porte à croire qu'elle disparaîtrait si un autre chef était donné à la scène lyrique. J'aime à lui rendre cette justice ; elle est dégagée de toute considération personnelle. Je puis dire plus, car je suis dans le nombre de ceux qui ont à se plaindre de son comité. J'avais voulu y porter un opéra en deux actes, dont le sujet reposait sur un trait de la vie d'un grand homme de l'Italie; je n'ai pu même en obtenir la lecture, et le refus, quelque peu agréable qu'il ait été, a du moins laissé en paix mon amour-propre de poëte. Ce n'était point de mon ouvrage qu'on ne voulait pas, mais bien écarter un intrus de la coterie.

L'Opéra est maintenant magique; tout y est réuni pour enivrer les sens et les transporter dans un pays de merveilles. L'oreille, les yeux y sont également enchantés; la voix divine de madame Cinti, celle non moins délicieuse de Nourrit, transportent l'âme doucement émue des sons mélodieux de la lyre de Rossini. Les ballets offrent un assemblage des talens les plus variés ; on y voit aussi mademoiselle Noblet, dont la danse aisée, majestueuse, arrondie, plait et charme; une dame Montessu remplie de vivacité, de pétulance, et pourtant de moelleux et d'élégant; une nymphe appelée Taglioni, qui danse en marchant, qui ne saute pas, mais qui glisse. C'est le repos en mouvement avec toutes ses grâces, sa finesse ; c'est un mélange de naturel et de travaillé où l'art ne s'aperçoit pas ; c'est une danse qui agit moins sur les sens que sur les cœurs. Je vous avoue que mademoiselle Taglioni est pour moi autre chose qu'une danseuse ; j'ignore si elle fait mieux que les autres, si même il faut faire comme elle, mais je sais qu'elle m'enivre par ses manières, et que, lorsque je la vois paraître, je n'ai plus d'yeux que pour elle seule.

Parmi les ouvrages qui attirent maintenant la foule, je vous signalerai *la Muette de Portici*. J'ignore la cause de son succès ; le poëme est faible, la musique seulement jolie, les décorations ordinaires: je cherche la cause de l'engouement du public ; le motif d'un ballet au troisième acte, et à la fin une vue de l'irruption du Vésuve peuvent seuls l'expliquer.

Le Comte Ory, mauvais vaudeville en un acte, dont on a fait un opéra en deux, qui ne vaut guère mieux, mais que pare un choix fait avec goût de divers morceaux de Rossini. Le *pasticcio* est délicieux.

Guillaume Tell, musique du même, et son chef-d'œuvre, à ce que prétendent les intéressés à sa gloire ; MM. de Jouy et Bis n'ont guère ajouté, par cet ouvrage, à leur réputation.

Le Siége de Corinthe, que le beau talent poétique de M. Soumet n'a pu sauver du cachet de glace que lui avait imprimé l'auteur du *Libretto* italien. Rossini est encore là, dit-on, dans l'un de ses triomphes : j'ai trouvé celui-là bien solennel.

Le ballets courus maintenant sont *Mars et Vénus*, ou *les Filets de Vulcain*, vieillerie mythologique incompréhensible, où brille sans doute le talent du chorégraphe, mais où ne se montre pas celui du compositeur. *La Somnambule*, comédie-vaudeville réduite en pantomime, et qui n'y perd pas : l'auteur lui-même en convient. *La Belle au bois-dormant*, féerie ennuyeuse, logogryphe de danse, dont les décors font tout le mérite. Ces succès et cette prosperité, dus à des ouvrages en général très-médiocres, ne font que plus ressortir le génie du directeur de l'Opéra. On les doit à son art et à sa conduite. Je désire que des entraves ne viennent pas l'arrêter dans sa marche ; on se lasse de tout, en France, même du bien. Les plus à craindre ne sont pas les plus habiles; ce sont les ignorans qu'il faut redouter ; ceux-là sont infatigables à combattre les améliorations utiles ; ils sont vains de leur entêtement : l'opiniâtreté est l'énergie de la sottise.

CHAPITRE XXVI.

LA CHAMBRE DES PAIRS.

Sa généalogie. — Ses attributions. — Ses priviléges. — Sa composition. — Ce qu'elle est. — MM. Dambray. — De Pastoret. — De Sémonville. — Comment les pairs sont divisés entre eux. — Libéraux. — Ultras. — Le clergé à la Chambre. — Les cardinaux de Clermont-Tonnerre. — De Croï. — De La Fare. — De Latil. MM. de Bonald. — De Lévis. — De Saint-Roman. — De Lamoignon. — De Lally-Tolendal.

La France a un gouvernement constitutionnel; le roi est le chef suprême du royaume; il décide de la paix et de la guerre, de l'administration, mais il ne peut faire les lois ni établir l'impôt; sa puissance a besoin du concours des deux Chambres créées par la Charte de Louis XVIII, qui, d'accord avec le monarque, forment l'unité du pouvoir législatif; la Chambre des pairs et celle des députés. Cette combinaison sage, qui prévient toute secousse et ne permet aucune contestation ou jalousie dangereuse à la paix de l'état, n'existait, ni dans l'ancien régime, où ce que l'on appelait les états-généraux n'avait que des doléances à exprimer, et les parlemens des remontrances à faire, ni dans la Constitution de 1791, où une seule Chambre devait se montrer ennemie nécessaire du monarque, ni pendant celle de la Convention nationale; elle exista dans la Constitution de l'an v, où le Directoire formait le pouvoir exécutif, et où deux Conseils, celui des Anciens et des Cinq-Cents, concouraient à faire les lois. Napoléon ne garda pas long-temps un fantôme semblable; il brisa le Tribunat, annihila le Corps législatif, qui d'ailleurs n'avait pas avec le Sénat des rapports intimes. Le Sénat devait veiller à la conservation des lois, et non travailler à les faire.

Louis XVIII rétablit la nation dans ses droits, et se l'adjoignit dans la partie où son intervention était nécessaire et légitime. Il renonça à des empiétemens injustes, ou, pour mieux dire, se conforma aux progrès des lumières et au développement de l'esprit humain. La Chambre des députés dut être choisie parmi les citoyens payant mille francs d'impôt; les électeurs, à qui ce soin fut confié, durent payer eux-mêmes trois cents francs de contribution. La royauté, d'ailleurs, répudia toute influence directe sur cette nomination, se contentant de veiller à la protéger contre les menées des factieux ; mais en même temps elle se réserva la nomination illimitée des pairs, et voulut être libre de les créer à volonté. Elle fit d'eux la vraie noblesse, puisque seule elle a des priviléges. La pairie devint héréditaire, et transmissible aux diverses branches d'un tronc commun ; elle reposa sur la formation d'un majorat également inaliénable; la contrainte par corps fut annulée à l'égard de ses membres, en tout ce qui ne serait pas criminel ; et, dans le cas même de criminalité, il faut un mandat d'arrêt des officiers de la Chambre. Les pairs qui voyagent prennent des passeports, non à la mairie, comme les autres citoyens, mais au secrétariat de leur Chambre. Ils ont droit à des honneurs particuliers. La première place dans toutes les cérémonies publiques leur est réservée à la droite du fonctionnaire le plus élevé en dignité, parce que celui-ci est le représentant direct du roi. Ils ont un riche costume, composé d'une tunique de velours bleu brodé d'or ; un manteau de même étoffe pareillement brodé, dont le collet est une ample fourrure ; une culotte blanche, un chapeau à la Henri IV, garni d'un double cercle de panaches blancs. Ils n'ont qu'à vingt-cinq ans le droit d'assister aux séances, qui sont secrètes, par la volonté expresse de la Charte.

La pairie est donc une véritable aristocratie; il fallait, en l'établissant, songer à la garnir de personnages non moins illustres par leur réputation personnelle que pourvus de cette haute fortune qui éblouit le peuple, et ajoute, par malheur tant de considération à l'importance de l'individu. Pour arriver à ce résultat, que tout commandait, la sagesse aurait voulu que, s'élevant à des considérations d'un ordre supérieur, le monarque ou les ministres qui le conseillent et contresignent ses ordonnances, dont ils sont responsables, n'écoutassent aucune affection particulière, consentissent à s'isoler de toute amitié, de tout préjugé, et formassent ainsi une Chambre de pairs forte et vigoureuse, imposante par le faisceau de grandeurs en tous genres qu'elle renfermerait, et par la richesse de ses membres.

La première partie de cette nécessité reçut son exécution lors de la promotion que fit le roi, en 1814; à part les anciens ducs et pairs, qu'il était naturel d'y faire entrer, on y admit un choix de personnages qui fut généralement approuvé. Il n'en fut pas de même depuis; des considérations de personnes, des sollicitations, des exigences de parti amenèrent dans la Chambre une foule d'inconnus, sans mérite supérieur, et presque pauvres. Leur nombre, loin d'ajouter à la splendeur de la pairie, en diminua l'éclat. On se demanda quels services patens, quelles grandes actions, quels talens avaient illustré ceux qui étaient l'objet d'une si haute faveur. L'ordonnance qui les éleva ne les fit pas mieux connaître ; ils retombèrent derrière le voile qu'on avait soulevé un instant ; et si, comme je viens de le dire, leur puissance ne contribua pas à la majesté de la Chambre, ils ne la rendirent pas plus forte, et l'éclairèrent encore moins des lumières dont ils n'étaient pas pourvus.

Cette faute a nui à la bonté de l'institution ; la chose est si vraie, que la Chambre des pairs n'a pas de clientelle, et qu'elle marche dans l'opinion publique à la suite de celle des députés. Néanmoins, et il faut le dire, elle a mieux fait que celle-ci ; elle s'est, en général, montrée plus constitutionnelle, et a fait échouer les tentatives insolentes de ministres qui empiétaient sur la liberté. Elle a donc rendu des services éminens, et on lui en tient à peine compte ; elle est obscure, effacée : par quelle cause ? on la trouvera dans cette foule de membres inhabiles qui embarrassent sa marche, gênent ses mouvemens, et que la nation voit avec crainte, parce qu'elle sait qui les a désignés, et dans quel but ils l'ont été. Il dépend d'eux de prouver l'injustice de l'effroi qu'ils inspirent ; ils n'ont qu'à se montrer les fermes défenseurs de cette Charte en vertu de laquelle ils existent, et dont la chute les ensevelirait sous ses débris.

N'allez pas conclure de la sévérité de mes paroles que les célébrités, les nobles caractères, les talens recommandables soient rares dans cette Chambre ; on les y trouve en nombre suffisant pour se conduire, mais pas assez pour en illuminer toutes les parties. Le chancelier de France, homme probe et nul, en est le président perpétuel. M. Dambray, qui eut des vertus et peu de qualités brillantes, a décliné rapidement; sa santé, faible et chancelante, a nécessité la nomination d'un vice-chancelier dans la personne de M. le comte de Pastoret*. C'était un coadjuteur en expectative, prêt à recueillir l'héritage, s'il venait à vaquer. M. de Pastoret est bien avec la cour ; il fut quelques semaines ministre de Louis XVI. Il traversa la révolution avec honneur, se fit aimer par sa modération, et en recueillit les avantages. Il est poli

---

* M. Dambray est mort pendant l'impression de ce volume, et M. de Pastoret lui a succédé. (*Note de l'éditeur.*)

comme un avocat vieilli dans la fréquentation des grands seigneurs; et, comme tous les anciens légistes, il a une tendance vers l'autorité absolue. Il trouve qu'il vaut mieux tirer profit du trône pour soi que pour les autres; que la liberté est bonne sans doute, mais que le bien personnel est préférable. Il ne nuira jamais de lui-même à l'ordre établi, mais, si on voulait le renverser, il laisserait faire. Il a de l'instruction, des connaissances profondes, et suit les lois, ce qu'on ne peut dire toujours de ceux qui les font. Il écrit purement, et ne manque pas de mérite. Néanmoins, l'influence qu'il exerce sur la Chambre est peu de chose; celle du grand référendaire, le comte de Sémonville, a plus de réalité. Il a long-temps tenu la bourse; c'était par ses mains que passaient les demandes qu'il fallait appuyer ou contredire; il s'interposait entre la Chambre, dont il est l'homme d'affaires, et les ministres, qui s'accommodaient fort bien de son arbitrage. Ce fonctionnaire, qui a su mériter la confiance de tous les gouvernemens, a plus de finesse que d'astuce, plus de complaisance que de soumission; il croit que l'art de tirer son épingle du jeu n'est pas de l'intrigue, que rien n'oblige qui a de l'esprit à ne point en profiter. Il se sert du bien avec fruit, l'emploie avec mesure, car souvent son adresse est de la bonne prudence, et sa menée un acte de raison. Ceux qui ne connaissent pas M. de Sémonville, le jugent mal ; il vaut mieux que ce qu'ils en disent. Sa sagesse est celle d'un homme qui ne veut pas tomber, et sa fermeté a toujours quelque chose de l'urbanité du courtisan.

Il y a dans la pairie deux fractions bien distinctes ; l'une voudrait ce qui était autrefois, l'autre ce qui est maintenant. Ce ne sont pas tous les anciens nobles qui sont du premier parti, ni tous les gens du nouveau régime qui soutiennent le second. Il y a des deux côtés des mélanges bizarres ; des marquis plébéiens qui se font marquis de cour, des gentilshommes de nom et d'armes qui sont devenus raisonnables parce qu'ils se sont éclairés du résultat de leurs réflexions et de leur expérience. On compte parmi ces derniers MM. les ducs de Mortemart, de la Vauguyon, de Choiseuil, de Broglie, de Doudeauville, le prince de Talleyrand, le marquis de Jaucourt, le vicomte de Chateaubriand, les comtes de la Ferronnays et de Laroche-Aymond, le marquis de Catelan, le comte de Pontécoulant, de Ségur, le duc de Praslin, etc., et plusieurs autres, dont les noms ne me viennent pas en ce moment. Ceux-là luttent de toutes leurs forces contre des opinions exagérées ; ils savent ce que la noblesse a perdu dans une lutte inégale en force ; ils voient ce qu'elle perdrait encore, et tâchent de conquérir, par la modération, des esprits qui rêvent un succès impossible, au moyen d'une résistance sans vigueur.

Ils ont pour soutien dans leurs efforts ce nombre de hauts mérites, de dignes héros de la révolution et de l'empire, ces anciens fonctionnaires qui furent les flambeaux de leur temps, et qui gardent dans leur vieillesse le bon esprit de leurs jeunes ans. Cette masse de gens raisonnables est la plus compacte, et celle qui, en définitive, a le plus d'influence. L'autre parti, renforcé de tous les membres du clergé, se perd dans les abimes d'une spiritualité mystique, toute contraire aux intérêts du trône, bien qu'en apparence elle se concilie avec eux. De là est sortie cette affreuse loi du sacrilége, dont on a fait justice Il est possible que les lois règlent les mœurs; il est incontestable qu'il n'est pas de loi qu'on puisse exécuter avec des mœurs qui la repoussent, mais les préjugés sont aussi représentés à la Chambre des pairs. Ce qu'il y a de plus plaisant, c'est de voir certains membres qui, sans l'abolition de ces préjugés, seraient loin des honneurs de la pairie, se déclarer leurs champions, mais sans succès; ces vieilles idées ne se transmettent pas dans toute leur pureté originelle. Le fils de l'homme le plus encroûté d'absolutisme se sature malgré lui de constitutionnalité ; la jeunesse *ultrà* est tant soit peu empreinte du libéralisme à sa manière, il est vrai, mais enfin elle en professe certains principes : le reste viendra avec le temps.

A la Chambre, les cardinaux font tout ce qu'ils peuvent afin d'acquérir une suprématie qui conviendrait à leur ambition ; mais, pour réussir, il leur manque le génie qui portait le cardinal de Retz à lutter seul contre la majesté royale, et cette considération que des coups de tête, que des folies d'enfans ne donnent pas. Le cardinal de Clermont-Tonnerre, par exemple, se poursuit lui-même depuis quinze ans, par des actes qui annoncent combien il est peu propre à conduire un parti. Bouffi du même orgueil que l'évêque de Noyon, son grand-oncle ; bien persuadé que Dieu regarderait à deux fois pour damner un homme de son nom ; se repaissant d'une vaine fumée, il cherche des succès dans les pensionnats de demoiselles, et applique à un luxe inutile des revenus que des gens sages emploieraient à payer leurs dettes, s'ils en avaient, et qu'un saint prélat répandrait en aumônes bien adressées. Il a pour habitude de traiter les ministres du roi qui lui résistent, comme il traite ses valets de chambre qui lui manquent ;

l'importance qu'il affecte lui fait perdre la sienne : il se flatte d'avoir fait un pape, tandis qu'avec plus de raison il pourrait se vanter d'avoir, pendant cinq ans, présidé aux nominations dans les hauts emplois de l'armée française.

Le grand aumônier voudrait aussi être quelque chose ; il a bien assez de sa charge, et de lire les mandemens qu'on lui fait avec maladresse.

Le cardinal de la Fare a perdu, à soutenir un procès ridicule, un temps qu'il aurait pu employer à mieux s'instruire de la situation présente, et de la manière de la diriger*. Quant au cardinal de Latil, on le craignait sous le feu roi, qui ne lui laissait rien à faire, et l'on en a eu moins peur lorsqu'il a pu faire, parce qu'il n'a rien fait.

Les séculiers ont aussi leur amour-propre et leur ambition ; ils veulent marcher par eux-mêmes, et mettent facilement de côté messieurs du clergé. Les pairs qui appartiennent à l'intimité de la cour voudraient que le crédit leur vînt de leur position hors de la Chambre ; qu'on respectât en eux les ducs, anciens chefs de la noblesse, les hommes honorés des plus augustes amitiés. Telles sont leurs prétentions. Les pairs *ultrà* de moyenne noblesse ou de roture, parvenus, qui professent

---

* Il est mort en décembre 1829. (*Note de l'éditeur.*)

les mêmes opinions politiques que ces derniers, prétendent, au contraire, que l'habileté doit commander. Ainsi, par exemple, M. de Bonald se flatte de mener ses collègues! M. de Bonald, dont l'abnégation fastueuse n'a pas plus de succès que la profondeur obscure de ses ouvrages; qui, à l'exemple de Sénèque, écrit sur le mépris des richesses; qui a touché, et peut-être touche encore plus de cent mille francs des revenus de l'état: lui, auquel on a reproché le bénéfice d'une pension que lui faisait la police, et qui provenait d'une source honteuse. Imputation odieuse, qui, je crois, est fausse, et dont ses grandes occupations ne lui ont pas permis de se laver victorieusement. Vous n'avez pu achever la lecture des œuvres de cet homme de lettres, qui, de bourgeois, est devenu gentilhomme, et qui a consenti à perdre l'estime publique en montant à la place suprême du tribunal infecte de la censure. M. de Bonald, parce qu'il parle beaucoup, se persuade qu'il pense. Il vit depuis trente ans sur une seule idée, délayée dans vingt énormes volumes et dans deux cents discours. Si tous ces ouvrages étaient perdus moins une page, on y retrouverait M. de Bonald tout entier.

Le duc de Lévis, qui fait de la littérature en amateur, en fit sous Napoléon en homme de lettres ; il voudrait maintenant pouvoir faire de la politique ; le ministère des finances lui conviendrait fort, on ne le lui donne pas, voilà d'où vient sa colère.

Le comte de Saint-Roman est le champion des vieilles idées, le contempteur du nouveau régime. Il y a pleine alliance entre *la Quotidienne*, *la Gazette* de France et lui; on le trouve toujours en tête quand il faut protéger une loi désastreuse, et quoiqu'il se remue beaucoup, il ne peut arriver à faire du bruit. On voit le comte de Lamoignon, désertant les traditions parlementaires, prendre en main la défense de l'absolutisme et des ultramontains.

La censure ridicule a poussé à la Chambre des pairs, et M. Olivier et M. Masquillier, dont elle a ainsi récompensé le courage qu'ils ont mis à devenir les collègues de Lourdoueix, Pain, Levacher, etc.

Vous devez être persuadé que ce monde-là n'a pas grande influence ; outre ces chefs de file sans force morale sur leurs collègues, qui ne se décident qu'après que ce qui a été convenu, il y a dans la Chambre des pairs des notabilités bien autrement importantes. Il fut un temps où l'on aurait compté dans ce nombre M. de Lally-Tolendal, dont les premières pensées furent si généreuses, lui qui eut à venger la mémoire de son père, des injustices d'un arrêt sanglant rendu en faveur du pouvoir absolu, lui que la révolution française vit à son aurore parmi ses zélés défenseurs, et qui, plus tard, et dans sa maturité, accueillit avec transport notre Charte sacrée. Je ne sais pourquoi, maintenant, soit qu'il faille en accuser la faiblesse de l'âge, ou des captations étrangères, on le voit abandonner la cause à laquelle il dut sa réputation, pour en embrasser une qui ne peut que diminuer la considération dont il jouit. M. le marquis de Lally-Tolendal avait le projet de plaire à tout le monde; il a fini par ne vouloir plaire qu'aux grands seigneurs. Depuis 1827, il s'est déclaré en faveur de toutes les mauvaises lois; il ne se sépara pas du ministère déplorable, et combattit à outrance les bonnes lois qui amenèrent les successeurs de ces hommes-là.

A défaut de ce personnage, ceux que je vous ai déjà signalés suffisent à maintenir les droits de tous et de la nation contre l'envahissement des intermédiaires. Ceux-là seront toujours les faisceaux lumineux dans lesquels la royauté mieux éclairée ira chercher ses conseillers lorsqu'elle reviendra de la surprise dans laquelle les hommes qui l'ont trompée la jettent. On se flatte en France que le roi retournera à ses vieux amis ; il saura que les plus fougueux ne sont pas ceux dont les affections sont les plus constantes.

CHAPITRE XXVII.

TROIS ACTEURS.

Potier. — Mlle. Mars. — Talma. — Les trois époques de son talent. — Ce qu'il était.

J'ai vu trois acteurs en France : mademoiselle Mars, Talma et Potier; oui Potier, n'en déplaise aux amours-propres de ceux qui voudraient faire partie de sommités dramatiques; deux hommes, une femme, voilà tout ce qui restera dans la mémoire de nos neveux de cette foule de talens, de demi-talens, de quarts de talens et de non-talens qui obstruent toutes nos scènes. Potier est naturel, c'est son premier mérite; ce n'est pas Brunet, toujours le même depuis quarante ans, et qui se mouche, rit, pleure et gesticule dans le dernier rôle qu'il a joué, ainsi qu'il l'a fait à son début. Potier n'est jamais lui; il est toujours un autre; il est le personnage dont il a pris les noms et les habits; il fait rire avant de parler, et bien plus encore lorsqu'il parle ; on ne résiste ni à son geste, ni à ses mines, ni aux inflexions de sa voix. Cependant il n'y a dans ses manières rien d'apprêté; il est ce qu'il doit être, et, à force d'art, il a l'air de s'en passer : je le vois toujours avec une satisfaction nouvelle. Son mérite est si supérieur, qu'il a fallu faire pour lui mieux que des farces; il a forcé le genre de son théâtre à s'élever jusqu'à la comédie : témoins le *ci-devant Jeune Homme*, le *Bourguemestre de Saardam*, etc. Quand on joue comme lui, on doit peindre des caractères, et non faire briller les éclats d'une grosse gaieté. Il a dans la voix quelque chose de si plaisamment grave, et dans le regard une sensibilité si folle; il dit avec tant de sérieux des extravagances, que nul ne peut se refuser à l'applaudir. Est-ce un acteur qui est en scène? je le demande au plus indifférent; c'est *le Père sournois*, *le prince Fortuné*; c'est M. *Willaume*, et pas autre chose. On ne copie pas de cette manière; c'est inventer, créer, ou être naturel, ce qu'on voudra, cette qualité est à mes yeux la première; je bâille ou je souffre dès que je vois l'échafaudage prétentieux de gens qui imitent, qui tâchent, de la meilleure foi du monde, d'affecter la simplicité, de paraître ce qu'ils ne sont pas. Hélas! leurs efforts les décèlent; ils sont froids quand ils veulent se montrer chauds; ils nous endorment quand ils prétendent nous égayer. Il n'en est pas ainsi de Potier; il joue de même qu'il agit; il est certainement dans sa chambre ce qu'il sera sur un théâtre, dans son costume scénique, aussi-bien que sous l'habit de ville; en lui, l'acteur et le particulier ne font qu'un.

De telles qualités, portées à l'éminence, ont dicté mon jugement; ce sont les résultats de mes impressions que j'exprime. Que m'importe l'opinion d'autrui, elle ne doit aucunement influencer la mienne; la masse pense comme moi sur le compte de Potier; je lui reproche avec elle cette inconstance qui le pousse toujours hors du vrai théâtre de sa gloire, et sur des planches qui ne sont pas faites pour lui. Un cadre trop vaste ne convient pas à un tableau de genre. Teniers a circonscrit les siens à une toile de petite dimension. La Porte-Saint-Martin dévorait Potier, et ailleurs il ne rencontrerait pas les auxiliaires dont le concours l'aidait si merveilleusement aux Variétés. Qu'il y revienne donc; qu'il se remette à son aise, et la foule accoutumée à le voir là, cette foule, qu'à Paris surtout on a tant de peine à fixer, accourra l'applaudir aux lieux où sa réputation s'est faite.

Les acteurs les plus distingués du boulevard, ceux qui ont voulu succéder à Potier, sont restés à une distance énorme de son talent supérieur; ils n'en manquaient pas eux-mêmes, pourtant : Vernet, dans son genre, a du mérite; Lepeintre sait désopiller la rate par des moyens qui lui sont particuliers et des effets dus à ses études. Perlet est gai, trop gai, peut-être, car cette gaîté finirait par être celle de la canaille; et, quoi que Figaro dise en faveur de l'ivresse du peuple, celle de la bonne compagnie vaut mieux.

Il est arrivé de même à ces étoiles errantes qui ont voulu éclipser l'astre brillant de mademoiselle Mars; véritables fusées volantes, leur feu d'artifice les a dévorées. On les portait avec enthousiasme sur la scène, et déjà elles en avaient disparu, ou pour mieux dire elles étaient arrêtées par des difficultés dont elles n'avaient pas encore deviné l'étendue. Leurs partisans prenaient en elles des illusions pour des réalités, des grâces de jeunesse pour du talent dramatique, des mines affectées pour de la naïveté et de l'aplomb, un gentil minois pour cette figure si bien coupée, si entraînante, si persuasive. La création de mademoiselle Mars fut une de ces bonnes fortunes que la nature se donne de temps en temps ; elle naquit pour être actrice, comme d'autres naissent pour ne l'être pas. Je débutai, dit-elle, inaperçue. Elle commet une erreur ; ce n'est pas *inaperçue* qu'il faut dire, mais bien qu'elle parut si aisée, si maîtresse d'elle et de ses mouvemens ; il y avait déjà tant de talent dans son jeu précoce, que le public se trompa, et la prit pour une actrice consommée. Elle a une voix dont le timbre est si pur, si flatteur, si argentin, qu'à lui seul il captive les oreilles ; elle est si jolie, sa taille est tellement parfaite, qu'elle enivre les yeux ; enfin ses gestes, sa naïveté exquise, la manière sans pareille avec laquelle elle jette les mots, l'art profond qui lui permet de se sortir avec honneur du péril de longues tirades, tout se réunit pour faire de mademoiselle Mars *le diamant* de la scène, et *la merveille* de l'époque.

Sa supériorité est si bien établie, que le parti qui la hait, à cause de ses opinions politiques, ne la lui conteste pas ; elle est pour lui, comme pour les autres, l'inimitable Mars. Cette actrice consommée a joué pendant longues années, et exclusivement, les rôles d'ingénues ; ils fondèrent sa réputation, et elle n'y sera jamais surpassée. Elle leur donna une teinte de naïveté maligne, de douceur friponne qui enleva les suffrages. Il fallait la voir dans l'Agnès de *l'École des Femmes*; Victorine du *Philosophe sans le savoir*; Charlotte des *Deux Frères désunis*, dans Betti de la *Jeunesse de Henri V*; dans *la Jeune Femme colère*, dans *la Fille d'Honneur*, et enfin dans *Valérie*, pour concevoir à quel degré éminent de grâces, de finesse, de candeur elle pouvait s'élever; pour apprécier cette chaleur toujours modeste, cette âme à la fois gaie, étourdie et profondément sensible; c'était et c'est encore la perfection : car elle n'a abandonné aucun de ces rôles, elle y est toujours jeune; elle a pour nous encore quinze ans, vingt ans, et c'est elle qui pourra s'écrier, jusques dans la décrépitude :

Mon extrait de baptême est vieux, et non pas moi.

Lors de la retraite de Contat, mademoiselle Mars voulut ajouter de nouveaux fleurons à sa couronne dramatique, en prenant l'emploi des grandes coquettes; elle s'en empara avec sa supériorité accoutumée; elle ne les joua point comme l'actrice consommée qui venait de disparaître; elle n'imita pas; elle les ploya aux avantages de sa personne ; elle les fit siens. Ils eurent avec elle moins de légèreté que d'élégance, moins d'étourderie que de verdeur, ils furent nuancés avec plus de calme, avec une dignité moins impertinente ; ce ne furent plus peut-être les femmes de l'ancien régime, mais ce furent toujours des personnes de bonne compagnie, accoutumées encore dans leurs éclats, et en vertu de leur rang, à commander, sinon l'estime du moins le respect. Ainsi Célimène du *Philosophe marié*, du *Misanthrope*, la *Coquette corrigée*; Araminthe, des *Fausses Confidences*; Silvia, des *Jeux de l'Amour et du Hasard*, reparurent avec d'autres nuances, un autre fond de caractère, toujours bien, toujours satisfaisant. Il n'est que trois rôles dans lesquels il me semble que Contat aurait maintenu sa suprématie ; ceux de Suzanne, dans le *Mariage de Figaro*, de madame de Clainville, dans la *Gageure imprévue*, et surtout de la marquise, dans le *Legs*. Ce dernier était le triomphe de Contat, c'était la nature en personne, la nature de la haute société ; l'art réduit à l'aisance, au bon ton par excellence, à une habitude de commandement ; c'était la dignité d'une femme de la cour dont les avances sont encore de la supériorité. Mais, hors ces trois rôles, et certes il y a tous ceux de l'emploi des ingénues dont Contat n'aurait pas su jouer une scène, mademoiselle Mars s'est montrée à la même hauteur qu'elle, et l'a dépassée. Dans l'Hortense de l'*École des Vieillards*, elle est ravissante : l'illusion est complète ; la jeune fille, la jeune femme, l'ingénuité de l'âge, la coquetterie du fond, cette vertu présente, ces fautes à venir, tout cela est si admirablement fondu ensemble et néanmoins si bien détaillé, qu'on ne peut imaginer une autre manière de jouer ce rôle, et qu'il semble que mademoiselle Mars a posé là des bornes que celles qui viendront après elle ne franchiront pas.

L'art prodigieux qu'elle mettait à être naturelle, fit croire à ses amis et à elle que toutes les palmes de la scène pouvaient être cueillies par sa main, un essai heureux dans le rôle de Benjamin (*Omasis* de M. de Lormian), enfla son courage, et plus tard elle essaya de chausser le cothurne tragique et de prendre les premiers rôles dans les drames. Ceci ne put avoir lieu. Tout talent a des bornes ; l'homme ne peut être universel. Mademoiselle Mars avait été créée pour être la perfection dans la comédie, mais pas ailleurs. Le foyer de chaleur de son âme ne produisait que des éclats tempérés ; sa voix n'était qu'harmonieuse et non point pleine ; les larmes coulaient goutte à goutte de ses beaux yeux et point à torrens; ses gestes si gracieux et si doux ne purent devenir brusques et rapides. La grandeur du genre l'écrasa, et elle montra dans le *Cid d'Andalousie*, qu'elle était hors d'état d'aller jusque-là. Ses tentatives dans le drame larmoyant n'ont pas été plus heureuses, et avertie par le silence des applaudissemens, elle est revenue à ce qui est son partage, et aux rôles dans lesquels elle triomphera toujours.

Tant de succès, tant d'enivrement, cette multiplicité d'hommages qui ont suivi mademoiselle Mars, jusque dans sa vie privée, un esprit adroit et consommé, une vivacité naturelle et une malice que ses adversaires qualifient plus sévèrement, ont parfois égaré sa tête; elle ne porte pas, dit-on, dans les relations sociales les formes candides de ses rôles; on lui reproche de l'aigreur; ses camarades se plaignent de son despotisme, et les auteurs l'accusent d'oublier envers eux la politesse qui leur est due : elle croit être reine, elle se trompe; il faut ménager ceux qui font des réputations, et n'être au-dessus de ses camarades que par l'excellence du talent. On l'a vue, et je le dis à regret, tourmenter de jeunes débutantes qui n'avaient pas voulu user de son influence pour nuire à l'homme de lettres dont la fierté ne réclamait pas sa protection ; elle fait trop sentir qu'il ne reste qu'elle à la Comédie-Française, qui, sans le secours de pièces nouvelles, puisse attirer la foule ; elle rend pesant le sceptre qu'elle porte, et la *Sémiramis* du comité y affecte par trop la tyrannie. Je ne sais de quelle manière ses rôles seront remplis après sa retraite, qui ne peut être que prochaine, bien convaincu qu'elle voudra ne laisser que des regrets. Les années s'écoulent : le temps frappe de sa faux, il respecte mademoiselle Mars : puisse-t-il agir encore de même et prolonger, en ne la flétrissant jamais, nos jouissances qu'une retraite forcée changera en d'éternels regrets !

Le temps, qui dans sa marche rapide abat tout, n'a pas ménagé l'homme par excellence, le géant de la scène française, le dieu de la tragédie; car je ne sais de quelle expression me servir pour peindre dignement la supériorité de Talma. Celui-ci né acteur également, celui-ci, dont l'âme enflammée remplissait la scène de son silence, de son repos comme de ses éclats et de ses mouvemens, a disparu dans la force de l'âge, car il avait conservé toute la plénitude de son talent. Son dernier rôle fut son dernier triomphe; on peut fort bien dire qu'il tomba sur des lauriers verts, sur des palmes nouvellement cueillies. Qui ne se rappelle l'éminence de ce génie scénique de cet acteur, vrai Prothée, qui sous chaque nom devenait un autre personnage; qui se défiant de son mérite, étudiait encore la veille de son sommeil sans terme; qui, malgré des applaudissemens unanimes, ne croyait jamais avoir assez fait, et qui cherchait la perfection par son travail opiniâtre, lorsque depuis long-temps il avait atteint cette perfection.

Certes, je ne conteste ni ne fixe le mérite de Lekain; je n'ai pas vu cet acteur, et je devrais me taire sur son compte. Néanmoins, je crois pouvoir en parler par analogie, qui est la seule manière avec laquelle je puisse le juger.

Lekain possédait une chaleur vive; de laid qu'il était à la ville, elle le faisait beau sur la scène; nul n'exprimait mieux l'amour au jugement des femmes; son jeu était entraînant, et sa supériorité établie sur tous les comédiens de son temps. C'était une vérité, un naturel parfait; mais quelle vérité! quelle nature! Voilà sur quoi il faudrait s'entendre; est-ce la nature réelle, ou celle de convention de l'époque? La peinture, la sculpture, l'architecture d'alors, tous les monumens du siècle de Louis XV existent pour nous apprendre que tout était art, et mauvais goût; que le maniéré, le contourné, l'extravagant dominaient; que les yeux, les oreilles, le jugement étaient accoutumés à ce triste état de choses : rien ne ressemblait au vrai dans toutes les productions de ce temps.

Or, comment serait-il possible que, dans l'exercice d'une profession qui, jusqu'à nos jours a conservé et conserve encore les traditions de l'ampoulé, du charlatanisme scénique; qui met à la place de la simplicité la déclamation, et l'emphase où il ne faut que du débit, comment, dis-je, serait-il possible que Lekain eût échappé à la contagion générale, pour se maintenir dans une route à part ? Comment même ce disparate de toutes les formes de la société aurait-il pu plaire à celle-ci ? Comment l'aurait-elle proclamé l'acteur par excellence, lui, dans lequel elle n'aurait rien retrouvé de ce qu'elle était toute entière ? La chose me semble impossible. J'accorde donc à Lekain de la chaleur, une âme ardente, un talent éminent, mais je ne le vois point simple, point anti-déclamateur. Certainement il chantait les vers au lieu de les dire; il devait, par lui-même, ressembler à son siècle et aux ridicules de son costume. Il aurait fallu un prodige, pour qu'il eût été autrement.

Or donc, Lekain, admirable aux yeux de son parterre, aurait eu beaucoup de peine à se rendre le nôtre favorable. Il était tout ce qu'il pouvait être, aurait-il pu être de même maintenant? J'en doute.

Talma a réalisé cette merveille; il a passé par trois genres, obéi à trois influences d'époque, et chaque fois il s'y est maintenu à la hauteur la plus désespérante. Lorsqu'il débuta, la fureur révolutionnaire égarait les esprits; furieux, comme auparavant on avait été persifleur, la rage paraissait l'état naturel de la société; on ne parlait pas, on vociférait; au lieu d'aller danser à la Courtille, ou prenait du plaisir à voir tomber des têtes à la place de la Révolution. La terreur planait sur tout; la couleur des vêtemens était sombre, à moins quelle n'imitât la teinte du sang que l'on versait chaque jour. Les Muses hurlaient des cris démagogiques; la littérature était lamentable ou impétueuse; les romans ne présentaient qu'une lecture effrayante; ils ne peignaient plus les mœurs, mais offraient des scènes atroces, des crimes épouvantables; il fallait que les amusemens qu'ils procuraient fussent de la peur. On avait le rire en dégoût; la gaîté semblait de mauvaise compagnie, et la joie aurait appelé l'attention des assassins légaux.

Le théâtre était, comme on doit le croire, à la hauteur des circonstances : des forfaits, des atrocités, des viols, des enlèvemens, des parricides, la prison pour base perpétuelle de tout intérêt; des brigands, des spectres, les horreurs de l'inquisition, les splendeurs sanglantes de l'anarchie, les combinaisons les plus révoltantes, voilà ce que chaque jour on offrait aux spectateurs.

Que pouvait être alors un acteur, sinon un énergumène? Lui était-il possible de se montrer autrement qu'on n'était autour de lui? et comment, lorsque emportés par le délire d'une imagination brûlante, après avoir fait de la politique dans un club en présence de la mort, ou s'être trouvés à une bataille dans des rues jonchées de cadavres, ceux qui recherchaient des émotions de cannibales auraient-ils pu comprendre un acteur qui les eût refroidis, et qui n'eût demandé le succès qu'aux inspirations de la nature? Talma fut alors ce que tous étaient; sombre, terrible, criard, féroce sur la scène. *Macbeth*, *Charles* ix, *Othello* devinrent ses rôles; il les rendit plus noirs, il les renforça du délire de son âme; sa voix tonnante remplissait la salle, et charmait les spectateurs qui ne voyaient là que du très-simple et du fort naturel. Ce genre fut la première manière de Talma; il s'y montra supérieur, cela devait être. Mais il laissa tout à désirer au vrai connaisseur déguisé sous une carmagnole, et qui disait: « Voilà jouer admirablement bien pour les hommes du 2 et 3 septembre. Quant à ce qui est de jouer pour moi, Talma n'y songe pas encore. »

Les mœurs s'adoucirent, parce que la France eut un chef qui dicta une autre conduite. On en revint aux formes gracieuses et polies ; on rapièça l'ancien régime pour en faire un autre, que l'on donna comme nouveau. Le trône brisé fut mis à neuf aussi ; on le dora de manière à tromper l'œil. Une cour non moins flatteuse remplaça celle qu'on avait chassée, et les élémens de celle-ci se retrouvèrent dans la position de celle-là : alors la littérature prit une autre forme, elle tendit vers une grandeur qui était en rapport avec la gloire de nos armes ; Talma comprit ce changement, et il devint noble, gracieux, profond ; ses éclats ne furent plus des cris, ses gestes des convulsions ; il les modéra : sa chaleur resta la même mais soumise à la raison et au goût ; il y gagna encore, et sa réputation ne fit que s'accroître.

Bientôt des idées neuves germèrent dans les esprits ; on essaya de parcourir des routes non tracées, on voulut devoir des effets à la nature simple. Le romantisme, qui peut faire du mal, fit du bien ; il montra la possibilité de succès pris ailleurs que dans la convention et l'ampoulé ; qu'il n'est pas toujours nécessaire de chanter sur le même ton ; que les rois, par exemple, sont des hommes, que ceux qui les entourent le sont aussi ; que dès lors il faut les faire parler et agir comme des hommes : ceci une fois admis, l'échafaudage tragique croula ; les acteurs médiocres s'en indignèrent et luttèrent avec faiblesse, car ils n'étaient pas forts. Talma seul ne craignit pas de continuer ses études, il fit des progrès immenses; ce ne fut plus un artiste, mais Sylla, mais Charles vi, en un mot le personnage historique dont il vêtissait le costume. Cette dernière manière le montra sous le jour le plus avantageux; il atteignit par elle le degré le plus élevé auquel il pût parvenir, et l'on fut forcé de reconnaître que, dans tous les temps et à toutes les époques, ce grand acteur aurait dépassé tous ses concurrens.

Quel talent magique il possédait! avec quelle perfection il variait à l'infini les nuances du même rôle qu'il jouait néanmoins toujours différemment! l'Hamlet d'aujourd'hui n'était pas celui de la semaine passée, non plus que Manlius ne ressemblait à Achille, ni Germanicus à Nicomède. Jouait-il le Cid, c'était un jeune impétueux entrainé par l'honneur et par l'amour. Représentait-il le grand-prêtre Joad, quelle majesté! quelle onction! quel enthousiasme religieux! Le conspirateur, dans *Cinna*, se faisait voir sous des traits particuliers, aucunement semblables à la douce piété d'Omasis. Qui peignait mieux la fatalité pesant sur la tête d'Œdipe et l'héroïsme tranquille de Bélisaire? Quel rapport aurait-on établi entre le superbe Néron, passant de la vertu au crime, son élément naturel, et ce Mahomet se disant l'envoyé de Dieu, et commandant le crime avec tous les dehors de la vertu? On ne le dira jamais assez, il n'y avait pas seulement en lui à la Comédie-Française un talent unique, il y en avait dix, cent, mille, peut-être, tous variés de formes, d'aspect, de manières et de langage; c'était une suite perpétuelle d'illusions, plus admirables les unes que les autres; c'était l'introduction de l'art dans la nature, ou plutôt la vérité qui était venue de l'art le plus noble, le plus simple, le plus varié; amour, colère, fureur, terreur éclatante ou mystérieuse; emportement de la passion ou retenue de la vengeance; franchise entière; dissimulation consommée; faire passer dans l'âme des spectateurs toutes les émotions de la sienne; unir aux ressources d'un talent magique la puissance d'une physionomie mobile; peindre sur des traits, beaux et majestueux, les émotions du cœur; lancer des éclairs par des yeux superbes remplis de flammes et de sensibilité; profiter d'une voix sonore, harmonieuse même, dans les mugissemens d'Othello ; être toujours supérieur et souvent sublime ; surprendre par le passage imprévu d'une monotonie habilement calculée, car elle servait de repos à l'acteur et à l'attention de l'auditeur, à des éclats foudroyans, à des effets imprévus qui faisaient de Talma un être extraordinaire ; employer ses défauts au succès de son talent, ne lasser jamais la curiosité publique, tel il fut pendant sa carrière dramatique, tel il est resté.

Talma était un comédien populaire ; chacun le connaissait ; il faisait partie de ces célébrités modernes que la nation caressait, parce qu'elle en tirait gloire. Son cercueil ne fut pas seulement accompagné de ses camarades et des gens de lettres ; il y eut des citoyens de toutes les classes qui furent pleurer sur la terre qui le recouvrait. Ce génie, si haut sur la scène, était un enfant dans la vie privée ; sa bonté, sa candeur, son aménité, sa politesse, formaient un contraste parfait avec la splendeur de sa réputation. Il aimait les beaux-arts et la littérature ; s'amusait avec de vieilles médailles, et ne fermait jamais sa porte aux malheureux. Étranger aux intrigues du théâtre, il se laissait mener par mademoiselle Mars, autant par faiblesse que par estime de son jeu scénique ; il était bon à voir, autant chez lui qu'au théâtre : ici on l'admirait, là il fallait l'aimer : l'amitié était chez lui une des tendresses de l'amour. Il ne faisait aucune différence entre ces deux sentimens dont son âme était le véritable temple.

Je peins Talma tel que je l'ai vu, et tel que ses contemporains le montreront à la postérité. Ma réflexion à son égard est devenue de l'enthousiasme; on sait que, presque toujours, l'enthousiasme dispense de toute réflexion.

CHAPITRE XXVIII.

LA CHAMBRE DES DÉPUTÉS.

Qui la compose.—Les députés en masse.—Ils manquent de dignité. — Néant de la majorité Villèle. — Force de la minorité constitutionnelle.—Dangers de la politesse.—Du sentiment en politique.— Division de la Chambre en six fractions. — MM. de la Bourdonnaye. — De la Boullaie. — De Formont. — De Mayrinhac. — De Lalot.— De Leyval. — De Cambon. — De Pressac. — Gauthier. — Benjamin Constant. — Étienne. — Moyne. — Dupin. — Mauguin. — Royer-Collard. — Ravez. — Description de la salle. — Matériel dans la séance. — Le général Foy. — Où se fait l'opinion des députés. — Manière de voter. — Suite du matériel.

La Chambre des députés forme la troisième branche du pouvoir législatif en France ; ses membres sont pris dans les diverses classes de la société, et son aspect général ne présente pas la même apparence que celle des pairs ; la première a des formes moins solennelles, on n'y discute pas avec calme, on n'y est pas hostile avec urbanité, la franchise acerbe s'y montre seule ; la passion n'y ménage ni les expressions ni les gestes ; on y trouve moins de vernis de bonne compagnie, et cependant pas toujours plus de bonne foi. Les députés manquent, dans leur ensemble, de ces formes de convention, apanage ordinaire de ceux qui ne font rien : la noblesse désœuvrée se fait un travail de la politesse. Les députés ont presque toujours mieux à faire ; ils appartiennent au barreau, au commerce, aux manufactures ; il y en a qui sont agriculteurs, magistrats, administrateurs. Presque tous se font obéir par des clercs, des ouvriers, des subalternes ; l'habitude du commandement, celle de ne voir autour d'eux rien au-dessus de soi, de ne pas se gêner en présence de subordonnés, se maintiennent en eux lorsqu'ils arrivent à la Chambre. De là, cette tenue presque indécente, ces éclats de rire, ces cris, ce tapage, cette colère furieuse et permanente, ces gros mots ; enfin, faut-il le dire ? ce ton mal élevé qui blesse l'oreille et l'œil des auditeurs.

Quoi qu'on en dise, la bourgeoisie est en majorité dans cette chambre, si par bourgeoisie on entend ceux qui dédaignent ou ignorent les usages du grand monde, ceux dont l'obligeance et la bonhomie font la politesse, et dont les manières n'ont rien de distingué; l'exemple de la masse entraîne le petit nombre, tout gentilhomme bien élevé l'est moins bien dans la Chambre; il prend, malgré lui, l'exemple de ce qui lui est toujours présent. Je ne connais que M. de Chauvelin qui soit demeuré constamment marquis. Il l'était avec une aisance si digne, une familiarité si impertinente; son persifflage était si exquis et si amer, ses gestes si gracieux et si insultans, que je voyais sans cesse en lui le courtisan de Versailles, et jamais le tribun du peuple, ainsi que le qualifiaient de sottes gazettes, qui ne savent que déraisonner.

Cependant, et quelles que soient les formes de la Chambre des députés, elle exerce une haute influence sur tout le royaume; à la manière dont les citoyens agissent envers elle, à l'importance qu'ils lui attribuent, à l'intérêt qu'ils portent à ses moindres débats, on dirait qu'ils ne voient qu'elle seule, et qu'ils en attendent la consolidation de leurs libertés. Jamais cet espoir n'éclata plus franchement que pendant la durée de la *Chambre hideuse*; le peuple s'obstinait à voir la majorité, non dans les quatre cents, ou ventrus, ou égarés, mais dans la minorité exiguë de nombre, forte de son courage et des doctrines qu'elle défendait.

Les trente membres dont elle était composée devinrent pour la nation trente colosses de force et de vertus civiques, seul espoir de tant de millions d'hommes, qui tous les adoptaient pour leurs mandataires, tandis que la foule des autres n'était véritablement que la déléguée des ministres; cette minorité était d'un poids énorme dans la balance; elle importunait les ennemis de la Charte; chaque victoire que l'on remportait sur elle tuait un peu plus les vainqueurs. Les quatre cents n'avaient à eux tous que la voix de M. d'Anthez, et l'appui du ministère. Les trente voix de la minorité étaient autant de tonnerres dont les éclats avaient la France pour écho.

Le ministère *déplorable* tremblait dans ses triomphes; il craignait la démission spontanée du petit nombre qui voyait expirer la durée de son pouvoir. Il cassa la Chambre, persuadé que les préfets lui enverraient une majorité complaisante. Qu'arriva-t-il? les colléges électoraux, cette fois, se chargèrent d'élire eux-mêmes les mandataires des départemens. Une seconde chambre surgit tout à coup, et, à son approche, le ministère *déplorable* cessa d'exister. Non que cette chambre renfermât rien d'hostile contre la majesté du trône; elle l'environna, au contraire, de témoignages d'amour et de respect; mais elle voulait la Charte, toute la Charte, rien que la Charte, et cela suffisait pour que les ennemis de la France la détestassent. L'ancienne minorité était par le fait la majorité, à tel point que, dans les élections nouvelles, certains membres de cette minorité furent élus dans plusieurs départemens à la fois, ce qui n'eut lieu pour aucun membre de la majorité précédente; la majorité de ceux-ci disparut même des élections ; le mépris les enterra, leur bassesse les avait déjà tués.

La Chambre, ainsi reconstituée, pouvait beaucoup par sa force morale; elle aurait obtenu le complément des lois réglémentaires qui sont à établir encore, pour achever le système constitutionnel; on attendait qu'elle s'en occupât ; il était certainement de son devoir de le faire, et pourtant elle ne le fit pas. Était-ce faute de bonne volonté? Se laissa-t-elle effrayer ou séduire? Non, mais elle fut polie, très-polie, trop polie; ses membres, qui rivalisaient entre eux de manières brusques, n'en agirent pas ainsi envers le gouvernement, ou plutôt ils perpétuèrent les fautes antérieures, et ne surent éviter l'écueil où leurs devanciers s'étaient heurtés et avaient péri.

La politesse est ce qui a perdu la France depuis plusieurs années ; c'est la crainte de faire de la peine à ses adversaires, de les tourmenter trop, qui paralyse les bonnes intentions; tout se fait avec politesse dans ce royaume : on tient à se montrer bien élevé ; on veut être homme de bonne compagnie, c'est une des faiblesses de la restauration. On croit se distinguer par l'emploi de formes gracieuses et bienveillantes : on ne veut ni déplaire, ni paraître importun ; en conséquence on s'arrête dans la victoire, et l'on en compromet obligeamment le succès. Croyez-vous que chacun aspire à être poli de la même manière? Non, les ultras sont polis dans les salons, et rustres quand ils gouvernent; ce sont les industriels d'aujourd'hui, les manans, les vilains d'autrefois qui font les hommes de cour, qui empruntent à ceux-ci les manières distinguées ; les rôles sont surtout renversés au détriment de ceux qui s'avisent d'imiter la noblesse.

On a eu déjà à diverses reprises l'occasion favorable de comprimer les ennemis de la liberté. on n'en a rien fait par politesse; on pouvait obtenir de bonnes lois, mais il fallait inquiéter ceux qui ne les voulaient pas; on n'a point commis cette irrévérence. On devait mettre en jugement un ministère félon.—Y songez-vous? mettre en jugement des hommes vaincus ! et que deviendraient la délicatesse, la générosité? On se montrerait dur, féroce, mal élevé surtout; que les ministres déchus emportent leurs titres, leurs dignités, rien ne leur sera enlevé, ils jouiront de tous les droits de la vertu. Il est peu honorable de poursuivre la victoire. — Mais ils reviendront, et feront pis. Tout coupable mérite qu'un châtiment le flétrisse. — Le croyez-vous? — Assurément. — Oh! qu'importe, on ne se sent pas la force d'être sévère à leur égard... Que dit celui-là?—Qu'il faut les abandonner à leurs remords.— Ah! oui, à leurs remords, c'est bien dit, cela les punira mieux que les châtimens les plus sévères... Et les pauvres gens se fient aux remords des anciens ministres, comme si la tragédie classique était encore à la mode aujourd'hui.

La politesse a donc toujours entraîné les constitutionnels à des sottises; ils le voient, et ne s'en corrigent point. La politesse est pour la Chambre des députés ce que la sensibilité est pour le gouvernement en France. Il s'est fait une règle assez singulière, peu suivie en Europe, dont tous les autres cabinets se moquent, et dont ils profitent; le sentiment lui tient lieu de politique; on est chevaleresque, on a l'héroïsme des dupes, et avec des paroles on croit avoir tout fait. Rien n'est plaisant comme ces élans du cœur chez de vieux ministres, cette bonne foi, qui consiste à se laisser fourber; ce soin de tenir sa parole à gens qui en manquent, et de regarder comme admirable le mot de François I*r*., *Tout est perdu, fors l'honneur;* propos vide de sens, car l'honneur restait-il au monarque, qui, par ses fautes, ses imprudences, ses folies, ses déprédations, ses dépenses insensées, ses faiblesses pour d'indignes favoris, avait été amené au triste résultat de tomber au pouvoir de son ennemi mortel; qui compromettait la grandeur et peut-être l'existence de la France; qui plongeait dans le deuil tant de familles; qui ne devait pas tarder à éprouver de telles faiblesses dans sa prison, qu'elles l'amèneraient à signer un traité déshonorant dont il ne sut pas s'affranchir noblement par une abdication volontaire, et que plus tard, il éluda par la mauvaise foi? Non, certes, François I*er*. ne sauva pas son honneur de la bataille de Pavie; tout au contraire, il l'y laissa en entier.

Cependant, c'est avec des mots puérils, avec des affections de famille, avec des tendresses pour des parens qui furent les premiers, après la mort de Louis XVI, à traiter avec ses assassins; c'est sous prétexte d'une reconnaissance de services intéressés, que l'on néglige les véritables intérêts de la France. On a fait une seule guerre depuis 1814, non pour reconquérir la Belgique ou les provinces du Rhin, mais pour procurer à Ferdinand VII les moyens de manquer à ses sermens. Je ne sais, en cela, où était le profit; quant à l'honneur, il n'y en eut guère; la duperie se para d'un beau nom, et nos millions disparurent, à la grande joie de l'Angleterre, de l'Autriche et de la Prusse. Quand l'Autriche éteignait les Constitutions en Italie, c'était son intérêt propre: elle ne pouvait régner à côté de la liberté; la France, au contraire, devenait plus puissante par la reconnaissance des Cortès; son avantage est à consolider les Constitutions, et non à les détruire. Le roi d'Espagne, en en acceptant une, n'était pas plus à plaindre que le roi de France, qui avait eu le bon esprit de donner la sienne. On n'entraîna à cette guerre qu'avec du pathos, des phrases et des allocutions chevaleresques; on tâcha d'ébranler les cœurs en dépit de la raison; ainsi le sentiment dans le ministère, la politesse dans la Chambre des députés, sont les deux pivots sur lesquels roulent et rouleront toujours les sottises faites ou à faire.

La Chambre des députés se divise en trois portions: la droite, le centre et la gauche. Il y a des subdivisions dans ces parties; la droite et l'extrême droite, le centre gauche et le centre droit, la gauche et l'extrême gauche. A l'extrême droite siégent les La Bourdonnaye, les Duplessis-Grénedan, les Dubourg, etc.

A la droite sont les royalistes un peu moins furieux que leurs voisins ; au centre droit, les royalistes qui auraient bonne envie de devenir raisonnables, et c'est le plus grand nombre ; au centre gauche, ceux qui veulent avoir un vernis de constitutionnalité avec les avantages du ministérialisme. A la gauche, les francs amis de la Charte ; à l'extrême gauche, les radicaux, les insatiables. Il est des circonstances où les deux partis du centre votent avec les deux de la gauche ; d'autres fois, la Chambre se sépare en deux ; ceci arrive rarement. Enfin on a vu, dans la discussion de la loi communale, l'extrême droite s'allier à celle qu'elle déteste, et dont elle rêve l'asservissement.

Il n'y a aucun vrai talent oratoire dans l'extrême droite ; M. de La Bourdonnaye se tait quand il ne peut pas hurler ; ses collègues font rire chaque fois qu'ils parlent. C'est un effet que produisent toujours MM. de La Boullaie, le *conséquent* Syriès de Mayrinhac. Le centre droit, au contraire, renferme des hommes éloquens et probes. C'est sur ses bancs que siégent M. de Lalot, dont la logique est si serrée et si énergique ; M. de Layval, qui parle en royaliste convaincu de la nécessité de la Charte; M. de Cambon, qui par la loyauté de sa conduite appuie la loyauté de ses discours; M. de Preissac, qui sera capable de prêcher d'exemple, si jamais il faut en venir là ; enfin , le centre droit est riche en probité, en lumières et en orateurs. Il en est de même du centre gauche, où l'on rencontre M. Gauthier, qui éleva une voix si généreuse contre ses amis, devenus les ennemis de la France; M. Bourdeau, l'adversaire des jésuites,

Qui depuis.... Mais alors il était...;

M. Laisné de Villevesque, homme d'honneur, instruit, et profond en tout ce qui touche aux intérêts commerciaux; M. Ternaux, digne représentant de l'industrie, et dont les vertus honorent la simplicité. Presque à côté d'eux s'asseoient M. Casimir Périer, que la France voudrait voir à la tête des affaires; le général Sébastiani, qui recueille en partie l'héritage de Foy; M. Benjamin Constant, l'homme de toute la France qui a le plus d'esprit, et qui s'en sert à merveille pour se faire pardonner ses variations; M. Étienne, homme de lettres dans le monde, et homme d'état à la chambre; M. Moyne, dont la voix nouvelle a fait entendre des vérités importantes, M. Méchin, qui pourrait bien parler, et qui s'est très-souvent fait remarquer par la sagesse qu'il apporte dans les délibérations des comités et à la tribune, et par ses connaissances administratives; M. Dupin, dont l'éloquence d'avocat a quelque peine à s'accoutumer au langage de la tribune, lui qui sera toujours clair lorsqu'il exprimera ses véritables sentimens : son émule M. Mauguin soutient avec une franchise non équivoque les libertés publiques. On voit à l'extrême gauche des hommes qui se trompent dans la manière de travailler à obtenir les améliorations qu'ils desirent, et qui sont peut-être exaspérés par les extravagances parfois triomphantes de leurs adversaires.

Le président de l'assemblée est M. Royer-Collard, dont les intentions sont si pures, et le nom si éminemment monarchique. Les ultras, ne pouvant calomnier ses actes, s'attaquent à ses pensées; ces enragés prennent à tâche, à chaque session, d'injurier les royalistes qui n'adoptent pas leurs maximes. M. Royer-Collard, honoré de leur haine, n'en a que plus de droits à l'estime publique. On sait que, tout entier à ses devoirs, il ne pactisera jamais avec ce qui ne sera pas éminemment juste : sa marche est invariable; c'est celle de la fermeté, de l'honneur et de la bonne foi; il préside bien, mais souvent il s'échauffe ; la déraison l'indigne, et de président il devient député. Ce n'était pas ainsi qu'agissait son prédécesseur M. Ravez, qui toujours calme, toujours froid, enlevait de vive force une décision, escamotait un amendement, embrouillait une question, luttait contre l'évidence avec un flegme sans pareil ; il n'était jamais plus maître de lui que lorsqu'il méditait un tour de passe-passe. Sa voix tonnait lorsqu'il s'agissait d'étouffer la priorité d'une réclamation ; et lorsqu'on le voyait s'animer, on pouvait être certain que ce n'était qu'en apparence : se montrait-il fâché, ce n'était qu'un jeu au profit de son parti.

La salle où siègent les députés est demi-circulaire, en amphithéâtre, garnie de bancs de drap vert, devant lesquels il y a quelques pupitres ; en face est un mur droit, où l'on a pratiqué une espèce d'enfoncement en demi-rotonde ; c'est là que sont placés le fauteuil du président et le bureau des secrétaires, derrière le fauteuil est le buste du roi régnant. En avant, mais un peu plus bas, est la tribune, ornée de deux Renommées en relief de marbre blanc, sur un fond de marbre rouge. Aux pieds de cette tribune sont rangés les huissiers et les messagers d'État. Le premier banc inférieur du côté gauche appartient aux ministres ; c'est là qu'ils siégent dans les séances. Des tribunes particulières sont réservées aux anciens députés, aux pairs, aux personnes privilégiées ; il y en a pour la cour. Dans le haut, et rejetée dans une seule moitié de la salle, est la petite portion de galerie affectée au public qui, de là, entend comme il peut. Les journalistes ne sont pas mieux placés, depuis qu'il plut à M. Poyféré-de-Cerre, surnommé le *berger impérial*, de les faire chasser, par une décision de la Chambre, du lieu plus commode où on les avait mis.

Quelques petites statues posées dans des niches carrées et de mauvais goût, ornent la muraille qui fait face à l'amphithéâtre. De simples draperies vertes composent tout l'ornement de la salle*, qui est faiblement éclairée. La lumière, que laisse passer une seule fenêtre, a quelque chose d'indécis en rapport avec la manière dont les lois s'élaborent. De vastes et belles salles ornées de bons et de médiocres tableaux, de statues passables, servent aux dégagemens, aux bureaux particuliers, et aux querelles de l'intérieur. Celle où l'on intrigue et où l'on crie le plus, s'appelle la *salle*

---

* Cette salle vient d'être démolie ; une provisoire la remplace jusqu'à la construction de la nouvelle.

(*Note de l'éditeur.*)

des conférences : il vaudrait mieux la désigner sous le nom de *salle de la discorde*.

Les séances sont indiquées pour midi, mais à cette heure le public seul arrive; les députés ne se pressent pas. Lorsque l'horloge sonne une heure, on entend un tambour battre aux champs; les portes s'ouvrent avec fracas, on annonce le président de la chambre, qui paraît précédé des huissiers, et accompagné des secrétaires. Il monte à son fauteuil, et jette en pâture aux curieux qui sont en présence, la lecture du procès-verbal de la veille, qu'un des quatre secrétaires mâchonne plus qu'il ne lit. Cette lecture est peu importante d'ordinaire, à moins que quelque membre n'ait une rectification à demander : alors il s'élève un débat qui amuse le public; on se moque de tout le monde, et l'on attend ainsi deux heures, vrai moment de l'ouverture de la séance.

Rarement celle-ci est paisible, les deux extrémités sont toujours prêtes à se chercher noise. On commence par les épigrammes, les gros mots ne tardent pas. Alors la querelle s'envenime; des cris s'élèvent de toutes parts : *à l'ordre! à l'ordre!* et le président agite sa cloche énorme, qu'on appelle sonnette. Je ne sais trop pourquoi le côté droit, qui avait tout envahi dans l'avant-dernière chambre, écoutait impatiemment la discussion; il ne voulait rien entendre et vociférait sans cesse : *aux voix! la question préalable! la clôture! l'ordre du jour!* Au milieu du tumulte, M. Ravez se levait, et déclarait la Chambre assez éclairée. Il n'en est pas de même maintenant; on épuise la matière avant de l'abandonner. La conscience de M. Royer-Collard ne fait pas plus de concession aux besoins de son estomac qu'aux instances des ministres. Point de séance qui ne soit égayée par quelque balourdise des membres de l'extrême droite, par quelque grosse injure, par quelque insulte à la nation, dont on ne s'indigne plus. La colère des ventrus est dans toute sa fleur; ces pauvres gens se désolent de voir la marmite ministérielle renversée, et leurs yeux se tournent vers la place occupée jadis par M. Piet, chargé, du temps des *déplorables*, de convier à ses festins quiconque préférait le contentement de sa gourmandise au triomphe de la liberté.

Les députés qui ne peuvent ou ne se proposent pas de parler, viennent à la Chambre en habit de ville ou en redingote sale; ils sont chez eux, et ne se gênent pas. Rien de plus plaisant que de voir courir au vestiaire celui à qui, tout à coup, prend la fantaisie de monter à la tribune. Il revêt son habit bleu, dont le collet, ainsi que les paremens, sont semés de fleurs de lis d'argent; il passe une manche, puis l'autre, se trompe quelquefois, et rentre dans la salle, où le désordre comique de sa toilette en atteste la précipitation : il s'élance au poste où il doit être éloquent, il y divague, et en descend aux éclats d'une hilarité générale, après avoir bu un ou deux verres d'eau sucrée. Les orateurs sont tellement altérés, que l'on porte annuellement, dans le budget de la Chambre, pour dix mille francs de sucre : on ne dit pas combien coûte l'eau.

Cette tribune, souvent occupée par la vanité d'un imbécile, ou par l'imbécilité d'un ambitieux, l'est aussi par des hommes estimables, dont la voix indépendante trouve des échos dans toute l'Europe. Là parurent le vertueux Camille Jordan, le valeureux Foy, l'honneur de son pays et de notre époque ; nul autre, après Mirabeau, n'y fit entendre des accens aussi patriotiques ; son éloquence ne fut ni souillée par les désordres de sa vie, ni par le prix dont la cour avait autrefois acheté celui auquel je le compare ; il était sans peur comme sans reproche. A une éloquence entraînante, parce qu'elle était franche, il joignait une probité rare et un ardent amour de la Charte et du roi. Il voulait la liberté, et non l'anarchie ; il demandait que les lois fussent exécutées, et tous les pactes maintenus. Les ennemis de la France, soit au dehors, soit au dedans, ne le voyaient qu'avec inquiétude monter à cette tribune d'où il allait les foudroyer. Point de matière qu'il ne pût traiter avec sa supériorité accoutumée, il planait sur les questions les plus ardues, qu'il rendait claires, et l'absolutisme épouvanté l'appelait rebelle, parce qu'il l'empêchait de se montrer. Moissonné trop promptement dans une carrière qu'il parcourait avec tant d'éclat, il vit toute la France l'environner à ses derniers momens; elle l'accompagna aux lieux où l'on déposa sa dépouille mortelle, et prouva à ses enfans combien elle tenait à le récompenser de tout ce qu'il avait fait pour elle.

Vous ne serez pas surpris, Orlandi, de l'enthousiasme dont je viens de faire preuve envers ce généreux citoyen. Je voyais souvent le général Foy, j'étais en position de le juger et de l'apprécier; bien au-dessus de Mirabeau par tout ce qui tenait aux qualités de l'âme, il ne lui cédait que faiblement dans la partie de l'éloquence; la sienne était moins brillante, mais aussi forte; il puisait ses pensées dans son cœur et non dans son esprit. Le royaume a fait à sa mort une perte immense. Ses adversaires le respectaient, et n'avaient pas osé le pousser aux dernières extrémités, par la crainte qu'ils avaient de sa haute influence.

Au demeurant, ni l'éloquence du général Foy, ni celle de ses collègues ne produisait aucun effet d'entraînement sur les membres de la Chambre; ils y arrivaient chacun avec leurs opinions faites, sachant à l'avance dans quel sens ils voteraient. Démosthène, tonnant de toutes ses foudres, et Cicéron, employant la magie de son art, ne fussent point parvenus à décider un membre de l'extrême droite à mettre dans l'urne une boule favorable à la proposition d'un membre de l'extrême gauche, le salut de la monarchie dût-il en dépendre. Je souhaite que de chaque part il n'en soit pas de même. — Alors, à quoi servent les discours, puisqu'ils n'éclairent pas, et ne sont d'aucun poids dans la balance? — Ils sont utiles, non pas, il est vrai, dans la Chambre, mais au dehors; ils éclairent le public, lui font connaître ce qui se passe, l'instruisent des dangers que court la liberté, et de tout ce qu'on fait pour l'enchaîner ou la défendre. Voilà l'utilité des discours prononcés à la Chambre des députés. Les voix qui retentissent au delà de cette enceinte épouvantent les ministres prévaricateurs. L'effet qu'elles ont produit sur les esprits leur revient du fond des provinces; ils commencent alors à craindre, et s'arrêtent souvent lorsque les préfets leur ont mandé ce qu'il y a pour eux à redouter de la colère publique.

La Chambre a plusieurs manières de voter; elle le fait par *assis* et *levé* dans les questions simples, et au moyen du scrutin secret lorsque la matière est compliquée, et qu'il s'agit d'aller aux voix sur l'ensemble d'une loi. Deux urnes placées sur la tribune des orateurs sont destinées à recevoir, l'une la boule blanche de l'adoption, l'autre la boule noire du rejet. Les secrétaires dépouillent le scrutin, et le président en proclame le résultat. Le président et les secrétaires forment ce que l'on appelle le bureau, sorte de tribunal qui a une attribution particulière des plus importantes, celle de décider, lors des votes par assis et levés, de quel côté est la majorité. Ceci n'est pas difficile à juger, et on a vu souvent sous la présidence de M. Ravez la mauvaise foi présider à ses arrêts.

Lorsque la Chambre est assez éclairée, elle crie : *Aux voix !* ou demande *la clôture !* elle invoque aussi l'*ordre du jour !* Enfin, quand un membre, par des paroles imprudentes, attaque la majesté du trône, ou professe des opinions inconvenantes, elle exige son rappel à l'ordre, sorte de censure prononcée par le président, mais dont les applications n'ont pas toujours été assez justes pour être déshonorantes. L'omnipotence de la Chambre est des plus étendues ; elle peut aller jusqu'à l'exclusion d'un ou de plusieurs membres, sous prétexte d'indignité. Elle a appelé aussi des journalistes à sa barre, et les a condamnés à la prison. Le monde entier a ri de la voir ainsi se constituer juge dans sa propre cause. L'an passé elle acheta, au prix énorme de cinq millions cinq cent mille francs, le palais qu'elle occupe dans la partie de la grande cour ; le duc de Bourbon, qui en était propriétaire, s'est réservé le reste des bâtimens. Ce fut une trèsmauvaise acquisition : la politesse l'y décida encore ; le prince voulait cette somme, et, pour le contenter, on acheta ce dont on n'avait que faire, et que certainement des particuliers auraient eu à meilleur marché.

CHAPITRE XXIX.

UN HOMME DE GÉNIE.

J'étais l'autre jour chez une dame de mes amies, qui a de l'esprit, du goût et de l'enthousiasme; elle me regarda : « Qu'avez-vous ? me dit-elle. — Je rêve. — Je le vois; mais à quoi ? — A traiter un sujet bien difficile, à parler convenablement d'un homme qui est à part. — De M. de Chateaubriand; je vous devine, n'est-ce pas ? — Oui, et je ne sais comment m'élever à la hauteur d'un tel sujet.—Quant à moi, je n'ai pas eu votre modestie; j'ai esquissé son portrait. — Donnez-le-moi. — Qu'en ferez-vous ? — Je le transcrirai et l'enverrai à quelqu'un qui me demande à connaître cet homme illustre. — Soit, le voilà. »

Je le pris, Orlandi, et me mis à le transcrire, charmé que j'étais de le posséder; il vous plaira; vous y verrez qu'une Française enthousiaste juge avec plus de chaleur et de vérité qu'un Italien impartial.

» Au milieu de ces esprits supérieurs, qui font la gloire de la France, on ne peut négliger celui dont le nom doit être placé à la tête de tous les autres, quand on veut le mettre en son rang, ou qu'on doit écrire le dernier, lorsqu'on veut clore cette liste d'une manière désespérante pour les célébrités à venir. M. le vicomte de Chateaubriand réunit tout ce que le génie littéraire a de plus sublime et tout ce que l'homme de bien a de plus honorable. C'est un noble paladin gravant avec son épée sa profession de foi sur le Saint-Sépulcre; c'est le voyageur de la chrétienté, éclairant les nations du fruit de ses recherches philosophiques; c'est encore le défenseur intrépide des libertés publiques, et qui a combattu pour elles sous la bannière du trône et de l'autel. Il y a chez lui un caractère d'étrangeté, des formes originales qui n'appartiennent qu'à lui seul. Il a créé son genre avec autant de facilité qu'un littérateur vulgaire en prend un : son premier ouvrage, et ceux qui le suivirent, ne l'ont pas fait déchoir.

» M. de Chateaubriand est grand poëte, mais l'art du vers lui échappe; la poésie est la nature; c'est la verve, l'invention, les caractères, la profondeur de la pensée, le pittoresque de l'expression; c'est le tout, enfin, l'*alpha* et l'*oméga*. La versification, quelque brillante qu'elle puisse être, n'est qu'une partie de ce tout divin. Aussi dirai-je que M. de Chateaubriand est poëte lorsqu'il ne rime pas. Sa prose est une harmonie continuelle, une musique pleine de charmes, que l'on retrouve dans ses belles pages du *Génie du Christianisme*, comme dans ses discours à la Chambre des pairs, et dans ses pamphlets; ses paroles sont brûlantes, c'est du feu qui s'échappe de sa plume; et quand il a combattu, ceux qui viennent après lui n'ont qu'à dire : la foudre a passé par-là.

» M. de Chateaubriand aime les beaux-arts, parce qu'il les sent; la royauté, parce qu'il a travaillé pour elle; la France, parce qu'il est un de ses plus grands citoyens; et la gloire, parce qu'elle fut faite pour lui.

» Que dirai-je maintenant de son humeur aventureuse, de cette insouciance qui le fait passer alternativement de la faveur à la disgrâce, de la fortune à la pauvreté? de cette liberté qui dépasse les bornes de la magnificence, de cette impétuosité d'esprit qui ne redoute rien, et de cette force d'âme qui lui fit attaquer corps à corps la révolution, dans Chénier, et la puissance de l'empire, par son refus de servir celui qui venait d'assassiner le duc d'Enghien? Supérieur à sa fortune, aujourd'hui Alcibiade, demain Thémistocle, toujours Aristide, il remplit l'Europe de son nom, et désespère les ennemis de sa gloire ; enfin, il brille dans la prospérité, et l'adversité le grandit encore.

» Je ne sais s'il est homme d'état, mais il est homme de génie, et avec du génie on est tout ce qu'on veut. Sa politique est franche et grande ; il doit dédaigner les mensonges, les minuties ; les détails le rebutent ; il voit l'ensemble, et cela lui suffit. Il a travaillé pendant toute sa vie pour la maison de Bourbon, et ce sont d'autres qui recueillent ce qu'il a semé. Pourquoi n'est-il aux Tuileries que comme un étranger? On dirait que ce n'est point là sa place ; il n'a ni la souplesse, ni la bassesse du courtisan.

» La patrie est une de ses idoles ; il effraie par sa supériorité, sa réputation importune ; et comme on ne se plaît qu'avec ses égaux, on n'aime pas à être en la compagnie de M. de Chateaubriand. Le feu roi redoutait son esprit ; maintenant on craint son indépendance ; mais il tient franchement au roi et à la Charte, au peuple, à Dieu et à la liberté.

» Avec cette haute indépendance de caractère, on peut être l'honneur de son siècle ; mais on ne fait pas son chemin, surtout lorsque l'on croit que la religion était avant les jésuites, et qu'elle existera après ; lorsqu'on ne plie pas plus devant M. de Blacas que devant M. Decazes, devant M. de Villèle que devant M. de Polignac ; c'est ce qui fait qu'on éloigne du ministère celui qui l'anoblirait; que l'on rejette dans les ambassades lointaines celui qui devait être appelé au conseil du monarque : on punit le littérateur des vues hautes du diplomate, et l'on ose dire que celui qui pense si bien, ne peut agir que mollement.

» M. de Chateaubriand est de petite taille, comme la plupart des grands hommes ; sa figure annonce ce qu'il est : on y voit tant de mobilité, un sourire si fin, des yeux si brillans, qu'elle charme et entraine ; il est vif dans ses mouvemens, parle d'abondance et n'a garde de s'écouter. Il a des qualités précieuses ; bon ami, bon parent. Auprès des dames, il se distingue par la galanterie délicate de la cour de Louis xiv, et il ne montre envers les hommes que cette politesse aisée qui voile son mérite sans le cacher, et cette simplicité, compagne inséparable du génie. »

CHAPITRE XXX.

L'ACADÉMIE FRANÇAISE.

Dans quel but l'Académie française fut fondée. — Les quarante qui n'en sont pas. — Ceux qui n'en ont pas été. — Comment on y entrait naguère. — Ceux qui en sont. — MM. Andrieux. — De Cessac. — Ségur. — Daru. — Renouard. — Destutt de Tracy. — Duval. — Campenon. — Michaud. — De Lormian. — De Lévis. — L'abbé de Montesquiou. — Lainé. — Laya. — Roger. — Cuvier. — Villemain. — De Frayssinous. — Dacier. — De Quélen. — Droz. — Delavigne. — Lemercier. — Briffaut. — Guiraud. — Fourrier. — De Féletz. — De Barante. — Étienne.

L'Académie française date sa création du cardinal de Richelieu. Ce fut le piége qu'il tendit à l'indépendance de la littérature. Ce grand génie érigeait le despotisme en méthode; il voulait que tout obéît à un seul homme; et cet homme c'était lui. Il comprit avec une fine précision, qu'on pouvait dompter des militaires, des magistrats, des bourgeois, des vilains et des courtisans, mais qu'on ne soumettrait point par force des hommes de lettres. La foule parmi eux se vendrait sans doute, et cependant ceux-là ne seraient pas à vendre qui précisément seraient ceux qu'on voudrait acquérir. Il imagina de séduire les esprits fermes en leur montrant des chaînes si légères qu'ils pussent les prendre pour de l'indépendance. Cette idée le conduisit à la création de l'Académie française. Il fut dit qu'elle serait recrutée parmi les littérateurs les plus distingués, et composée de quarante membres. Quarante hommes savans étaient difficiles à trouver : on y suppléa par des obscurités que l'on dora le mieux possible, de manière à leur faire jeter quelque éclat. Cet usage s'est perpétué, tant il a paru commode ; et chaque fois qu'un beau génie déplaît, on le laisse de côté pour le remplacer par une nullité brillantée.

Savez-vous maintenant ceux qui ne sont pas de l'Académie ? Il me prend fantaisie de vous les signaler avant de vous nommer ceux qui en font partie. Je prendrai les premiers au hasard, tels que ma mémoire me les fournira. Je ne vous dirai pas ce qu'ils ont fait, l'Europe les connaît tous ; je mêlerai les classiques et les romantiques, car je ne dédaigne que la médiocrité. Je suis juste avant tout, et j'aime le talent quelle que soit sa bannière. Benjamin Constant et de Béranger; Philippe de Ségur et de Lamartine; Casimir Bonjour et Tissot; Victor Hugo et Scribe; l'abbé de La Mennais et Ancelot; Jay et Sébastiani; Mignet et Cousin; Guizot et Nodier; Fiévée et Pagès; de Broglie et de Norvins; de Montlosier et de Pradt; Viennet et Dupaty; Casimir Perrier et Delaville; Barthélemy et Méry; d'Épagny et Victorin Fabre; Chenedollé et Delrieux; Lucien Arnaud et Bis; Kératry et Salgues; Salvandy et Théodore Leclerc; Laromiguière et Pongerville. En voilà quarante, tous dignes d'un tel honneur, sans compter ceux que j'oublie, peut-être. La matière académique ne manque pas, et l'on pourrait mettre en ce lieu des gens, tous d'un mérite supérieur. Y viendront-ils? Quelques-uns, peut-être; tous, non certainement. Il y a des grandeurs littéraires dont on ne s'accommodera jamais: telle lyre dont les sons font mal à l'oreille des jésuites, tel penseur dont l'indépendance est un forfait. Non, non, ceux-ci ne pénétreront pas dans l'Académie française; ils resteront en dehors avec assez bonne compagnie, avec ceux d'autrefois, qu'on n'a pas mieux traités*. Il y a eu, depuis l'empire, diverses manières de parvenir à l'Académie française, toutes certaines, hors une seule fort chanceuse, qui consistait à n'avoir que du mérite : celle-ci ne réussissait pas toujours. Un Académicien de beaucoup d'esprit disait un jour devant moi que, pour arriver au fauteuil, il fallait moins de *talens* que de *talons*, faisant allusion aux courses et aux visites sans fin que doit faire un candidat qui sollicite son admission. Il y avait quelques chances de succès dès que l'élection paraissait dans les convenances sociales des immortels. Ils étaient bien aises de se retrouver avec leurs parens, amis ou connaissances.

* Parmi les hommes célèbres qui ne sont point entrés à l'Académie, on cite Descartes, Rotrou, Brébeuf, Scarron, Pascal, Molière, le cardinal de Retz, Larochefoucauld, Chapelle, Ménage, Arnault, Saint-Réal, Nicole, Mascaron, Saint-Évremond, Bourdaloue, Bayle, Lafosse, Mignard, Malebranche, Chaulieu, Hamilton, Palaprat, Longepierre, Brueys, Dufresny, Dancourt, Vertot, Rollin, J.-B. Rousseau, Le Sage, Vauvenargue, d'Aguesseau, Saint-Simon, Vély, du Marsais, Guimont de Latouche, Lanoue, Louis Racine, Prevost, Villaret, Malfilâtre, Helvétius, Piron, Bernard, Lebeau, J.-J. Rousseau, Dorat, Gilbert, Mably, Diderot, Bertin, Roucher, Raynal, Beaumarchais, Rivarol, Desforges, Tronchet, Mirabeau, Cazalès, Servant, Palissot, Mercier, Bitaubé, Millevoie, Guinguené, d'Avrigny, Hoffmann, Geoffroy, Foy, Paul Courrier, etc.

On désignait par *déjeuner dominical* un repas qu'une trentaine d'hommes de lettres se donnaient tour à tour, et dont chacun, à tour de rôle, entrait à l'Académie : c'était de rigueur. M. de Chateaubriand n'aurait pas obtenu les voix de ces académiciens gastronomes, avant le confrère en déjeuner. On décidait ainsi, entre la poire et le fromage, du droit d'ancienneté. Tel était entré un an plus tôt dans l'association de goinfrerie, et ce titre sans réplique lui donnait la priorité.

Ce fut l'opinion qui fit les immortels depuis 1814; il fallut penser comme les Académiciens courtisans, si on voulait s'asseoir parmi eux. Le gouvernement vint au secours de cette prétention folle : il décima l'Académie, et créa, par ordonnance, des célébrités. MM. de Bonald, Auger, de Lévis, Lally-Tolendal, de Montesquieu, etc., entrèrent par cette voie peu honorable, qui fut la quatrième, par ordre chronologique. Dès-lors, on compta les bons royalistes purs, et on dédaigna les talens. Il fallut les cris de toute la France, pour briser la porte par où Casimir Delavigne passa... Lui entré, le mérite ne fut plus en défaveur. Peu après, et dans la sixième ère, l'Académie ayant secoué le joug des ministres que dirigeait M. Roger, fit des choix en conscience, et s'attacha surtout en rappelant les membres éliminés en 1816, à réparer une grande injustice : espérons qu'elle ne déviera plus de ce noble chemin.

Ceux qui la composent maintenant sont M. Andrieux, qui en est le doyen; il est auteur de plusieurs jolies comédies, de contes qu'on peut lire avec plaisir, après ceux de La Fontaine; c'est notre Anacréon, plus grave dans sa vieillesse, et certes aussi aimable; le comte de Cessac, l'une des supériorités de la cour impériale : ses travaux administratifs ne lui ont pas permis de se livrer en adepte à la culture des lettres; mais il possède un goût exquis pour les juger, et le sentiment vrai qui en fait apprécier le mérite; le comte de Ségur, grand seigneur et homme de lettres, qui fut courtisan sans perdre son indépendance; historien et poëte, et dont les Mémoires sont dans toutes les mains; le comte Daru, l'une des illustrations de l'empire et des belles-lettres, administrateur probe, historien profond, et versificateur facile*; M. Renouard, poëte tragique et érudit, sorte de Romain à Paris, et qui préfère sa liberté à de forts appointemens; ferme dans

---

* Il vient de mourir. (*Note de l'éditeur.*)

ses opinions, poli avec rudesse; le comte Destutt de Tracy, philologue et philosophe, cherchant à unir la connaissance de l'homme à celle des langues, défenseur des droits de la nation à la Chambre des pairs, comme il l'est de ceux du goût à l'Académie française.

M. Perseval Grandmaison. Je vous l'ai fait connaître, ainsi que MM. le vicomte de Chateaubriand et de Lacretelle. M. Alexandre Duval, auteur comique habile à conduire des scènes, à charpenter une pièce, et qui emploie l'intérêt de l'action à dissimuler la faiblesse du style; mal récompensé par les gouvernemens, il trouve un grand plaisir à nous le dire; on rirait de sa plainte et de ses regrets s'il n'était pas Breton, et si on ne connaissait pas son désintéressement. M. Campenon, littérateur agréable; M. Michaud, poëte et historien, chantre de Napoléon, et lecteur de Louis XVIII; qui montra en 1827 un beau caractère, et dont l'ouvrage sur les Croisades jouit d'une réputation justement méritée; M. de Jouy, sa réputation est venue jusqu'à vous, ainsi que celle de M. de Bonald, qui vient après, sans pour cela qu'ils se ressemblent.

Le chantre d'Ossian, le traducteur du Tasse, et qui à ce titre doit m'intéresser particulièrement, M. Lormian, est un des poëtes de l'époque le plus malheureux, parce qu'on s'obstine à ne lui accorder qu'un genre; on veut qu'il soit versificateur, et rien avec. On lui refuse le génie qui crée, et pourtant ses satires nombreuses ne sont que des créations, ainsi que ses délicieuses ballades. Ce dernier recueil est le triomphe de la poésie française, le *nec plus ultra* de l'art de conter en vers, et conformément au genre. C'est la manière de Voltaire, avec plus d'éclat et de correction. M. le marquis de Lally-Tollendal, poëte *incognito*, et historien peu heureux de l'Angleterre, réussit mieux à la cour de France qu'à celle de Clio, et, malgré ses efforts, il n'est pas encore arrivé au Parnasse.

M. le duc de Lévis est un courtisan qui fait des vers, car il ne consentirait pas à n'être que littérateur.[*] Le roi a pu nommer académicien M. l'abbé de Montesquiou, mais non le faire siéger à l'Académie : celui-ci a compris combien cette manière de s'introduire dans un corps est peu flatteuse, aussi n'y a-t-il jamais paru. L'esprit, la finesse, le bon goût, ne lui manqueraient pas. Pauvre homme d'état, il aurait mieux figuré à l'Académie. Voyez la destinée! il ac-

---

[*] Il est mort pendant l'impression de cet ouvrage.
(*Note de l'éditeur.*)

cepta un ministère, où il ne montra que peu de talens, et fuit un fauteuil qu'il remplirait à merveille.

Le vicomte Lainé est orateur, administrateur et publiciste; c'est un de ceux que la révolution présente avec orgueil; qui a toujours voulu le bien; qui a pu se tromper, et dont l'intention ne fut jamais de mal faire.

M. Laya, auteur comique, retiré de la scène du monde, où il a laissé d'honorables souvenirs; M. Roger.... Passons à un autre. Le baron Cuvier, savant, beau parleur, homme d'état, aussi adroit qu'habile, qui se fait pardonner son protestantisme par les ultramontains, à tel point il s'oublie lui-même; c'est l'*omnis homo* de tous les ministères, la pièce de bœuf de toutes les sessions, le membre inamovible de toutes les commissions, de tous les conseils possibles. L'opinion de M. Cuvier est un problème: ultrà, constitutionnel, fougueux, modéré, il a tout servi; il est ami de M. de Villèle et de M. Decazes, de l'évêque d'Hermopolis et de M. de Beauvais; il toucherait en cas de besoin dans la main d'un déserteur, si un déserteur parvenait au ministère, et ne reculerait pas, je crois, devant le comte de la Bourdonnaye.

J'ai parlé ailleurs du marquis de Pastoret,

mais je n'ai rien dit encore de M. Villemain, littérateur qui a du courage moral; philosophe-pratique, qui profite de la bonne fortune et brave la mauvaise; qui va droit au pouvoir, quand le pouvoir lui semble suivre une route honorable, et n'hésite pas à se retirer quand le pouvoir s'en écarte. Il veut la fortune, mais avec des intentions pures, et des fonctions dont il ne faille pas rougir. Son style est brillant et clair, sa plume élégante : il écrit aussi bien qu'on peut le faire, quand on n'invente pas. Il a le goût qui arrange, et non le génie qui crée.

M. de Frayssinous, évêque d'Hermopolis, joint à des connaissances profondes, à une logique serrée, à une éloquence persuasive, des talens administratifs peu communs, c'est une tête fortement organisée; une capacité de Rouergue, c'est tout dire. Napoléon voulut se l'attacher : c'est faire son éloge. On ne lui reprocherait rien, s'il n'était ambitieux; mais il voulut un portefeuille, il prétend au chapeau, et il se dévoue au parti que la France repousse. M. Dacier est un digne et respectable vieillard, cher à tous ses amis, et qui, avec de l'érudition, a fait de la littérature.

Je ne puis passer légèrement sur M. de Quélen, archevêque de Paris, et très-spirituel; c'est un bon prêtre, un digne prélat, qui couche dans le lit du cardinal de Retz, et auquel ce lit procure des pensées étranges : il a tâtonné pour se trouver une place, l'a cherchée du côté du peuple, puis à la cour, et jusqu'à Rome. Il a de hautes pensées et peu de force pour les exécuter; il n'achève pas toujours ce qu'il a commencé. Dans un autre siècle, il eût imité le fameux coadjuteur; maintenant il sera fidèle, parce que cela est préférable. Il lui manque un ruban bleu ; il voudrait aussi une calotte rouge et de l'influence. Il aurait pu l'obtenir par ses qualités, il la demande par le secours des autres : celle-là ne s'obtient pas toujours.

Cherchez M. Soumet au lieu où je vous ai fait part de mon opinion sur son compte; quant à M. Droz, qui a écrit sur le bonheur, je désire qu'il ait approprié le précepte à l'exemple. On vante son style, on dit du bien de ses idées ; son ouvrage n'est pas tombé dans mes mains, et je m'accuse de ne pas l'avoir cherché.

Il est des noms qui sont dans toutes les bouches; il est des célébrités qui franchissent les limites d'une ville, d'un royaume, et que l'Europe apprend à prononcer. Celui de M. Casimir Delavigne est de ce nombre : un beau talent, des pensées d'un ordre élevé, un ardent amour de la patrie qui déborde dans tous ses ouvrages ; le mépris du despotisme et des sots ; de la verve, de la chaleur, moins la sensibilité, voilà ce qui constitue son mérite. De petits poëmes intitulés *les Messéniennes*, commencèrent sa réputation ; une tragédie (*les Vêpres Siciliennes*), où il y a un rôle majeur, la consolida, et deux excellentes comédies (*les Comédiens*, *l'École des Vieillards*) l'affermirent. Aux avantages d'une poésie élevée, la fortune procura à M. Delavigne ceux de sa position politique. Les constitutionnels n'avaient pas de jeunes littérateurs à opposer à ceux du bord contraire, il leur en fallait un ; celui-là se présenta avec sa flamme, ses créations, son élégance soutenue, sa finesse d'observation, et une énergie qui ne se développait pas en fougue imprudente : on courut à lui. Il en était digne ; on le vanta, on le servit avec effusion, et bientôt le protégé monta si haut par lui-même que ses protecteurs en furent presque fâchés. Mais l'élan était donné, la place bien légitimement prise, et pour cette fois les prôneurs en défaut avaient fait la fortune de qui la méritait.

Le Paria, malgré la pompe de ses vers, ne put accroître tant de renommée. Le sujet, mal choisi, allait toujours en décroissant d'intérêt.

L'erreur de la *Princesse Aurélie* doit être passée sous silence ; elle disparaît, d'ailleurs, dans le succès de *Marino Faliero*. M. Delavigne a, dans ce bel ouvrage, appris aux romantiques comment il convenait d'innover, et que l'on pouvait être original sans outrager la raison et la poésie. Les classiques qui pourront créer seront toujours les vrais romantiques.

M. Lemercier, l'auteur le plus original du siècle, qui a du génie autant que les autres ont de l'esprit ; qui a du goût lorsqu'il donne des préceptes, et qui souvent le repousse quand il écrit ; son début fut un chef-d'œuvre ; *Agamemnon* reste encore la première tragédie du théâtre moderne ; c'est une conception originale, dont tout le mérite ne consiste pas dans les mots, et dont le fond l'emporte sur la broderie de la forme. M. Lemercier ne fut pas ébloui de la splendeur impériale, et, quoique jeune encore, il ne vit dans Napoléon qu'un tyran. Vainement celui-ci, qui le connaissait assez pour l'apprécier, essaya-t-il de l'attacher à sa cause ; vainement, par des offres séduisantes, tenta-t-il de fléchir cette âme superbe et indépendante ; il ne put y parvenir, et l'homme de lettres ne fut pas vaincu par le grand capitaine ; il ne voulut même pas recevoir cette croix d'honneur qu'il était si honorable de porter. M. Lemercier a conservé son énergie romaine, et n'a jamais cédé à d'imbéciles ministres, après avoir résisté à un héros.

Ninus II, tragédie toute d'invention, fit la renommée de M. Briffault, qui la soutint par des contes remplis d'observations, d'esprit, de grâce et de style. Il est un de ceux qui sont parvenus à rendre la censure dramatique un tribunal véritablement littéraire, où des hommes de goût aident l'auteur à corriger ses inadvertances. Par sa politesse exquise, il achève d'enlever ce qu'a d'amer cette fonction. Je dois en dire autant de son confrère Laya, et ceci pour l'acquit de ma conscience.

Je n'ai jamais rencontré M. Guiraud, car il n'habite point Paris; on le dit aimable et adroit; ses tragédies font voir un homme de lettres, comme son avancement rapide donne la plus haute opinion de son esprit; c'est ainsi qu'il faut être lorsque l'on veut réussir. On dit qu'il se plaint néanmoins du gouvernement. Il y a des gens difficiles à contenter. Le public, d'une autre part, se plaint de son silence : il doit comprendre ce qu'un tel reproche a de flatteur.

Il est un savant qui unit à de hautes connaissances l'amour de la littérature, qui fut estimé de Napoléon, et dont le mérite a éclipsé les nullités récentes. M. Fourrier, auteur de la préface du grand ouvrage sur l'Égypte, qui aurait suffi à sa gloire, comme la préface de la première *Encyclopédie* à celle de d'Alembert, poursuit chaque jour ses travaux graves, et les arts le délassent de l'étude des hautes sciences. Persécuté après les cent jours, parce que, dans les cent jours, on avait employé ses talens d'administrateur; car, que n'est pas M. Fourrier? son mérite força plus tard la main au parti qui déteste les lumières. On lui rendit ce qu'on lui avait enlevé. Il est secrétaire perpétuel de l'Académie des sciences; Fontenelle ne pouvait avoir un plus digne successeur.

Avoir de l'esprit et de la malice, de la finesse et de l'exagération, voilà ce qui amène souvent à l'Académie, et ce qui a fait un des Quarante de M. Féletz. Les journalistes sont représentés par lui dans cette première des sociétés littéraires. C'est un Périgourdin qui est noble de race, et qui a du goût par nature; sa grâce est quelque peu aigre; il égratigne en plaisantant, de manière à laisser des traces ineffaçables : c'est un aristarque de bonne compagnie, l'ami et l'admirateur de M. de Chateaubriand.

Un historien qui s'est créé un système bizarre

qui tend à ramener le ton de l'histoire à celui des chroniques du douzième siècle, siége à juste droit, néanmoins, à l'Académie; M. de Barante a jugé sainement la littérature du siècle précédent; il y a de la réflexion, de l'impartialité et de l'esprit dans les arrêts qu'il porte. C'est un bon ouvrage, qui n'a pas eu moins de réputation que son *Histoire des Ducs de Bourgogne*, de la seconde race. On attend avec impatience celle qu'il promet du *Parlement de Paris*.

J'ai parlé ailleurs, et plus tard je parlerai encore, de M. Royer-Collard, l'un des plus beaux caractères de l'époque; ainsi je ne ferai que vous signaler ici sa présence à l'Académie, dont il n'est pas l'un des moindres ornemens. Je vous ai dit aussi de MM. Arnault et Lebrun ce que j'ai eu à vous en dire: je me tairai donc sur leur compte, et je terminerai cette longue galerie de portraits par celui de M. Étienne.

Le mérite de celui-ci fut récompensé de bonne heure par la fortune. Napoléon l'aima; Napoléon, à qui on ne peut trouver un favori indigne de l'être. M. Etienne qui, plus tard, devait être compté au nombre des plus ardens défenseurs de la presse, commença, ainsi que M. de Jouy, par en être le censeur. C'était mal débuter; aussi le public, tout en admirant ses ouvrages, fut sévère envers lui. Un grand talent dramatique, une dialectique profonde, qui, par ses formes piquantes et l'élégante énergie du style, rappelle *les Provinciales* de Pascal; une éloquence de tribune forte et gracieuse, spirituelle et pressée, distinguent M. Étienne, à qui on sait gré de l'emploi qu'il fait de son talent, lorsque, comme tant d'autres, il aurait pu s'en servir à perpétuer sa fortune. M. Étienne est auteur des *deux Gendres*, l'une des meilleures comédies de l'époque, de *Bruéis et Palaprat*, de *l'Intrigante*, *des Plaideurs sans procès*, et de plusieurs autres comédies, toutes en vers, qui sont distinguées par les connaisseurs; d'un grand nombre d'opéra-comiques que l'on joue tous les jours avec un succès soutenu : je citerai dans ce nombre, *une Heure de Mariage*, *Cendrillon*, *Joconde*, *Gulistan*, etc. M. Étienne a porté à la Chambre des députés, dont il est un des membres les plus distingués, une haute indépendance d'opinion, qu'il concilie avec des formes polies. Il fut éliminé de l'Académie par la proscription contre-signée Vaublanc, ainsi que MM. Arnault, Cambacérès, Maret, Garat, Grégoire, Rœdérer, et son mérite personnel a brisé cette barrière que l'envie malveillante imposait aux illustrations d'autrefois. Il serait convenable que la justice qu'on lui a rendue, ainsi qu'à M. Arnault, fût égale envers ses autres compagnons d'infortune. On ne doit pas confondre les actes politiques avec les travaux littéraires, et punir ceux-ci de l'âpreté des autres, ou du malheur des circonstances.

CHAPITRE XXXI.

DU CHARLATANISME ET DU TARTUFÉISME.

Comment on se fait une réputation, et comment on fait celle d'un livre. — Le libraire ***. — Le charlatanisme en tout. — Fabrication et commerce du *Tartufe*, considéré comme marchandise. — Manière de le débiter. — Détails à ce sujet. — De Molière, en sa qualité de contrefacteur du *Tartufe*. — Haine que lui porte le clergé à ce sujet.

Les réputations littéraires se font maintenant avec une facilité merveilleuse. On acquiert celle qu'on veut sans peine; mais la conservera-t-on long-temps? Non. Un jeune homme emploie, à se faire connaître, le temps que jadis il mettait à étudier. Aujourd'hui, quelle folie! d'autres ont pris, prennent ou prendront ce soin pour vous, quand vous êtes inconnu. A quoi vous servirait la science, lorsque vous aurez percé ? Il y a des gens qui vous l'apporteront toute faite ; il n'est qu'un seul point à ne pas négliger, c'est de faire parler de soi en bien dans les journaux et dans le monde. Un sot, que je vois quelquefois, me disait la semaine dernière : « Je vais devenir, le mois prochain, un homme important. — Par quel moyen, s'il vous plaît ?—Mes amis sont prêts ; ils ont copié mes articles sur mon compte. J'ai des actions sur quatre journaux, et j'entretiens deux actrices. »

Voilà pour le riche.

Quant au pauvre, il parvient aussi ; l'intrigue remplace la fortune ; il se sert d'elle, et il a raison, car elle le pousse aussi-bien que l'autre ; il y a des amitiés à un taux déterminé et modeste ; des désintéressemens qui ne font guère payer ; un déjeuner sans façon, un dîner médiocre, quelques billets de spectacle, une glace ou un demi-bol de punch suffisent pour exalter tel ou tel, et le faire notre prôneur d'office : d'ailleurs on se rend service mutuellement. Si vous me faites grand homme ce matin, demain ce sera à charge de revanche. Vantez-moi, je vous vanterai ; ainsi l'on fait et l'on réussit.

Un ouvrage nouveau est tiré à mille exemplaires, sur deux formats, avec le même caractère typographique et la même composition ; cinq cents de l'un, cinq cents de l'autre, divisés en deux éditions chacun, ce qui fait quatre éditions. Les amis le crient, les badauds le croient, et voilà un auteur de premier ordre, qui est célèbre sans que son livre se soit vendu. J'ai tenu dans mes mains l'épreuve d'une feuille des *Orientales*, ou dernier recueil des dernières odes de M. Victor Hugo ; elle portait les étiquettes de quatre éditions différentes, tour de passe-passe du libraire, et que le littérateur ignore. *Les Études poétiques* de M. E... D... ont eu huit éditions, et quatre-vingt-cinq exemplaires furent loyalement vendus : c'est maintenant l'usage : qui ne s'y conforme pas est un imbécile, qui s'y laisse prendre ne l'est pas moins.

L'art de faire des volumes avec des pages blanches, des têtes de chapitre, des pièces justificatives, a été poussé loin par le libraire ***. Il a inventé les demi, les tiers de volume. On achète chez lui l'apparence d'un livre plus qu'un livre même. Qu'il serait riche, s'il ne voulait faire que le libraire ! C'est l'éditeur de la pairie, de la noblesse. Il s'est fait peindre assis au milieu d'une nombreuse bibliothèque, comme si, au lieu de vendre des livres, il en composait : l'erreur est pardonnable; il les fait et croit les faire; ses auteurs ont la charge de le vanter, témoins, la comtesse de Genlis et madame Bochsa; c'est pour lui la route de la postérité. Tout auteur qui vient en fiacre ne dépasse pas son antichambre; le piéton s'arrête à la loge du portier. Un duc et pair est digne de s'asseoir à sa table; il proposerait à une princesse auteur l'entrée de son boudoir. A part ceci, il a l'esprit du commerce; bien heureux qui tombe dans ses mains: il est parvenu à faire réussir jusqu'à Bourienne. Ses amis vantent ses qualités, et ses confrères la facilité avec laquelle il traite les affaires.

Le charlatanisme en tous genres est singulièrement perfectionné. Un médecin l'emploie comme un littérateur, un auteur comme un cordonnier: la nation fraçaise aime qu'on la trompe; la franchise lui semble de l'imbécillité; la simplicité, de la balourdise; le ministre est charlatan non moins que l'orateur à la tribune; il y a des avocats qui plaident leur cause dans deux ou trois gazettes avec plus de véhémence qu'ils ne plaident au Palais celle de certains journalistes incriminés. L'abbé Desmazure, outre sa grande barbe, est bien aise que *la Quotidienne* instruise trente abonnés de ses faits et gestes. Tel peintre achète au poids de l'or un brevet d'immortalité pour son tableau mort-né; tel sculpteur en crédit imagine un concours, et arrange les choses de façon que son œuvre informe soit choisie en dépit de celles dont le mérite est le plus éminent. M. de Bonald se proclame, par la bouche de ses créatures, le premier des penseurs. M. Pain a voulu se donner la qualité de *premier chansonnier* (de Béranger à part), que le chevalier Alisan de Chazet lui disputa, et que, pour se le conserver, ils enlevèrent à feu Désaugiers.

Le charlatanisme est si répandu, qu'il passe presque pour une vertu, et qu'il est certainement un devoir. Les amis, les bons parens appellent ce manége *faire ses affaires*. S'enrichir afin de dépenser étant aujourd'hui l'unique but, il paraît naturel que l'on se fasse un revenu de l'intrigue; c'est elle qui rapporte le plus; on s'en sert de mille façons. Une de ses branches les plus importantes est l'hypocrisie: Vous ne sauriez croire combien, depuis 1814, la religion est devenue une mine bonne à exploiter; il y a de très-belles spéculations à faire sur la piété; aussi peu de gens les négligent. Il arrive tous les jours à Paris, de toutes les provinces, grand nombre de Tartufes, sorte de denrée dont le débit est certain. On en place dans toute la hiérarchie administrative ou judiciaire : la grosse n'en coûte pas cher, quand on ne veut en faire que des juges auditeurs. La classe des préfets et sous-préfets en emploie beaucoup. On en place avec avantage dans l'armée, depuis la grade de sous-lieutenant jusqu'à celui de maréchal de France. Il en est qui deviennent douaniers, administrateurs de domaines, employés dans la haute et basse finance, dans les contributions, etc. Avec du Tartufe, on entreprend le négoce des pensions dans tous les ministères; on en fait des gens de lettres, des peintres, des sculpteurs, des médecins, et ce ne sont pas ceux que l'on débite avec le moins d'avantage : il reste peu de garde-magasins dans ce genre de commerce.

Le clergé, dans ce qui est ultramontain, se livre principalement à la fabrication du Tartufe; il met un zèle extrême à en tirer un bénéfice énorme; aussi apporte-t-il le plus grand soin à sa confection. Il y a dans chaque diocèse des établissemens qui en fournissent chaque année une masse considérable. Le ministère Martignac a tâché d'entraver ce genre d'industrie, en faisant fermer certaines de ces manufactures, mais il n'a pas réussi. Le Tartufe de contrebande et celui de bon aloi continuent à abonder dans tous les marchés; on en a mis une telle quantité sur la place, que, dans le cas où tous les métiers seraient brisés, on en resterait pourvu pour long-temps. On ne voit autre chose dans la société. Plus on va dans le monde, plus on reconnaît le Tartufe à son ardent amour du jésuitisme, à son profond respect pour toute puissance étrangère, aux contorsions qu'il fait quand il y a force à lui de prononcer le mot *Charte*; à la facilité avec laquelle il se dispense d'obéir au roi et aux lois, dans l'intérêt de l'Eglise; à son besoin de calomnier; à son ignorance, à sa haine de toute liberté; à son amour de l'argent et du pouvoir. Avec de l'égoïsme, du mensonge et de l'hypocrysie, on fait de l'excellent Tartufe. Le meilleur est celui qui n'a ni cœur ni entrailles, dont la sensibilité est nulle, la tête froide, et qui ne songe qu'à son intérêt. S'il n'est pas sorti des magasins de la Congrégation, on le soupçonne de ne pas être d'une bonne manufacture, et on achète les yeux fermés ce qui arrive en ballots de Saint-Acheul, de Bordeaux, de Billom et de Provence. La ville de Lyon réussit bien dans ce genre d'ouvrage. Le Tartufe par excellence sortait de Mont-Rouge; celui-là est rare maintenant. On se flatte que cette fabrique ne tardera pas à se relever : elle est tombée, non par banqueroute, mais par trop de richesses.

Je vous assure, Orlandi, que rien n'est plaisant à examiner comme le Tartufe dans le monde.

Il allie la débauche à l'apparence pieuse ; l'ambition réelle à l'abnégation en paroles ; il se déguise peu, car il lui suffit de parler ; on lui passe le geste, dont il peut disposer à sa volonté. Il dîne au *cabaret* (dîner chez un restaurateur étant une expression passée de mode), afin d'aller au sermon de bonne heure, puis achève sa soirée à l'Opéra ou aux Bouffes, *pour donner le bon exemple.* Vous riez ; eh bien ! c'est à tort ; le Tartufe moderne ne ressemble point à celui d'autrefois. Ce dernier ne songeait qu'à lui ; le nôtre doit travailler à gagner des esprits à la bonne cause ; le prosélytisme est un de ses devoirs ; il poursuit les faibles dans un sallon, et souvent escamote une demi-conversion dans une coulisse de quelque théâtre ; s'il ne voyait que des saints, il ne serait pas utile au parti, tandis qu'en fréquentant les libéraux, qui sont tous des impies, il peut, par-ci par-là, en gagner quelques-uns, et les faire entrer dans le bon chemin ; son zèle est extrême ; on lui paie tant par brebis égarée qu'il ramène au bercail. Il y a un tarif de primes suivant l'importance de l'acquisition. Vous sentez qu'on ne pourrait récompenser au même prix celui qui amènerait un second Madrolle, et celui qui procurerait l'acquisition du poëte Béranger. On le sait, et on tâte les gens en conséquence ; ils font de temps en temps de bons coups, car un ambitieux finit toujours par se laisser séduire. Il y a plusieurs années qu'ils rôdent à l'entour d'un avocat célèbre; ils ont failli l'accrocher à Saint-Acheul, et le filet dans lequel on espère le prendre ressemble singulièrement à une simarre de garde des sceaux.

Le Tartufe est implanté à la cour ; on ne veut là que du grand modèle; cela convient au lieu, et on façonne le courtisan en manière de Tartufe sans beaucoup de peine. Les faiseurs en cette partie prétendent que, pour faire du courtisan un Tartufe, il n'y a qu'un vernis à passer dessus. Je les crois en ceci, et vous ferez comme moi. Cependant, la nation entière ne donne pas dans cette entreprise. Quoique cette marchandise soit peu rare, elle n'est pas achetée universellement ; le plus grand nombre n'en veut à aucun prix ; ceux qui s'en accommodent sont bientôt dépistés; on les montre au doigt, on s'éloigne d'eux, on les laisse dans une sorte de solitude déplaisante.

Il y a eu en France un honnête homme nommé Molière, qui, pour montrer combien au fond le Tartufe est défectueux, imagina d'en fabriquer une pièce à bonne intention ; il la déroula sur le théâtre avec tant de succès, que depuis ceux qui tiennent cette partie ne peuvent souffrir son échautillon. L'art avec lequel il est tissu présente à tel point les vices du Tartufe, qu'il en donne l'horreur. Aussi, depuis près de deux siècles, on ne cesse de conspirer contre cette œuvre, dite *diabolique*; on intéresse la religion au débit du Tartufe réel, et en conséquence on veut faire disparaître en son nom celui de Molière. On croirait, à entendre les manufacturiers, que, sans les Tartufes, il n'y aurait ni autel, ni culte; qu'à cette déception tient uniquement l'existence du catholicisme. Molière a donc fait de la grosse impiété; c'est un sacrilége, parce qu'il a représenté dans toute sa laideur l'ennemi du ciel et des hommes. Le clergé s'aveugle sur ce point avec une facilité inconcevable; il brouille les notions au point de confondre Tartufe avec les saints, et d'amener les profanes à ne plus les distinguer; il préfère se déclarer le champion des Tartufes, que renoncer à en vendre : son intérêt passe avant celui de Dieu.

CHAPITRE XXXII.

LES CLASSES DE LA SOCIÉTÉ.

Ce qu'en a dit M. de Jouy. — Le grand monde. — La société au-dessous. — La troisième par rang. — La quatrième. — La cinquième.

Vous auriez une idée très-fausse de la société de Paris, si vous la jugiez d'après les charmans croquis de *l'Ermite de la Chaussée-d'Antin*. L'auteur de cet ouvrage si spirituel, a peint le monde qu'il a vu, c'est-à-dire des banquiers, des hommes de lettres, de grands administrateurs, des sénateurs de l'empire. M. de Jouy en a fait des tableaux d'une ressemblance frappante; mais plus bas, mais plus haut, mais en dehors de ce cercle, il y avait aussi des portraits à tracer, et ceux-là, il ne nous les donne pas. Ce n'est point un travail facile de réunir dans un même cadre tant de traits épars; de tracer des lignes précises qui séparent les diverses classes ; il faut, pour les bien décrire, les avoir observées soi-même, les avoir étudiées; s'être placé de manière à en faire partie, les comparer entre elles, comprendre par où elles diffèrent et par où elles se rapprochent. Je vous assure que la matière présente des difficultés; et puisque le génie universel de M. de Jouy n'a pu les vaincre, je n'oserai me flatter d'en triompher. Il faut d'ailleurs, pour en venir à bout, non tracer quelques pages ; mais écrire des volumes; il faut embrasser le sujet sur toutes ses faces, et comment y parvenir ? Il est si vaste !

Ce que l'on appelle généralement à Paris, *le grand monde*, est la réunion des diverses parties de la haute noblesse. Ce sont les hommes et les femmes de la cour, avec ceux de leurs parens ou de leurs amis qui n'y vont point habituellement. Ces personnes se connaissent toutes, qu'elles se fréquentent ou non ; elles ont les mêmes idées, les mêmes goûts ; tout est commun, les préjugés, les espérances, les désirs, les besoins; elles s'entendent à mi-mot, ont une langue à elles, que le vulgaire ne comprend pas. Leur politesse est aisée, simple et familière à la fois; elles n'y manquent jamais, parce qu'elle leur est presque innée, et qu'on la leur inculque dès l'enfance, non par des préceptes, mais par des exemples ; elles sont naturellement ce que sont ceux qui les entourent. Là, rien n'est maniéré, outré ; on mesure les termes, on adoucit les gestes, on éteint le son de voix, on y est perpétuellement gracieux ; la mauvaise humeur a presque de la bonhomie, et la colère, jusque dans sa violence, est encore de la modération ; quelque mal que l'on dise du grand monde, il n'est pas moins supérieur à l'autre ; là seulement l'amour-propre s'efface, la volonté tâche de n'être pas superbe, chacun tremble de dévoiler la bonne opinion qu'il a de soi : la sottise recule devant la crainte du ridicule. Là, peut-être, n'est-on pas meilleur, mais on est du moins plus agréable ; il fait bon vivre avec des gens sans façon ; on vit mieux avec des gens de la très-bonne compagnie, mais celle-ci n'admet pas dans son sein quiconque veut y venir ; elle ne se distinguerait pas, si elle n'était exclusive : aussi l'est-elle au plus haut degré. Elle déteste les autres classes parce qu'elles la gênent ; elle ne veut pas leur déplaire, et son tact exquis retient en leur présence l'abandon d'une foule de sujets de conversation. Parler noblesse devant un roturier, est le blesser ; rire de telle ou telle caste, est un affront pour celui qui en sort ; voilà pourquoi le grand monde aime à vivre seul. Il ne se soucie, ni de se contraindre, pour autrui, ni de lui expliquer des usages qui ne peuvent que l'étonner ; voilà d'où provient la difficulté, pour ceux qui ne naissent pas dans le grand monde, de s'y introduire ; on les repousse autant par urbanité, que par désir de ne pas les avoir : c'est un acte de bonté et d'égoïsme.

Après cette société toute à part, il y en a dix, il y en a mille, plus ou moins nuancées, dans lesquelles on est poli, parce qu'il faut l'être ; on comprend cette qualité, non comme une émanation de soi-même, mais comme un devoir à remplir, pénible ou non. C'est là que l'on dit aux enfans : « Soyez polis, soyez honnêtes, montrez-vous bien élevés. » Or, on se montre ce qu'on n'est pas naturellement ; on est ce que l'on a appris à être ; les manières aisées sont le résultat du travail, le fruit de l'étude ; et quand on en connaît bien le mécanisme, on le professe ou on s'en sert pour soi. La familiarité, que l'on décore souvent du nom de vertu, est presque toujours une bonne grossièreté habillée en manière de franchise. On a beau recevoir une éducation excellente, cette éducation ne se fait pas au milieu d'un entourage convenable. Celui qui est bien élevé a des parens, des amis qui ne le sont pas aussi bien que lui. Comment pourra-t-il se préserver du contact de leurs manières ? Bon gré malgré, il s'en imprégnera toujours un peu, de telle sorte qu'à leurs yeux il pourra bien ne pas cesser d'être un modèle de bon ton ; mais, devant le grand monde, qu'il ne se flatte pas de faire illusion.

Il y a un troisième degré, la classe nombreuse du commerce, sous toutes les dénominations possibles : banquiers, marchands, manufacturiers ; la robe inférieure, avocats, avoués, faiseurs d'affaires, notaires, etc. Ici on se frotte, d'un côté à des gens dont on a besoin, et de l'autre à des gens qui ont besoin de vous. Certes, il n'est, je pense, de situation où il soit plus difficile de garder le milieu. Il n'est pas aisé de paraître tour-à-tour respectueux sans bassesse, et supérieur sans insolence : aussi est-il bien rare qu'on ne se brise pas à ce double écueil. Cependant, on tâche de l'éviter. Il en résulte un mélange d'humilité impertinente, de morgue flanquée de sotte modestie; on n'est soi que pour être mal soi. On joue tant de rôles, on prend tant de visages, on change si fréquemment de position, que l'on confond tout en des manières déplorables; on va de l'empesé au tutoiement, de la dignité grotesque au plein ridicule. On a des vertus et non de la grâce; on est homme, femme excellente, et néanmoins on fait quelquefois rire à ses dépens. C'est dans cette classe qu'on étale le plus grand luxe, non par goût, mais par dépit ou jalousie. On ne voit du grand monde que les livrées et la splendeur; on sait que tout cela s'achète; et, quand on l'a acheté, on croit posséder ce qui constitue foncièrement le grand monde, mais il n'en est rien. Beaucoup d'or procure la considération extérieure, mais ne change pas ce qu'il y a d'original et de primitif dans les formes sociales des individus. Dans la classe des enrichis, on se contente d'une fierté suffisante, qui n'a pas le cachet de la grandeur; on voit le beau dans ce qui coûte cher. On rougirait de traiter un inférieur comme son égal, et l'on ramperait toute sa vie pour obtenir qu'un supérieur consentît à vous élever jusqu'à lui.

On ne dit tant de mal de la noblesse que parce qu'on n'est pas noble; on ne calomnie la bonne compagnie que parce qu'on n'y est pas admis; mais qu'un bourgeois y prenne place, qu'on le décrasse avec une savonnette à vilain, il deviendra plus fier de son jeune écusson qu'un Montmorency de l'antiquité de sa race, et il recommandera au grand monde de bien serrer les rangs, afin que *quelque canaille* ne s'y introduise surtout; ceci eut lieu avant, pendant et après la révolution.

Combien de niveleurs enragés sont devenus aristocrates déterminés aussitôt que l'aristocratie leur a dit : Venez à nous! Ce serait une liste bien curieuse, que celle des partisans de l'égalité, qui, un peu plus tôt, un peu plus tard, ont changé leur bonnet rouge contre des armoiries!

Descendons encore quelques degrés de l'échelle sociale. Ici le naturel sans élégance, la brutalité dans toute sa fleur se montrent à découvert. On a bien entendu parler de la politesse; mais où est-elle? Nul ne le sait; on ignore pareillement la grâce; la première est remplacée par une soumission gênée, par quelque chose de tellement contraint, qu'elle en est absurde; on sent que ces gens veulent être autres qu'eux-mêmes; qu'ils se lancent dans ce qu'ils ne conçoivent pas. Les habitudes de leur corps, le son de la parole, la contexture des phrases ne peuvent exprimer ce qu'ils veulent rendre : leur politesse est dans l'intention. Il n'y a là que des mouvemens brusques ou raides, que des actes de gaucherie. En revanche, ils sont gais, bons, peut-être, mais toujours empressés à profiter des avances qu'ils font, car ces belles manières, qu'ils s'efforcent de prendre, ne sont pour eux qu'un moyen de réussir. Ils font de l'urbanité une marchandise quand ils peuvent la placer, et ne la voient que comme un moyen de séduction. Aussi entre eux ils la négligent et la dédaignent; leur société est sans obligeance; les propos y sont francs et durs ; on dit ce qu'on veut dire, sans chercher à le dire bien ; on va au but ; la phrase la plus courte est la meilleure ; c'est de la précision, mais ce n'est pas converser ; l'épigramme est là un coup de massue ; le trait d'esprit ne pique pas, il blesse à mort : on s'injurie en face, et le poing remplace l'épée.

Enfin, on tombe dans le dernier rang de la société, là où la vertu peut exister, mais où certainement on n'essaie pas même de se déguiser, où la volonté de se montrer sous un jour avantageux serait impuissante. La nécessité du travail, la perpétuité du malheur, la misère, la crainte, la débauche, des espérances qui ne sont que du désespoir mitigé, une lutte perpétuelle contre tout ce qui dégrade l'âme et flétrit le corps, enlèvent jusqu'au moindre vernis de la sociabilité. On est tout nature, mais nature hideuse. L'art de bien penser et de bien se tenir n'existe point là ; il y serait inutile. On n'a personne à flatter ; on ne trompe point. La politesse est une lettre de change que le mensonge tire sur l'amour-propre, elle est toujours acquittée ; mais dans les classes abruties, on n'en a que faire, la flatterie y serait sans résultat.

Je viens d'esquisser les caractères généraux des diverses classes de la société parisienne ; peut-être vous donnerai-je un jour les détails de ce qui constitue au fond la différence entre les castes diverses de la société. On peut, en partant de cette base, arriver à des peintures vraies de ce qui a lieu à Paris; je m'engage à travailler dans ce cadre pour vous faire voir, comme à une lanterne magique, les rangs et les états parisiens ; ce sera une sorte de drame nouveau, et je m'en occuperai ausitôt que j'en aurai le loisir. Je vous promènerai depuis les Tuileries jusque dans le fumier du faubourg Saint-Marceau, car je n'ai pas perdu les nombreuses années que j'ai passées à Paris; je les ai employées à étudier le cœur humain dans ses passions intérieures, et dans sa manifestation au-dehors.

CHAPITRE XXXIII.

QUELQUES MONUMENS ET ÉDIFICES.

Les Barrières. — Fontaine de l'Éléphant. — Château-d'Eau. — Portes Saint-Martin et Saint-Denis. — Église de la Madeleine. — Chapelle expiatoire. — Arc de triomphe de l'Étoile. — Statues de Louis xv et de Louis xvi. — Le Garde-Meuble. — Palais du Corps-Législatif. — Les Invalides. — Fontaine de la rue de Grenelle. — Église Saint-Sulpice. — Le Luxembourg. — Église du Val-de-Grâce. — Sainte-Geneviéve. — Tour de Clovis. — Saint-Étienne-du-Mont. — L'Odéon. — L'École de Médecine. — Jardin du Roi. — Notre-Dame. — Palais de Justice. — Saint-Gervais. — L'Hôtel-de-Ville. — Fontaine de la place des Innocens. — Saint-Eustache. — La Halle aux Blés. — La Bourse. — Colonne de la place Vendôme. — Arc de triomphe de la place du Carrousel. — Hôtel des Monnaies. — Monument élevé à la mémoire du duc de Berri.

Les monumens ne manquent point à Paris ; de bon ou de mauvais goût, anciens ou modernes, il y en a grand nombre. A Dieu ne plaise que je vous les décrive par ordre. Afin de vous donner une idée des principaux, je commencerai par les barrières, constructions gigantesques et bizarres de l'architecte Ledoux ; il ne fit pas preuve d'élégance en les bâtissant. Ce sont des masses lourdes et pesantes qui blessent les yeux par leurs proportions sans grâces. Cet homme extravagant se figura que tel devait être le caractère de ce genre d'édifices. Les barrières, selon lui, étaient de petites forteresses d'où l'on pourrait se défendre contre la populace mutinée, et dont la destination qu'il leur a supposée peut à peine servir dans le cours d'un siècle. Cependant, attendu la grandeur et la variété de ces barrières, elles produisent un certain effet. Celle de la route de Vincennes présente des colonnes placées sur de hauts piédestaux ; celles du faubourg Saint-Martin, des Champs-Élysées sont en forme de temples ronds ou carrés ; les autres entrent dans le même modèle, mais ont moins de grandeur.

Sur la place de la Bastille, on a commencé les fondemens de cette fontaine qui devait supporter un éléphant, colosse de l'art, tout en bronze doré, dont le modèle en plâtre existe encore sous un hangard voisin. Mais ce projet est abandonné ; il avait quelque chose de trop grandiose pour l'époque actuelle, ou tout est taillé sur un modèle si petit.

On rencontre, en suivant les boulevards, la fontaine du Château-d'Eau ; elle est composée de plusieurs assises circulaires, sur lesquelles l'eau tombe en nappe lancée, tant d'une coupe, qui est à la partie la plus haute, que de douze lions de fer qui la vomissent de leur gueule, ce qui fait un bon effet.

Plus loin, l'Arc de triomphe de la Porte-Saint-Martin, érigé à la gloire de Louis XIV, sur les dessins de l'architecte Pierre Bullet, présente l'aspect d'une construction rustique, chargée d'un large bas-relief sculpté par Desjardins. Cette Porte, trop écrasée, ne plaît pas à l'œil, qui lui est d'autant plus défavorable, qu'il peut la comparer à sa voisine la Porte-Saint-Denis. Celle-ci est un chef-d'œuvre par le goût exquis et même le génie qui a présidé à sa construction. L'architecte Blondel a su réunir l'élégance, la noblesse et la simplicité, en se passant de ces colonnes oiseuses qui, malgré les exemples des anciens, me paraissent déplacées dans ces sortes de monumens. Une très-grande ouverture en forme de porte, et arrondie en plein ceintre; deux autres très-petites, servant au passage des piétons, ont été ménagées dans un massif svelte; un beau bas-relief regarde la ville. L'ensemble de cet édifice est imposant; il est encore consacré à la gloire de Louis xiv ; c'est ce que nous révèle cette dédicace en letres d'or : *Ludovico Magno.* Deux pyramides en relief appliquées au mur de chacun des côtés de la Porte, sont chargées de trophées d'armes ; deux lions en ornent la base : les sculptures sont des frères Anguier. Je ne releverai pas les lauriers en forme d'arbres, qu'on a cru devoir ajouter à cette belle et simple composition ; c'est une erreur de l'artiste, que quelques coups de ciseau feront disparaître.

L'église de la Madeleine, non achevée, quoique commencée dans les premières années du règne de Louis xvi, est un vrai temple grec. Cet édifice, magnifique de forme et de proportion, lorsqu'il sera terminé, offrira l'une des décorations les plus majestueuses de Paris. C'est un carré long environné d'un portique que soutiennent des colonnes énormes ; la façade est digne de celle de notre Panthéon. Il fallut la supériorité du coup d'œil de l'empereur pour enlever la construction de l'église de la Madeleine à d'obscurs atchitectes. L'intrigue avait agi ici comme dans tout le reste ; le plan de Vignon était écarté par un autre qui ne le valait pas. Le jeune artiste, qui se sentait digne d'entreprendre un tel ouvrage, en adressa les dessins à Napoléon ; celui-ci en reconnut la beauté, et usa de son pouvoir en faveur du génie : ce n'était pas du despotisme mais de la raison.

Il ne faut pas oublier d'aller voir, derrière la Madeleine, et dans la rue de l'Arcade, la Chapelle expiatoire, érigée par les soins de MM. Périces et Fontaines, sur le terrain du cimetière où furent déposés les corps de Louis XVI, de Marie-Antoinette, et d'un grand nombre d'autres victimes de la révolution. Madame la Dauphine a voulu consacrer à des souvenirs si douloureux un monument qui les rappelàt. C'est un édifice bien singulier, sans être bizarre ; l'idée en est neuve, et ce mérite n'est pas à dédaigner. Ce sont plusieurs constructions l'une dans l'autre ; des galeries qui ne sont ni grecques ni gothiques ; un mélange de toutes les architectures connues, une coupole ronde au centre, et en croix grecque dans les quatre extrémités ; des souterrains à fleur de terre ; un choix judicieux d'ornemens de bon goût et bien ménagés ; quelque chose d'étrange et de simple ; de grandiose au premier aspect, et de petit quand on le détaille. On voit enfin un édifice qui ne ressemble pas aux autres, et c'est ce qui me porte à le louer sans restriction. Il est si facile de réunir des colonnes et des frontons, que l'on doit louer les architectes qui ont repoussé ces moyens vulgaires.

Il y a au bout de la grande allée des Champs-Élysées, et en dehors de la barrière de l'Étoile, un arc de triomphe interminable, dont nos arrière-petits-neveux verront peut-être la consécration. Il a été commencé sur les plans de l'architecte Chalgrin; celui-ci mourut, et dix de ses confrères ont ajouté du leur à son œuvre. Cet Arc était destiné à célébrer les triomphes de la grande armée impériale; il rappellera désormais la promenade militaire et impolitique, toute contraire aux intérêts de la France, que les soldats de celle-ci firent en 1823. On a voulu tirer trop de gloire de cette mince expédition. En dernier résultat, l'Arc de triomphe de l'Étoile est dans des proportions trop colossales pour une aussi petite guerre : c'est un non-sens qu'un goût délicat aurait pu éviter.

On doit placer au Rond-Point des Champs-Élysées la statue équestre de Louis xv, que nul en France ne réclamait; ce prince, jugé par la postérité, n'est connu que par ses vices; on se demande si on nous le montrera entouré de ses maîtresses, des sultanes du Parc-aux-Cerfs, du ministre La Vrillère, du chancelier Maupeou, du contrôleur-général Terray, de l'infame d'Aiguillon, qui tous le déshonorèrent. Ne serait-il pas temps que les rois apprissent combien l'histoire leur réserve de sévérité? Les flatteurs se taisent en face du sépulcre, et les monarques, dont on a fait des dieux pendant leur vie, deviennent des hommes après leur mort.

Un autre monument s'élève au centre de la Place-Louis-xv; il est expiatoire, et l'on y verra la représentation pédestre du roi-martyr, au lieu même où le régicide fut consommé. Cette place, dont on changera la forme dans ses détails, est magnifiquement ornée par deux hôtels, ou plutôt deux palais. L'un est la demeure du ministre de la marine, et l'autre le Garde-Meuble de la Couronne. Une galerie en arcades et d'ordre simple soutient un portique en colonnes très-chargé d'ornemens, avec deux grands pavillons à chaque extrémité. Les détails se ressentent du temps de Louis xv, où ces hôtels furent bâtis, mais l'ensemble est bien : les grandes masses sont toujours imposantes.

Je traverse rapidement, et pour cause, le Pont-Louis-xvi, et m'arrête devant le Palais des Députés, pour examiner cette façade assez gracieuse, parée de douze colonnes corinthiennes : l'escalier est mesquin et mal coupé.

J'arrive à l'Hôtel des Invalides, après avoir traversé un double quinconce, dont les proportions sont heureuses et bien dessinées. Je hausse les épaules à la vue de la sotte fontaine qui a remplacé le lion de Saint-Marc, et je détourne presque la vue pour ne pas apercevoir cette façade sans goût, et surtout cette porte horrible et colossale, dans le ceintre de laquelle on a placé des fenêtres. J'entre vite dans la grande cour ; ici, sans la pretintaille mesquine qui annonce l'église, il n'y aurait à donner que des éloges. Cette cour, dont la décoration consiste en deux rangs d'arcades composite, et sans ornement, a un aspect de grandeur simple tel qu'il convient à l'œil ; on sent une sorte de respect à la vue de cette majestueuse élégance ; c'est plus que bien, c'est beau. Le dôme, pris à part, et dégagé de l'église, étroite et mesquine, est une des merveilles de Paris. Il y a là une profusion de statues, de colonnes et d'enjolivemens en tous genres, mais si imposant d'ensemble, que le connaisseur excuse la riche stérilité des détails : il est l'ouvrage de Mansard.

La fontaine de la rue de Grenelle rassemble tout ce qu'il y eut de mauvais goût sous le règne de Louis xv. Elle manque d'eau, c'est-à-dire du nécessaire ; elle est riche en superflu. Les statues qui la décorent sont pauvres et maniérées, les colonnes mesquines, et la forme tourmentée. La rue est étroite, la fontaine haute et longue ; on n'en voit pas la destination, puisqu'un fleuve n'en découle pas ; c'est plutôt un monument funèbre.

La façade de l'église Saint-Sulpice me satisfait davantage ; c'est une décoration d'opéra ; n'importe, il y a du grandiose dans cette masse, dans ces deux portiques superposés, et que couronnent deux tours ; l'une est belle, car elle est entrée dans le dessin de l'architecte Servandoni ; l'autre, qui est misérable, a été faite après coup par un imbécile aujourd'hui inconnu. L'intérieur de l'édifice me plaît moins ; il est grand, c'est toujours un mérite. Je passe le cœur serré auprès de ces noires grisailles que M. Vinchon et consors appellent des *peintures à fresques*.

La chapelle de la Vierge est jolie ; le plafond, de Lemoine, a été tant retouché, qu'il est de tout le monde. La statue de Marie, due au ciseau de Pigale, a de la grâce et de la naïveté. Ce n'est pas le beau, mais elle en approche ; elle est placée dans une niche éclairée par un jour magique.

Disons un mot du Luxembourg, bâti dans le style rustique, pour plaire à Marie de Médicis. La cour est bien, le jardin mieux encore. On trouve à son extrémité l'Observatoire, dont l'aspect insignifiant était prescrit par les nécessités de la science.

Allons voir, tout auprès, l'église du Val-de-Grâce, avec son dôme, construits par Mansard et Mercier. C'est bien de masse, c'est pauvre de détails. Il y a tant de choses, que le goût n'a pu trouver à s'y caser : au dedans, au dehors, tout est mal. L'horrible aspect que celui des colonnes torses du baldaquin de l'autel! Que de luxe mal employé! Il n'y a dans la voûte aucun repos, tant sont innombrables les ornemens qui la surchargent. La coupole, peinte par Mignard, ne produit aucun effet; c'est décoloré et froid, en dépit de Molière, qui l'a chantée.

Le chef-d'œuvre des monumens de Paris, celui où un vrai génie a su allier la simplicité et la magnificence, est, sans contredit, la basilique de Sainte-Geneviève. Je l'ai vue mille fois, et toujours avec un nouveau plaisir. Que ces formes sont pures et belles! Là, point de fenêtres qui percent un mur élégant; point de ces découpures, de ces enjolivemens dont tant de gens font le complément de la sculpture moderne. Que le portique est géant et noble! Voilà la grandeur sans embarras. Comme le dôme se détache merveilleusement de cette base! J'aime sa ceinture de colonnes, un peu pressée, peut-être. Cette coupole s'élève avec grâce et légèreté; la campanille qui la couronne n'attire de l'œil que ce qu'elle doit en avoir. Il y a dans les proportions de cet ensemble un repos et une majesté, une immensité et un agréable aspect, qui ont résolu le problème. Ce ne peut être un bâtiment destiné à des hommes, un palais, une Bourse, une salle de spectacle; c'est le temple de la Divinité, où tout est grand comme elle. J'entre, et soudain mon regard est frappé de ces lignes prolongées de colonnes si bien placées. Cette forme de croix grecque me plait. Je demande seulement à l'architecte pourquoi il a élevé de plusieurs marches les nefs latérales; est-ce une faute? Cela se pourrait. Cependant, cette construction facilite la vue de l'autel principal. J'avance...., me voici sous le dôme; la critique se tait, car, là encore, il y a simplicité et forme imposante, et par-dessus tout on aperçoit le plafond de M. Gros, qui ressemble à ceux de nos maîtres d'Italie. Sainte-Geneviève est une superbe église ; à Rome, on l'admirerait; les Français se doutent à peine de cette merveille de l'art. On en avait fait pendant la révolution et sous l'empire la sépulture des grands hommes; Voltaire et Rousseau y reposèrent.

Derrière Sainte-Geneviève, on voit une tour bâtie par Clovis; elle est toute neuve encore, à cause du choix parfait des matériaux; les profils en sont admirables de netteté.

Entrons ensuite dans Saint-Étienne-du-Mont, dont le portail épouvante par son mauvais goût; mais vous serez charmé de la légèreté gracieuse des ornemens gothiques. Le jubé est un bijou; il est, ainsi que les deux escaliers qui y conduisent, tout découpé en dentelles : c'est à voir.

Passons auprès du théâtre de l'Odéon; simple et massif, sa façade est lourde; le foyer intérieur est bien, la salle est vaste.

Voici l'École de Médecine, ouvrage de Gondoin. C'est un magasin de colonnes follement entassées; le nombre n'en fait pas la beauté. Celles du portique intérieur sont plus grosses, plus hautes que les autres, ce qui forme un ensemble qui déplaît : Que le goût est rare!

Allons au Jardin du Roi, qu'il faudrait détailler, pour en faire connaître le mérite.

Voyez un peu ces halles aux Vins, constructions immenses, qui, par cela seul, font de l'effet.

Nous avons devant nous l'église Notre-Dame, cathédrale de Paris, triomphe d'architecture gothique; ce style-là a bien son mérite. Remarquez que la multiplicité des détails, si odieuse dans l'exécution de l'architecture antique, devient une beauté dans celle-ci. Notre-Dame, à l'extérieur, est une merveille; on reste confondu à l'aspect de tant de choses travaillées en perfection. Cette forêt d'ornemens, d'aiguilles, de pyramides, d'ogives, de galeries, de colonnes sveltes, taillées et ciselées avec tant d'art; on les croirait sortir des mains d'un habile orfèvre.

Le portail est superbe, l'intérieur impose par sa grandeur et sa majesté; la décoration du chœur en style moderne, est mesquine Il y a autour une douzaine d'anges, et des tableaux de peintres français, assez bons en général. Un tombeau en marbre blanc consacre la mémoire de l'archevêque du Belloy.

Le Palais-de-Justice a une grille si magnifique, qu'elle en est de mauvais goût; un escalier extérieur gigantesque, et qui tue le reste de l'édifice, d'assez pauvre dessin; une grande salle, dite *des Pas-Perdus*, ce qui convient à ravir à une salle où l'on plaide, partagée en deux dans sa longeur par des arceaux, et qui est belle comme l'est toujours ce qui est immense. Elle renferme le monument de Malesherbes.

Le portail de l'église Saint-Gervais a toute l'élégance possible. Celui de l'église Saint-Paul, qui en est peu éloignée, n'a rien qui puisse plaire à l'ami des arts.

L'Hôtel-de-Ville est une construction qui date de la renaissance des arts; c'est du gothique enté sur du grec, un mauvais mélange de deux bons genres, pris séparément.

La fontaine de la place des Innocens est la plus belle qu'il y ait à Paris; c'est une coupole carrée à quatre arcades; au milieu est une vasque d'où jaillit une forte gerbe d'eau, qui tombe par l'ouverture des arcades, et forme plusieurs cascades avant d'arriver dans le bassin principal. Des lions qui jettent de l'eau entrent dans cette composition simple et pourtant magnifique. L'aspect de cette fontaine, vue par un clair de lune, est d'un effet magique.

L'église Saint-Eustache est construite avec un mélange grec et gothique, tant en honneur au seizième siècle, et que je viens de signaler en parlant de l'Hôtel-de-Ville. Ce temple renferme le tombeau de Colbert; n'est-ce pas celui de la bonne administration en France? Qui a remplacé ce grand homme? Personne : pas même le comte de Corbière et le vicomte Martignac.

La Bourse rappelle, dans son ensemble, ces édifices superbes qui décoraient les villes romaines; elle offre, dans son extérieur, la forme de ce qu'alors on appelait une basilique. L'intérieur présente une belle salle, un escalier étroit et le lieu des séances du tribunal de commerce; le tout a grand air, et mérite des éloges, quoique les colonnes du péristyle extérieur me semblent bien fortes pour le peu qu'elles ont à supporter. Grâce à Dieu, il n'y a pas là de fronton; c'est une nouveauté. Que l'imagination des architectes est mesquine! Ils ne créent presque jamais, ils copient ou raccordent; encore s'ils copiaient de bonne foi; s'ils rendaient la maison carrée de Nîmes dans toute sa pureté sublime, à la bonne heure; mais leur copie est un vol, et l'objet, déguisé, n'est plus reconnu. M. Brongniart fut l'architecte de la Bourse; il a élevé à sa gloire un digne monument. Je ne puis oublier de vous vanter la rare perfection des trompe-l'œil dus au pinceau de M. Abel de Pujol; ce sont des bas-reliefs peints en marbre qui décorent l'intérieur de la grande salle; on sait ce qu'ils sont, et l'on se trompe encore : jamais l'imitation n'a mieux égalé la réalité.

La halle aux Blés est admirable par sa simplicité majestueuse; sa coupole est toute en fer battu.

Entrons dans Saint-Roch : mauvais portail, église peu belle, qui s'allonge sans fin par des chapelles successives; il n'y a rien de beau que le Christ mourant.

Nous voici sur la place Vendôme en face de la colonne en bronze, dont les bas-reliefs représentent les faits glorieux de la nation française pendant la campagne d'Austerlitz. La statue de Napoléon, qui en couronnait le faîte, tomba le jour même où le trône impérial fut renversé. Cette colonne resta malgré l'Autriche et les traitres, qui ne voient qu'avec douleur cette preuve de la grandeur de la patrie. Le bronze dont on s'est servi pour l'élever, provient des canons pris à l'ennemi. La forme est la même que celle de Trajan. Je n'approuve pas ce jonché d'armes et d'habits militaires qui couvrent le piédestal ; c'est un étalage de friperies de mauvais goût, lors même qu'on l'excuserait par l'exemple de l'antique.

Le petit Arc de triomphe de la Place du Carrousel est une jolie miniature qui n'est pas à sa place ; cette porte de la grille des Tuileries est trop mesquine ; on la voudrait ailleurs ; construite en l'honneur de Napoléon, on en a fait un trophée pour le duc d'Angoulême ; c'est un plagiat historique très-inconvenant ; loin d'être honorable au prince, il porte à la plaisanterie : c'est une sottise de flatteur que les gens sages auraient dû éviter. Il fallait là, puisque le grand homme devait en disparaître, les batailles de Tolbiac, de Poitiers, de Bouvines, de Marignan, de Denain et de Fontenoy ; c'eût été raisonnable ; nul ne se serait fâché. Si j'étais prince, je ne voudrais pas qu'on appliquât mon nom sur celui d'un autre ; et j'aurais la fantaisie d'avoir un arc de triomphe à moi seul, si d'ailleurs je l'avais mérité.

L'Hôtel des Monnaies a une jolie façade, un bel escalier, un beau salon, détruit peut-être en ce moment, et une cour mesquine.

J'oubliais le monument élevé au duc de Berri, sur l'emplacement de l'ancien Opéra. Je voudrais en dire du bien, à cause de sa dédicace ; mais est-ce possible ? C'est une petitesse sans élégance ; c'est du colossal sans grandeur, sur un étroit espace. Et le comble ! qui forme un édifice à part, une sorte de tombeau sur un temple !

Si j'avais du pouvoir, mon profond respect pour la mémoire d'un prince infortuné ne me permettrait pas de conserver cette construction sans élégance.

CHAPITRE XXXIV.

LE MINISTÈRE DE MENACE.

Comment il est venu. — Ce qu'on en pense. — MM. de Rigny. — d'Haussez. — De Courvoisier. — De Chabrol. — De Montbel. — De Polignac. — De la Bourdonnaye. — L'autre. — Qui en veut et qui n'en veut pas.

Ma prévision s'est justifiée ; le ministère, qui croyait marcher au gré du grand nombre, n'a satisfait personne ; ni la cour, ni la ville, ni le clergé, ni les philosophes, ni les gens sages, ni les extravagans. M. de Martignac, avec son gasconnage remis à neuf, se flattait de nous le donner pour de la science ; ceux qui ont douté ont creusé, et le tuf s'est montré d'abord. Il voulait le favoritisme, comme si le favoritisme ne provenait pas d'instinct, à moins qu'il ne naisse de la supériorité d'une âme élevée. Louis XIII se donna successivement Luines, Chalais, Cinq-Mars; mais Richelieu lui fut imposé par Richelieu même; l'influence du grand ministre s'assura la volonté du roi.

Ici, une faveur qui date de loin, une tendresse persévérante appelaient le prince de Polignac au ministère. Depuis que Charles X est monté sur le trône, chaque année, chaque mois, presque chaque semaine, la chose a failli avoir lieu; elle est enfin arrivée, et maintenant les Français ont une autre administration.

Le nom de ceux qui la composent a confondu toutes les opinions; celle qui approuve ce choix en est effrayée, tant il lui a paru intempestif; jugez des autres! Ce n'est ni de la consternation, ni de la peur qu'il y a dans Paris, car on ne craint que ce qui est redoutable; c'est de la surprise, mêlée d'un peu de colère : c'est de la stupéfaction de voir montés à la cime du mât de Cocagne ministériel des gens qui ne devaient jamais y parvenir. La persévérance leur a tenu lieu de mérite; ils ont attendu, et ils sont arrivés : c'est commun en France; chacun à son tour, les bons et les mauvais, et souvent pêle-mêle. Mais ce ministère, quel est-il? Rien. Qui l'appuie? Ceux dont la force a toujours été de la faiblesse, et qui, en proclamant leur supériorité, n'ont jamais soulevé un fétu à propos. Ils ont composé un ministère avec des élémens de mort ; leur œuvre est trépassée à l'instant de sa naissance ; il y a des noms qui sont des manceliniers moraux : tout décroît ou expire sous leur ombrage.

Si l'on m'avait dit : On va avoir un ministère extravagant ; devinez-en les Excellences?.......
— Eh, mon Dieu! aurais-je répondu, on a placé là MM. Ravez, de Villèle, de Blacas, Donnadieu, Amy, de Latil, Cottu, Bricogne....; peut-être Vitrolles ; mais jamais, non certainement, jamais, les noms absorbans des élus ne seraient sortis de ma bouche. Qui se serait imaginé que les Polignac, les la Bourdonnaye et *l'autre*, deviendraient ministres dans un royaume régi par la Charte constitutionnelle de Louis XVIII? Cela était tellement impossible, que la réalité seule a pu le prouver. Ils y sont, c'est bien vrai; ils sont là, ces trois. Les connaissez-vous? — Fort peu, presque point. — Eh bien, je vais vous les faire connaître ; il faut, toutefois, que je dépêche leurs collègues auparavant.

Ces gens, avec assez d'adresse, avaient tenté de s'étayer d'un nom glorieux ; car celui qui le porte venait de donner à la France le premier fleuron de triomphe depuis la restauration. M. de Rigny, aussi bon marin qu'administrateur habile, joint a du mérite la vertu qui en rehausse le prix; il tient à sa réputation non moins qu'à sa fortune; et, perdre pour perdre, ce n'est pas la première qu'il risquera. Royaliste constitutionnel, il sert le roi en homme d'honneur, de son épée et de son expérience, et n'a pas voulu compromettre des lauriers encore verts, en les approchant du souffle infect de la trahison. Nommé ministre de la marine, il n'a demandé qu'à revenir à bord du *Conquérant*, il a mieux aimé exécuter des ordres qu'en donner.

On ne s'attendait pas à son refus; les gens du bord de nos nouvelles Excellences acceptent tout après avoir tout sollicité. Il fallait un marin, on a pris un administrateur de terre ferme, un plastron pour garder le porte-feuille jusques au moment où M. de Chabrol l'en débarrasserait en cédant le sien à M. de Villèle, et le télégraphe a extrait M. d'Haussèz de la préfecture de la Gironde, qui n'a pu être que sensible au plaisir de perdre ce magistrat : M. d'Haussez est accouru.

Cet homme d'état, que du moins on nomme tel, est Normand; il prit parti dans les troubles de la Vendée; il fut chouan, et ne resta pas étranger à la conspiration de George Cadoudal. Il s'accommoda depuis avec Napoléon, le servit avec tant de zèle, que le titre de baron de l'empire lui fut accordé, ce qui ne l'empêcha pas d'être un des premiers à abandonner la fortune de ce grand homme. Appelé à la Chambre des députés, dont il a toujours fait partie depuis 1815, il se montra fidèle aux inspirations de M. de Cazes, et et vota constamment contre M. de la Bourdonnaye. On aurait cru qu'il y avait dès-lors incompatibilité entre lui et l'homme des catégories, il n'en était rien ; M. d'Haussèz votait selon le ministère ; plus tard, il vota au gré de M. de Villèle. Il prit ensuite les leçons Martignac, et aujourd'hui il approuvera tous les projets la Bourdonnaye ; il est là pour représenter le centre gauche autant que le garde des sceaux représente la gauche extrême ; il est un des élémens de la déception avec laquelle on se flatte de tromper trois ou quatre personnes en France ; ses talens sont nuls ; il a toujours eu trop à faire avec les ministres pour songer à ses administrés. Les chefs de bureaux, dans les diverses préfectures qu'il a darcourues et non occupées, ont toujours fait sa besogne ; ceci est si bien établi, que lorsqu'il passa à Bordeaux, un commis de sa précédente administration écrivit à l'un de ses confrères dans cette ville : « Taillez votre plume, mon ami ; le préfet qui vous arrive travaille à faire cruellement travailler ses employés, car, comme il ne fait rien, il est toujours après les autres. » Ce ministre manque d'éloquence ; ses discours sont du parlage ; et, sous ce point, il n'inquiétera pas son patron.

Le garde des sceaux, M. de Courvoisier, se meurt d'envie d'être libéral ; mais sa piété mal entendue l'a rejeté dans le parti contraire ; il est un de ces caractères qui sont tout à demi et jamais tout complètement, ou plutôt ils sont ce que veulent qu'ils soient ceux qui les poussent. Le pouvoir lui plaît, et il tient à la considération ; l'alternative est embarrassante, et, pour obtenir l'un, il vient de faire le sacrifice de l'autre. Il a le cœur chaud et la tête faible ; chacun de nous a sa monomanie : la sienne est d'aimer les jésuites, et de croire aimer la Charte : *Liberté et Loyola*, telle est sa devise. Il est au fond bon, l'apparence seule lui est contraire ; l'ambition vient de lui faire faire un pas de clerc, dont il a des remords ; je ne serais pas surpris qu'il ne fît scission avec ses collègues, et qu'il ne prît sa retraite si on ne la lui donne pas. Chair et poisson, clarté et ombre, il tourne à droite, il tourne à gauche peu à peu ; c'est une girouette rouillée qui ne fait son service que par un grand vent.

M. le baron de Montbel est Gascon, aussi ne manque-t-il pas d'esprit ; il a de vrais talens et de hautes connaissances administratives ; ceux qui le taxent d'ignorance ne le connaissent pas ; sa piété est sincère, sa probité n'a rien de ministériel ; il cultive les arts et les sciences, sait, lui-même, ce qu'en général les autres savent pour les Excellences ; il s'énonce avec facilité, et s'est montré bon orateur dans une mauvaise cause. Voilà ses qualités, voici ses défauts : entraîné par les passions de sa société intime, dévotieux en M. de Villèle autant, presque, qu'en Dieu, il le sert par foi ; le jésuitisme entre dans sa religion ; il est ultra convaincu, et, par conséquent, sa vertu est dangereuse ; il croit que son devoir lui commande d'anéantir la liberté, et il luttera contre elle avec l'opiniâtreté d'un homme d'honneur ; à part ceci, et dans un temps différent du nôtre, il aurait été un excellent ministre de l'instruction publique.

Je vous ai déjà signalé le comte de Chabrol ; je n'aurai pas grand'chose à vous en dire : celui-ci rôde toujours à l'entour des ministères, comme les vampires autour des sépulcres ; il faut qu'il en dévore un : c'est sa manie ; peu lui importe d'où il lui vienne, et, quel qu'il soit ; il enterra le ministère Villèle. Il prend part à la curée de celui-ci, et lorsque le moment de partir sera venu, on lui confiera le soin de mettre officiellement ses collègues à la porte. Il apprendrait au roseau à plier, à la couleuvre à glisser, au renard à se démêler des périls d'une chasse; on devrait s'accommoder avec lui, afin d'en être quitte une bonne fois; il faudrait lui créer un ministère *in partibus*, avec des appointemens qui ne le seraient pas; alors, peut-être, consentirait-il à nous débarrasser de sa personne.

Il y a long-temps que je vois M. de Polignac; ce long corps soutient une tête légère; c'est du vent à forme humaine, c'est le problème résolu du vide plein; il débuta par être conspirateur, et ne sut être que dupe. Il sort d'une famille qui a été funeste à la France, et qui est cause en grande partie des malheurs de l'infortunée Marie-Antoinette. Elle était pauvre quand elle parvint à la faveur, et elle fut l'abime où s'engloutirent des millions. Les Polignacs ne sont pas de la famille antique dont ils portent le nom, il leur est venu par héritage. Sidoine-Apollinaire n'est leur aïeul que par côté. Ceci ne fait rien au mérite du personnage. On s'est mis en tête que le prince de Polignac devait être quelque chose; lui, bonnement, s'est fait Anglais. Il aime le roi comme son père; il vénère

Wellington comme son tuteur; il mourrait pour le premier, et travaille avec zèle pour le second; il nous est un présent de l'Angleterre, et fait mentir le proverbe, que *les petits cadeaux entretiennent l'amitié.* Peut-il conduire une monarchie constitutionnelle? Il a juré, d'abord avec des restrictions, fidélité à la Charte. Élevé à la brochette par le despotisme, peut-il vouloir de la liberté? Qui a fait son éducation diplomatique? Quels cours de droit a-t-il suivis? Enfant conspirateur ou prisonnier, voilà de quelle manière il est parvenu à la restauration. Sa femme est Anglaise, sa fortune est en Angleterre, ses enfans sont élevés en Angleterre; ils ne connaissent que Londres. Est-ce là ce chef d'un ministère français? A-t-il des idées? Dans quelles occasions les a-t-il émises? A-t-il de l'éloquence? Nous n'en savons rien. Il a des vertus privées; il ne touchera pas au trésor de l'état comme l'a fait sa famille; il sera modéré et bienveillant, ceci est parfait pour ses amis et ses proches; il faut autre chose à la France, elle a besoin d'une main forte, d'une capacité supérieure, et non d'un prince poli, doux et pieux; ses yeux glacés annoncent sa faiblesse; on a beau le parer, nous le voyons à nu. Son entrée au ministère achève la perte du royaume, et ne sert de rien aux Anglais.

Il nous laissera avilir sur la côte d'Afrique, et exposera nos drapeaux à l'affront de reculer devant la Russie, et de combattre pour l'esclavage contre la liberté. Par lui nous assisterons au partage de la Turquie, nous aurons des provinces de moins, et des jésuites de plus; il sera enfin comme ces météores malfaisans qui détruisent et qui n'ont pas d'éclat.

M. de la Bourdonnaye voudrait bien qu'on le prît pour Gargantua ou pour Briarée; il s'accommoderait de la haine s'il pouvait faire peur; mais on n'est pas géant, parce qu'on monte sur des échasses; et des trompettes, si criardes qu'elles soient, ne font pas toujours crouler les murs de Jéricho. Les petits enfans ne s'épouvanteraient point de M. de la Bourdonnaye, prit-il le masque de l'Ogre; mais, s'il n'est pas redoutable, il ne laisse pas que de dégoûter. On le voit avec peine conduire les affaires, car il ne peut que les entraîner vers le précipice dont il prétend les éloigner; c'est un feu sans aliment qui brûle néanmoins; c'est une colère perpétuelle, une monomanie de hurlemens qui ennuient; c'est l'homme des catégories et le frénétique auquel il faut *un peu de sang* pour apaiser sa soif et sa fureur; c'est le dieu du brouillard, l'Hercule de l'impuissance et le tonnerre-pétard de son parti; il se démène tant qu'il s'épuise ; il crie : Me voilà ! et l'on se moque de lui ; il est arrivé, et néanmoins il est encore en route ; il avait besoin d'imprimer la terreur, on ne l'a vu que ridicule ; et son épée de bois, qu'il avait fait peindre en fer, se brisa dans sa main. Il croyait celle-ci forte, parce qu'il l'a pesante, et s'attribuait du génie, parce qu'il avait le cauchemar ; il est au ministère pour livrer bataille, et son premier coup d'autorité a été de battre la retraite ; c'est un génie noir et bouffi sans grandeur ; il est raide, mais sans énergie. Il a jeté son feu en paroles, et, quand il peut tenir le gouvernail, il s'aperçoit trop tard qu'il manque de boussole ; enfin, pour comble d'affront, il faut qu'il jure par la Charte, lui qui vomissait tant de gros mots contre elle, et qui venait pour nous en débarrasser.

Jamais on n'a vu d'homme moins habile et plus présomptueux, plus frénétique et moins ferme ; un amour-propre outré, de la haine pour nos institutions, des paroles sanglantes, des demandes d'argent, un besoin d'opprimer ; une ignorance absolue de nos lois et de nos vœux ; l'habitude de prendre les hommes pour des esclaves ; l'espoir de faire rétrograder le siècle, s'il poussait au timon ; l'amour de l'étranger ; la haine de la France, à qui il crie sans cesse que la cour ne veut plus d'elle, tels sont les traits qui peuvent caractériser M. de la Bourdonnaye, constamment repoussé par la majorité des Français; flatteur de Napoléon, parce qu'il lui fallut toujours du despotisme; atteint de la male-rage de l'impéritie; montrant ce qu'il veut, et son impuissance à l'obtenir; il a, pendant quinze ans, couru après le pouvoir par toutes les voies imaginables; il a dit pendant quinze ans ce qu'il ferait du pouvoir. S'il réussissait, la France serait perdue, mais il ne réussira pas.

Tout est contre lui; la volonté nationale et les intrigues de la cour, qui veut le ministère Polignac, et non celui de la Bourdonnaye*. Il y a d'ailleurs M. de Villèle auquel on croit de la capacité, parce qu'il a de la finesse, et qui ne tardera pas à rentrer en scène : ces causes aideront à sa perte. Ni l'Angleterre, ni l'Autriche ne s'accommodent de sa coopération ; il est pareil aux harpies; il gâte tout ce qu'il touche. Je ne sais pourquoi on l'a mis à cette place; ce ne peut être que pour faire recevoir M. de Villèle en libérateur, le jour où il reviendra.

Quant à l'AUTRE, je ne puis en parler; il est de

---

* Cette lettre était écrite avant que M. de la Bourdonnaye sortît du ministère. (*Note de l'éditeur.*)

ces flétrissures qu'on doit passer sous silence, de ces injures faites à une nation qu'il y a plus que de la vertu à supporter.

Voilà où en sont les choses; voilà le ministère qui s'apprête à paraître devant cette Chambre élective dont la seule nomination a fait crouler le ministère déplorable. On se flatte de la détruire, si on ne peut l'effrayer : c'est une de ces illusions que la stupidité est seule capable de se faire. La raison en rit et la méprise; ce ministère est seul; rien ne l'appuie, à part le clergé et les *ultra :* mais, en France, il y a quarante mille prêtres, cent mille ultra, et trente-un million huit cent soixante mille constitutionnels, ayant à leur tête le roi et Monseigneur le Dauphin.

FIN.

TABLE DES MATIÈRES.

CHAPITRE Iᵉʳ.
PLAN DE L'OUVRAGE.

Ce qui décide l'auteur à écrire son voyage. — Sa position sociale. — Comment il parlera de Paris. — Les Parisiens imitateurs. — Suite du plan. 1

CHAPITRE II.
ASPECT GÉNÉRAL DE PARIS.

Division morale. — Les deux côtés de la Seine. — Le faubourg Saint-Germain, la noblesse. — Le faubourg Saint-Jacques, science et misère. — La rue Saint-Denis, frontière commune. — Les faubourgs Saint-Antoine, Poissonnière, l'industrie. — Le Marais, les rentiers. — Les faubourgs Montmartre et du Roule. — La Chaussée-d'Antin, le haut commerce, les courtisanes, les Anglais, le luxe, les fripons. — Les Tuileries et leur jardin. — Le dimanche. — La Petite-Provence. , ... 8

CHAP. III.

LA COMÉDIE FRANÇAISE.

Les billets donnés. — Mot d'un acteur à ce sujet. — Lafont. — Armand. — Michelot. — Firmin. — Joanny. — Desmousseaux. — Saint-Aulaire. — Devigny. — Cartigny. — Montrose. — Damas. — Comment on fait un succès. — Les claqueurs . . .   22

CHAP. IV.

DU ROMANTISME.

Les Parisiens aiment la nouveauté. — Manie de l'émigration. — La république, l'empire, la royauté. — Les romantiques. — MM. Lamartine, Victor Hugo, Joseph Delorme. — Opinions littéraires du voyageur.   39

CHAP. V.

UNE SOIRÉE CHEZ UN HOMME DE LETTRES.

M. de Jouy. — Madame de B..., sa fille. — Rossini. — MM. Chasles. — De Béranger. — Zimmermann. — Lebrun. — Bis. — Moreau. — Châtelain. — Évariste Dumoulin. — Jay. — Pagès. — Mesdames de P... — D'A... — De R... — MM. Arnault père et fils. — De Norvins.   52

CHAP. VI.

LE MINISTÈRE VILLÈLE.

État politique de la France. — La cour. — La congrégation. — Les jésuites. — MM. de Villèle, de

Peyronnet, de Corbière, de Chabrol, de Clermont-Tonnerre.—Un cardinal ministre de la Guerre. — — M. de Damas. — Comment on fait à Paris un homme d'état. 67

CHAP. VII.

LE MUSÉE DU LUXEMBOURG.

De la peinture à Paris. — Guérin. *Didon; Clytemnestre; Phèdre et Hippolyte.* — Ingres. *OEdipe et le Sphinx; Vœu de Louis* XIII; *Triomphe d'Homère.* — Gros. *Bataille d'Aboukir; Peste de Jaffa;* Coupole de Sainte-Geneviève. — Gérard. *L'Amour et Psyché; Bélisaire; les Ages; l'Entrée de Henri* IV *à Paris; Philippe* V; *le Sacre de Charles* X. 87

CHAP. VIII.

PARIS AU PHYSIQUE ET AU MORAL.

Le climat. — Le parapluie. — Amusemens dans les rues. — Le volant. — Cuisine en plein air. — Le double visage d'un boutiquier. — Les commis et *ces demoiselles.* — Ruses, fraudes et astuces des marchands de Paris.—Noms changés d'acceptions. — Vanité. — Mœurs.—*Baucarota.* 103

CHAP. IX.

MINISTÈRE DE TRANSITION.

L'évêque de Beauvais. — MM. de La Ferronnays, Hyde de Neuville, Portalis, de Caux, Saint-Cricq, de Vatimesnil, Roy, de Martignac. — Joie des Parisiens. — Leur amour pour le roi. 116

CHAP. X.

DU GOUT DANS LES ARTS EN FRANCE.

Du goût pur. — Des hérésies. — Vicissitudes et intermittences du goût. — Influence de la mode. — Révolution en faveur des principes. — Période de décadence. 130

CHAP. XI.

LES FEMMES.

Une nouvelle mariée. — Les maris en tutelle. — L'ami intime. — Les cachemires. — Les cadeaux. — L'amant payant. — Les femmes honnêtes entretenues. — Les prétendus successifs. — Le mari commode. — Les mères complaisantes. — Un séjour à la campagne. — Les tables d'hôtes. — Les époques donnantes. — Les enterremens. 141

CHAP. XII.

QUELQUES FEMMES CÉLÈBRES.

Mesdames de Staël, Cottin, Armande Roland, Gay. — Mesdemoiselles Delphine Gay. — Madame Amable Tastu. — Mademoiselle Élisa Mercœur. — Mesdames Lebrun, Mongez, Haudebourt-Lescot, Jacotot, Mirbel. 154

CHAP. XIII.

LE PALAIS-ROYAL.

Aspect général. — Le four des gueux. — Galerie d'Orléans. — Les boutiques. — Les traiteurs. — Les restaurateurs. — Les cafés. — Corcelet et Chevet. — Berthelemot. — Les peintres de portraits. — Le jardin. — Les maisons de jeu. — Les pavillons. . . 170

CHAP. XIV.
UNE FAMILLE CÉLÈBRE.

Napoléon Bonaparte. — Joséphine. — Eugène. — Hortense. — Louis, roi de Hollande. 191

CHAP. XV.
L'AMOUR MYSTÉRIEUX, ÉPISODE DE LA VIE DU VOYAGEUR.

La rose effeuillée. — Une inconnue. — Rencontre fortuite. — *Elle et lui* au boulingrin. — Le portrait acheté. — Un tour au Musée. — Girodet. — Les Catacombes. — Le flambeau éteint et la lanterne sourde. — Une déclaration. — Pressentimens funestes. — La porte de l'Opéra. — La catastrophe. 207

CHAP. XVI.
DE LA SCULPTURE MODERNE.

Les arts et l'intrigue. — Idées sur la sculpture. — Le pont Louis XVI. — La façade du Palais des Députés. Henri IV sur le Pont-Neuf. — Monument de Malesherbes. — Louis XIV et la Place des Victoires. . 225

CHAP. XVII.
LES COURS DU DIRECTOIRE ET DE L'EMPIRE.

Composition de la cour du Directoire. — Cour de l'empire. — Les nouveaux venus. — Les anciens. — Affection de Napoléon pour la vieille noblesse.

— Aspect de cette cour. — Son éclat. — L'empereur en était le censeur. — Représentation de Joséphine. — Cours des membres de la famille impériale. — Comment on y intriguait. 235

CHAP. XVIII.
DE LA COUR DES TUILERIES DEPUIS LA RESTAURATION.

Ce qu'elle fut en 1814. — Comment elle était composée. — Elle manquait de gens habiles. — Les hommes. — Les femmes. — Elle devient riche. — Ses intrigues. — Ce que le clergé y fait. — Elle est sans influence sur la nation. 252

CHAP. XIX.
SUITE DE LA COMÉDIE FRANÇAISE.

Le comité. — Ses réglemens. — Sa conduite envers les auteurs. — De la politesse des comédiens. — Mesdames Duchesnois. — Paradol — Valmonsey. — Bourbier. — Bourgoin. — Brocard. — Menjaud. — Levert. — Dupuis. — Hervey. — Demerson. — Dupont. — Desmousseaux. — Mante. — Despréaux. 265

CHAP. XX.
MACÉDOINE POLITIQUE.

La persécution-Laurentie. — Intrigues-Martignac. — Retrait de loi départementale et communale. — Effet qu'il produit sur la Chambre des députés. — Le marquis Lanfranchi annonce sa résolution de ne plus retourner à Pise, sa patrie. 275

CHAP. XXI.

UNE SOIRÉE CHEZ MADAME ***.

La maîtresse de la maison. — MM. de Lacretelle. — Casimir-Bonjour. — Hugo. — Alfred de Vigny. — Jules Lefèvre. — E..... D..... — Delatouche. — Jules Jeannin. — Nodier. — Soumet. — Viennet. — Bayle. — Delacroix. — Lormian — Mesdames Bauwer. — Paniais. — MM. de Perseval-Grandmaison. — De Rességuier. — Jouffroy. — Ducis. — Charlet. — Koreff. — De Saint-Chamans..... 286

CHAP. XXII.

UN HOMME DE BIEN.

Des écrivains fauteurs de l'absolutisme. — M. de Lafayette avant la révolution. — Pendant la révolu— Sous l'empire. — Depuis la restauration.... 298

CHAP. XXIII.

SECONDE VISITE AU MUSÉE DU LUXEMBOURG.

La peinture en France. — David. *Brutus; portrait de Marat.* — Girodet. *Scène du Déluge; Naufrage de la Méduse.* — Horace Vernet. *Massacre des Mamelucks.* — Coignet. *Marius sur les ruines de Carthage; Saint Etienne visitant un malade; Numa Pompilius.* — Steuben. *Pierre-le-Grand sur la barque; le Serment du Rutli; Enfance de Pierre-le-Grand.* — Delaroche. *Jeanne d'Arc; Prise du Trocadéro; Mort de la reine Elisabeth; Duranti conduit au supplice.* — Théodore Gudin. *Marines et paysages.* — Paulin Guérin. *Fuite de*

Caïn. — MM. Robert, Schenets, Scheffer. — Dubuffe. — Decaine. — Madame Hersent. 306

CHAP. XXIV.

LA FAMILLE ROYALE.

Grandeur de la troisième race des rois de France. — Louis xviii. — Le duc de Berri. — Le prince de Condé. — Charles x. — Monsieur le Dauphin. — Madame la Dauphine. — Madame la duchesse de Berri. — Monseigneur le duc de Bordeaux. — Monseigneur le duc d'Orléans. — M. le duc de Chartres. 322

CHAP. XXV.

L'OPÉRA.

De la musique. — Décadence de l'Opéra. — M. Lubert. — Ce qui est bien. — Ce qui peut être mieux. — De ce qui est injuste. — Le vicomte Sosthène de Larochefoucauld. — Madame Cinti. — M. Nourrit. — Mesdames Noblet, Montessu, Taglioni. — Opéras et ballets nouveaux. 340

CHAP. XXVI.

LA CHAMBRE DES PAIRS.

Sa généalogie. — Ses attributions. — Ses priviléges. — Sa composition. — Ce qu'elle est. — MM. Dambray. — De Pastoret. — De Sémonville. — Comment les pairs sont divisés entre eux. — Libéraux. — Ultras. — Le clergé à la Chambre. — Les cardinaux de Clermont-Tonnerre. — De Croï. — De La Fare. — De Latil. — MM. de Bonald. — De Lévis.

— De Saint-Roman. — De Lamoignon. — De Lally-
Tolendal. 352

CHAP. XXVII.
TROIS ACTEURS.

Potier. — Mademoiselle Mars. —Talma. — Les trois
époques de son talent. — Ce qu'il était. 367

CHAP. XXVIII.
LA CHAMBRE DES DÉPUTÉS.

Qui la compose. — Les députés en masse. — Ils manquent de dignité. — Néant de la majorité Villèle. — Force de la minorité constitutionnelle. — Dangers de la politesse. — Du sentiment en politique. — Division de la Chambre en six fractions. — MM. De la Bourdonnaye. — De la Boullaie. — De Formont. — De Mayrinhac. — De Lalot. — De Layval. — De Cambon. — De Pressac. — Gauthier. — Benjamin Constant. — Étienne. — Moyne. — Dupin. — Mauguin. — Royer-Collard. — Ravez — Description de la salle. — Matériel de la séance. — Le général Foy. — Où se fait l'opinion des députés. — Manière de voter. — Suite du matériel. 386

CHAP. XXIX.
UN HOMME DE GÉNIE.

. . . . 407

CHAP. XXX.
L'ACADÉMIE FRANÇAISE.

Dans quel but l'Académie française fut fondée. — Les quarante qui n'en sont pas. — Ceux qui n'en ont pas été. — Comment on y entrait naguère. — Ceux qui en sont. — MM. Andrieux. — De Cessac. — Ségur. — Daru. — Renouard. — Destutt de Tracy. — Duval. — Campenon. — Michaud. — De Lormian. — De Lévis. — L'abbé de Montesquiou. — Lainé. — Laya. — Roger. — Cuvier. — Villemain. — De Frayssinous. — Dacier. — De Quélen. — Droz. — Delavigne. — Lemercier. — Briffaut. — Guiraud. Fourrier. — De Féletz. — De Barante. — Etienne. 412

CHAP. XXXI.

DU CHARLATANISME ET DU TARTUFÉISME.

Comment on se fait une réputation, et comment on fait celle d'un livre. — Le libraire ***. — Le charlatanisme en tout. — Fabrication et commerce du Tartuffe, considéré comme marchandise. — Manière de le débiter. — Détails à ce sujet. — De Molière, en sa qualité de contrefacteur du Tartufe. — Haine que lui porte le clergé à ce sujet. 429

CHAP. XXXII.

LES CLASSES DE LA SOCIÉTÉ.

Ce qu'en a dit M. de Jouy. — Le grand monde. — La société en-dessous. — La troisième par rang. — — La quatrième. — La cinquième. 440

CHAP. XXXIII.

QUELQUES MONUMENS ET ÉDIFICES.

Les Barrières. — Fontaine de l'Éléphant. — Château-d'Eau. — Portes Saint-Martin et Saint-Denis. — Église de la Madeleine. — Chapelle expiatoire.

—Arc de triomphe de l'Étoile.—Statues de Louis xv
et de Louis xvi.—Le Garde-Meuble. — Palais du
Corps-Législatif.—Les Invalides. — Fontaine de
la rue de Grenelle. — Église Saint-Sulpice. —Le
Luxembourg.—Église du Val-de-Grâce. — Sainte-
Geneviève. — Tour de Clovis.—Saint-Étienne-du-
Mont.— L'Odéon.—L'École de Médecine. — Jar-
din du Roi.—Notre-Dame.—Palais de Justice.—
Saint-Gervais. — L'Hôtel-de-Ville — Fontaine des
Innocens.—Saint-Eustache.—La Halle aux Blés.—
La Bourse.—Colonne de la place Vendôme.—Arc
de triomphe de la place du Carrousel. — Hôtel
des Monnaies. — Monument élevé la mémoire du
duc de Berri. 449

CHAP. XXXIV.

LE MINISTÈRE DE MENACE.

Comment il est venu.—Ce qu'on en pense.—MM. de
Rigny.—D'Haussèz. — De Courvoisier.—De Chabrol. — De Montbel.—De Polignac.—De la Bourdonnaye. — L'AUTRE. — Qui en veut et qui n'en
veut pas. 466

FIN DE LA TABLE.

COMMENCÉ CHEZ GUEFFIER, RUE GUÉNÉGAUD, N°. ;
CONTINUÉ, DEPUIS LA FEUILLE QUINZE, CHEZ FAIN, RUE RACINE, N°. 4.

OUVRAGES

QUI SE TROUVENT CHEZ LE MÊME LIBRAIRE.

Le conteur des dames, ou les Soirées parisiennes; par *P. J. Charrin*. Deuxième édition, ornée de huit jolies gravures, d'un titre gravé, et de trois romances, avec accompagnement de forté-piano. 2 vol. in-12.   9 f.

Contes et nouvelles de la grand'mère, ou le Séjour au château pendant la neige; par Mme. la comtesse *d'Hautpoul*. 2 vol. in-12 ornés de jolies gravures.   8 f.

Histoire de charlemagne; par *Gaillard*. Nouvelle édition, augmentée de la Vie de Witiking-le-Grand, duc des Saxons, et rival de Charlemagne. 2 vol. in-8°.   10 f.

Histoire des empereurs romains depuis Auguste jusqu'à Constantin; par *Crévier*. 12 vol. in-12.   30 f.

Histoire de françois 1er., roi de France, dit *le père des Lettres*; par *Gaillard*. Nouvelle édition, ornée du portrait du roi, par *Leroux*. 5 vol. in-8°.   25 f.

Histoire de marie-antoinette-joseph-jeanne de Lorraine, archiduchesse d'Autriche, reine de France; par M. de *Montjoie*; augmentée d'un *fac simile* du Testament de la reine, et de toutes les pièces relatives à ce Testament. 2 vol. in-8°. ornés de belles figures.   10 f.

Œuvres complètes de mesdames de la fayette, de tencin et de fontaine, précédées de Notices historiques et littéraires sur chaque auteur par M. *Auger*, de l'Académie française. 4 vol. in-8°. imprimés par *Firmin Didot* sur les éditions originales, et ornés de gravures exécutées par les meilleurs artistes, couverture imprimée.   25 f.

OUVRAGES QUI VIENNENT DE PARAITRE

CHEZ LE MÊME LIBRAIRE :

Mémoires d'un Émigré, publiés par lui-même. 2 vol. in-8. 15 fr.
— Les mêmes, papier vélin. 20 fr.

Préjuges des réputations, par J. B. Salgues. 1 vol. in-8. 7 f. 50 c.

La Grande Dame et le Villageois, roman d'Auguste Lafontaine ; traduit de l'allemand par M. H. de Châteaulin, ancien colonel. 3 vol. in-12, ornés de jolies gravures. 9 fr.

Le Coiffeur de la Cour et de la Ville, démontrant par un grand nombre d'exemples l'Art de composer la coiffure, suivi de Conseils aux Dames sur le choix des couleurs, des fleurs, des plumes, des pierreries, joyaux, et autres objets qu'il convient d'employer pour leur parure, suivant ce que prescrivent le bon goût, l'étiquette et les usages du beau monde. Ouvrage enrichi de modèles de coiffures, dessinés dans les plus brillantes réunions de la Capitale, et appropriés à tous les genres de toilette ; par P. Villaret. 1 vol. in-18, orné de 10 jolies figures. 4 fr.

Des Erreurs et des Préjugés répandus dans les divers classes de la société ; par J. B. Salgues. 4 vol. in-8. 15 fr. 50 c.
— Le tome 4 vient de paraître, et se vend séparément. 7 fr. 50 c.

PARIS. — IMPRIMERIE ET FONDERIE DE FAIN, RUE RACINE, N.° 4.

www.ingramcontent.com/pod-product-compliance
Lightning Source LLC
Chambersburg PA
CBHW060237230426
43664CB00011B/1683